晋人豫记

刘洁 著

中国商务出版社

图书在版编目（CIP）数据

晋人豫让 / 刘洁著 . —北京：中国商务出版社，
2015.12 （2016.3 重印）
ISBN 9787- 5103- 1421- 6

Ⅰ.①晋… Ⅱ.①刘… Ⅲ.①豫让-人物研究 Ⅳ.
①K827＝25

中国版本图书馆 CIP 数据核字（2015）第 308358 号

晋人豫让
JINREN YURANG

刘 洁 著

出 版：中国商务出版社
发 行：北京中商图出版物发行有限责任公司
社 址：北京市东城区安定门外大街东后巷 28 号
邮 编：100710
电 话：010-64245686（编辑二室）
　　　　010-64266119（发行部）
　　　　010-64263201（零售、邮购）
网 址：http：//www. cctpress. com
网 店：http：//cctpress. taobao. com
邮 箱：cctpress1980@163. com
照 排：北京科事洁技术开发有限责任公司
印 刷：北京中献拓方科技发展有限公司
开 本：787 毫米×980 毫米 1/16
印 张：13 字 数：204 千字
版 次：2015 年 12 月第 1 版 2016 年 3 月第 2 次印刷
书 号：ISBN 978-7-5103-1421-6
定 价：38.00 元

目 录 Contents

前　言　豫让是笔者的同乡 ……………………………………… 001

一、豫让是极致了的中国社会 …………………………………… 001

二、豫让故事在历史记录中的痕迹及解读 ……………………… 007

三、豫让故事中体现出的中国社会的关系体系 ………………… 019

四、豫让追求的待遇——享受尊重 ……………………………… 025

五、豫让的故事，始终是一个故事？ …………………………… 031

六、豫让故事无流变探微 ………………………………………… 035

七、豫让精神中的灰色地带 ……………………………………… 041

八、豫让的第八宗罪 ……………………………………………… 047

九、豫让与四十七义士 …………………………………………… 053

十、豫让原本是游士 ……………………………………………… 059

十一、豫让故事中的个体英雄与中国社会集体氛围的冲突 …… 065

十二、豫让只是自认为倒霉的知识分子的豫让 ………………… 071

十三、豫让的故事与大传统和小传统 …………………………… 077

十四、豫让的行为是"愚忠"？ ………………………………… 083

十五、豫让故事中体现出的儒法并用、德刑相辅 ……………… 089

十六、豫让行为是一种"自杀"行为？ ………………………… 094

十七、豫让行为的正义性讨论 …………………………………… 100

十八、豫让的绝杀——惊得天地，泣得鬼神 ……………… 105

十九、豫让故事中的江湖 ……………………………… 111

二十、豫让故事的中国古代习俗——巫术 ……………… 117

二十一、豫让故事中的权利追求 …………………………… 123

二十二、豫让行为的价值讨论 …………………………… 129

二十三、豫让的洗脑者 …………………………………… 135

二十四、豫让的快乐与悲伤 ……………………………… 141

二十五、豫让故事发生与存在的合理性 ………………… 147

二十六、豫让的故事是中国社会的意淫 ………………… 153

二十七、晋人豫让与晋人 ………………………………… 159

二十八、豫让与水利社会 ………………………………… 166

二十九、豫让故事中的"私"研究 ……………………… 173

三十、豫让故事的安全性与单一性故事的危险性 ……… 179

三十一、豫让故事在今天的作用——简单及对简单的引导 ………… 185

参考文献 ………………………………………………… 191

后　记　现在的中国需要豫让的简单 …………………… 192

前　言

　　笔者虽然是一女子，还是一被看作思想保守的山西地界的女子，还是一文弱的女子，但中华文化中的侠士情结，却是一直在笔者的血液中淌流奔涌着的。笔者总是觉得，仗剑行走，把酒赋歌，是人生十分快意的事情，是远比拥有金钱、占有地位要诱人得多，快活得多的生活。

　　所以，笔者喜欢被司马迁放在《史记·刺客篇》中的山西人豫让。因为喜欢，笔者研究豫让。开始，笔者视野中的豫让，只是山西人的豫让；后来，笔者视野中的豫让，又成了中国人的豫让。并且，在笔者心中，有了一个有关豫让的生存图像，豫让在中国社会这个大界面、大境界中的存在图像。笔者要把这个图像尽量忠实于原著地描画下来。于是，就有了这本书中的文字。不能算是见地独特、振聋发聩的文字，却一定是一家之言。

　　笔者喜欢豫让，缘于豫让是笔者的同乡。在山西省太原市的风景名胜地晋祠所在地，有一个离晋祠只有几里地远的小村子，叫赤桥村，据说就是当年豫让行刺赵襄子的地方。那个名叫豫让桥的桥至今还在，只是因为修路的缘故，实际上是因为不被关注的缘故，已经被埋在了路的下面，已经无法给我们实在的遐想了，只能在脚踩豫让桥上面的水泥路面的时候，生发出几声叹息了。更为可惜的是，关于豫让本人的信息，在这个村子里，似乎已经无迹可考，那个祭奠豫让的庙宇，也已经破烂不堪，有关文字的记载，也都看不清楚了；在这个村子，豫让的故事，只是存在于若干个老人的记忆中，以至让来到这里的考察者，容易产生豫让的故事究竟是真的还是假的的疑问了。

不管豫让这个刺客是否真实存在，豫让的故事的真实性如何，笔者都相信，豫让故事中体现出的豫让的这种惨烈的"忠义"行为，在中国社会是存在的，也是的确发生过的，而且是笔者出生并成长的唐天晋土上的先哲们能够做出来的。笔者认为在自己生活着的这块记忆深厚的土地的历史氛围中，是能够孕育出豫让这样的"异类英雄"的。

远古的辉煌是现世的华人无法忘却的骄傲，在当今这个足以让华人重拾骄傲的时代，中华文明创造的远古的辉煌，依然让华人倍感骄傲。经历了中华民族在当今时代的巨变，我们华人能够更深切地感受中华文明的深度与厚度，远古的辉煌不仅仅是古籍中的记载、流传下来的故事，而且是确实可以发生的事情。

诸如在当今时代，中华民族只是用了短短几十年时间，就已经创造出了让华人自己也吃惊的辉煌，而且还是用文明的方法创造出来的辉煌，就发生在笔者生活的环境中。如今的笔者，常常会因为见到笔者小时候梦想着的事物突然出现在眼前，而在内心产生莫名的冲动，原来这些曾经是遥不可及的东西，竟然就在笔者成长的 30 年里接二连三地成为了现实。

然而无论当今的时代有多么辉煌壮丽，无论后来的中华儿女怎样努力，由于时空因素的变化，笔者总是以为，祖先的辉煌难以重现。我们祖先创造的辉煌是一种前无古人后无来者的辉煌。这种状况的存在，对于我们这些后代子孙而言，虽是遗憾，但绝对不是悲哀。因为历史的演变，会促使我们创造出另一番同样是前无古人后无来者的新的辉煌。

对我们这些中华民族的接续者而言，我们幸运的是，我们拥有一份属于我们自己的骄傲——为我们拥有曾经创造过地球上的东方辉煌的祖先骄傲，为我们生活的地方孕育了文化积淀深厚的中华文明而骄傲。这个骄傲，对提升我们应对接踵而来的困难与折磨的战斗力有着至关重要的作用。因为我们总是会想起，我们是中华民族的一员，是华夏祖先的子孙后代。

英雄是社会发展的开拓者，在中华文明史中，我们不乏见到创造辉煌少不了的英雄的身影。不同的时代有着不同的主流英雄形象，有一些英雄形象，会因为与中华民族的生存文化有着紧密关联而跨越时代的藩篱，传颂千古。

豫让的故事，在其出现的春秋年代，应该是受到社会关注的，《史记·刺客篇》中的"死之日，赵国志士闻之，皆为涕泣"，就记录了当时的社会大众对豫让行为的关注程度。这为豫让的故事得以流传打下了基础，流传源于推崇，说明在当时，豫让一类的需要依靠个人强大的自我约束力才能进行的自我毁灭的行为，有着存在的社会氛围。笔者以为，这种社会氛围的主旨如果用相对精准的文字来形容，应该是"简单"二字。

一个人，虽然在当时也是一个另类的人，仅仅因为对方对自己不错，对方死了，自己就要用命去报答，就要死。死本来也是一件能够做到的事情，许多人也会去做的事，在中国历史上，殉死的事例不在少数。但是，像豫让那般三番五次去寻死，毁身舍家去找死，不找理由推脱地要死，就的确不是一件容易做到的事了。由此就说明了一个问题，即在当时的时代背景下，人们对于生存的要求是相对"简单"的，不过是或"生"与或"死"而已。而不是像现在，在整个的社会氛围中，"生"的复杂与"死"的繁芜，已经到了难以理清的程度，弄得当代中国人是活着也烦，想死也难。不过，即使是在春秋时代的那种思绪"简单"的生存环境中，也需要千淘百滤地冲刷，才有可能产生出属于个案的豫让的行为。

那么，人活着，是复杂些好，还是简单些好呢？按着笔者的想法，无论是对于国家还是对于个人自身，一定都是简单些好啊。相对于国家、社会一类的团体而言，其成员的简单，更容易成为国家意志的捍卫者、社会要求的执行者；相对于个人而言，简单也能够如黄龙慧开法师所言："了无是非取舍，只管行住坐卧，应机接物。"生活变得平静又充实。

只是在如今的社会，贪欲、权欲、情欲等欲望，加上由此衍生出的其他欲望，甚至可以说是还有不少罪恶的欲望，横流于社会的角角落落，几乎已经流到了连可以躲开的缝隙也没有的地步。所谓人是社会动物，行为举止是受生存环境影响的，也就是在什么样子的社会环境中生活，就有可能成为什么样子的人，出污泥而不染的人只能是少数，植物界也只有莲藕一种。笔者的这个看法，在我们生活的这个世界上，已经得到了许多印证。

生活在当代社会的人们，在对自己生活在当今社会感到欣慰的同时，又对当代社会有了惋惜、遗憾的感觉之后，就会出现羡慕过往的已知的所谓美好社会的念头。实际上，这是一种自欺欺人的想法。总的来说，在笔者生活的当代中国社会，实在是一个伟大的让人振奋同时又充满矛盾的时代，能够生活在这样的时代，是我们这些中华民族的后代子孙的幸运。可以这样说，我们生活在这样的一个时代，是我们能够为国家的兴盛而呐喊、为民族的发达而尽力、为自身的发展大展拳脚的时代。

在这样一个时代，我们回顾过往的英雄，就不需要向梁启超先生那样，在日本国觊觎中华，以所谓的武士道威胁中国人民的时候，只能义愤填膺地写一本《中国武士道》，一则满足自己的冲发之愿，二则也是要告诉国人，英雄不只是邻邦独有，中华民族也曾经是一个英雄辈出的民族。我们则可以静下心来，慢慢地将英雄们生活的时代铺开，将英雄们的个人生活展开，细细观瞧，认真品味。在自己为其中的波澜壮阔、涓流细波或激动、或欣喜、或遗憾、或愤慨的同时，还能尽可能忠实地把这些场景记录下来，展现给生活在当今时代的自己、朋友、社会大众。自觉不自觉地就给当代社会增加一些前行的动力，发展的驾骑，行进的快意。

笔者很是喜欢德国社会学家韦伯的一个观点，个体行动者是社会学分析的最基本单位。韦伯认为通过对"个体行动者"的分析，同样可以浸入社会学研究的范畴，得出于社会有益的客观分析的结果。这与早先笔者写《日本影视作品的社会学分析》一书时的情况截然不同，那是一个完全从面上对日本影视作品进行社会学研究的产物，完全是资料堆成的作品，是基于传媒社会学研究中，还没有人愿意"吃苦"去做如此繁琐、耗时、费力的工作，反其道而行之的研究成果，是在笔者大量收集日本影视作品的资料的基础上，对日本影视作品进行面上的研究的作品。

转而，笔者也发现，在对历史人物的研究中，也鲜有社会学学者愿意涉足，业内更愿意关注的是身边发生的事情，或许是因为研究身边发生的事情，更容易与当代社会产生共鸣效应的缘故吧。所谓的"历史社会学"，也不过是近现代的社会学，对远古时代的社会学研究，则是很少有涉足者的。同时，从对历史上的"个体行动者"的研究入手，对此一类"个体行动者"

行为产生的社会文化因素进行分析、对其行为对后世产生的影响力的研究专著更是鲜见。为此，借着笔者对豫让这样一个山西同乡的异类的极致的精灵的崇敬，笔者愿意成为这样一个探索者，遂就又有了这本书。

　　鉴于笔者的学识积累、慧识功夫的不足，本书研究的水平定然是初浅的，不过笔者可以保证，本书的内容是绝对的尽可能的真实的，观点也是一家的。至于目的，笔者自然是想为构筑宏观上能够使社会良性运行与协调发展，微观上能够保证和实现社会的良性运行与协调发展的架构建设工作，做出一点如同铺路石子的作用的工作，也想立一个小小的递砖之功。笔者的想法虽然不错，效果怎样却是有待读者评判的。因此，在面世之时，笔者的心里还是忐忑的，不知读者是否能够喜欢。笔者的水平有限，故继续提高学识能力是笔者的努力方向。

豫让是极致了的中国社会

什么是社会？这个问题应该不需要笔者做出解释，读者都是了解的：简而言之就是奉行同一种生活习惯的人在一起生活的人文环境。与国家相比较，国家是制度形式，社会是文化形式。国家之中可以有诸多社会，社会也乐意存在于多个国家。社会与人类共生，国家是人类进入文明阶段后，发明的一种保证人类在大多数情况下，在一定的正常环境中生活的制度形式。国家可以消失，社会却至多发生一些形式上的改变，其基本的内涵是不会消失的。

中国社会是什么？按笔者的理解，中国社会就是以生活在中华文明为主文明的生存环境中的人群为主，创造出的一种生活习惯，也就是文明形式。这个文明形式中的一个重要分支，就是有着只要自己觉着合理，认为应该，该怎么办就怎么办的思维形式。所以，中国社会才会有了豫让这样的精灵，做出了极致的举动，受到社会在漫长历史阶段中的称赞。因为，豫让的行为，实则就是极致了的中国社会的行为。

《易经》的出现使中国人在自己给自己设计好的生存境界中生活、工作、思考着，从而有了内涵宏大的中国社会内在机制。迄今有实证的中国社会也有几千年的时间了。这种生活环境，实际上就是被我们的祖先早早就规划设计好的生活环境。我们看看四周，想想自己，有什么事情不是在自己的生活环境中发生着，被自己的生活环境包容着。按着笔者的理解，《易经》实际上就是最早的辩证唯物主义的代表学说，是最古老的辩证法。这说明中华民族早在立世之初，就已经是用辩证思维思考问题的民族了。

笔者总是觉着奇怪，认为我们的祖先创造出的中华文化，实在是一种气象万千的社会现象，那一本《易经》，那一盘围棋，那一本《黄帝内经》，究竟是怎样产生的呢？又是从哪里产生出来的呢？有时候觉着真像是从天上掉下来一样，如果真是从天上掉下来的，我们的祖先就太幸运了，我们这些传人也太幸运了，就是上天垂爱中华民族了。看看我们生活的地球上，有哪个社会群体得到过上天如此的眷顾呢？想想，在远古的时代，遥远的过去，我们的祖先是凭着怎样丰润的智慧，写出了这些让后人遵循其规则而谋事，把玩其繁复而度日，凭借其洞察而养生的大手笔的经典啊。自此还统辖了中华民族的生存、劳作、养生的全过程呢。即使到了几千年后的现在，那一本《易经》，那一盘围棋，那一本《黄帝内经》等等先哲们创造的精神财富，依然是中华民族、中国社会不可或缺，无法避开的社会生活、社会精神的支柱型智慧啊。

笔者说豫让的行为，实则就是极致了的中国社会的行为。应该先解释一下，什么是极致了的中国社会呢。对这个问题，笔者的解释是，极致就是最顶端的景致，极致了的中国社会，就是中国社会最顶端的景致，就是有着自己认为应该做的事儿，就放松无畏地去做，不考虑什么羁绊与牵挂的极致思维。更准确地说，就是一种行为只受自己的想法指引的生存方式。而这样的一种生存方式，在中国社会里似乎有着最好的张扬地界。在这其中站立的最高的代表性人物，则非晋人豫让莫属。

现在的世界，是以西方霸权为主导的结构体系占据主导地位的世界，在这个霸权体系中，诋毁中国政体形式、贬低中国社会结构，几乎成了这个体系的一个组成部分。在此一类体系指使下，正因为骂中国政府、贬低中国人的文章在西方好卖的缘故，许多自以为是学者、民主斗士的投机性人物，争先恐后地抢着这口锅里的饭吃，各个还都唯恐吃得少了，因此就养活了一批能力各异、肥瘦皆有的打手级文痞。

笔者又奇怪，这些人也是读过书的，其实，他们心里也都是明白的，从心灵束缚的角度观察，相对于西方国家的社会生存环境而言，中国社会实际上是对个人心灵束缚比较少的社会。因为他们中间的一大部分人，也是从这个地方出去的，他们骂祖宗的本事也是在他们批判的地方打下基础的。笔者很难解释这些人物的这类行径。

笔者说中国社会是对个人心灵束缚比较少的社会，不是滥用"文革"语言，是有笔者的理由的。比如说宗教这种用于精神控制的工具，在西方世界几乎是伴随着实体国家而生的精神控制手段，作用几乎与国家形式等同，在特定的阶段还会超越国家政权的作用。而这种要求精神单一存在的精神控制工具，就没能在中国社会出现，董仲舒将儒家学问提升到了国家学问的高度，但也没有将其发展成有组织体系、管理人员的宗教。单一的控制民众精神的神灵始终没有在中国社会出现。后来出现的佛祖与上帝也都是舶来品，只是供中国人来丰富精神文化生活的，并非实际的主宰。就此可以说明，中国人的内心世界其实是十分自由的，始终是十分自由的，丛古至今，皆是如此。

再比如，中国社会历来就是一个儒法并用、德刑相辅的社会，是国家管理机制管理着的社会，从开始到后来都没有发生过大的变化，中国社会最好的发展阶段，就是这种管理机制使用最和谐的阶段。所以说现在的中国的国家与社会管理机制，会被当代西方制度的拥护者诟病，说中国不是一个完全的法制国家。不是一个完全的法制国家，就不能是一个自由、平等、博爱的普适社会。

笔者想问，这些当代西方制度的拥护者，难道就没有看看西方制度下的国家，是否真的拥有一个自由、平等、博爱的社会氛围呢？不可能啊。自由永远是笼子里的自由，平等一定是虚伪的掩饰，博爱自然是一个口号。当然，中国社会也是需要向法治方向努力的，更多的使用法律手段来进行社会管理，是解决日益复杂的社会发展中出现的问题的良好方法。不过，中国的法制，必然是要有德的成分在其中的，所谓德刑相辅而已。这是中华文明的基石，是无法剔除掉，也是不能剔除掉的。

几年前，中央电视台曾经组织过一次大型的农村妇女采访活动，其中采访了不少农村家庭妇女，请她们倾诉心中的想法。这些生活在社会最基层的女性，展现给观众的令人诧异的丰富内容，让观众的心灵也随之飞扬了起来。这就是一个可以说明中国社会是一个对人的心灵束缚比较少的一个社会的实例，从这一点上也可以说明，中国人的精神世界有着多么宽广浩瀚的自由天地。这也是我们中国社会，也就是我们中国人应该引以为自豪的地方。任凭什么样子的生活环境，也挡不住我们的心灵飞扬。

也就是在心灵能够飞翔的社会中，又是在中国社会处于"百花齐放，百家争鸣"的春秋战国时代，豫让的出现就应该是可能的了。不然的话，不管经过怎样的深思熟虑，左推右研，人们都难以置信豫让这种没有受到任何外来语言的蛊惑、没有受到朋友寄托的信义压力、没有受到授权责任的忠义要求，也就是没有外在的忠信义气的束缚，却能够做出坚忍不拔地几度赴死，费尽心机赴死，非死不可，不死不行，死了才行的奇迹。真正到达了古人所言："赵国志士闻之，皆为涕泣。"的境界。

否则，真是难以给予解释：豫让故事中的豫让，为什么会做出如此极致的行为，中国社会为什么会出现豫让这样的一个行为极致的刺客。数遍有文字记载的中国历史、世界历史，豫让者，唯此一人也。

笔者说豫让是极致的中国社会，则是因为笔者认为，中国社会是一个包容性强大的社会，中华文化是一种兼收性宽泛的文化，否则，站在几千年后的中华大地上的我们就难以解释，中华民族数千年来，历经磨难，却是越磨难规模越大的原因了；就难以说明，豫让的故事，经过时光的洗礼，依然如同发生时一般震撼心灵了。可以确信，在中国社会这样一个包容、兼收、感性的社会文化氛围中，什么样子的可歌可泣的事迹，都有发生的基因，只要具备天时地利人和的条件，都是有可能发生的被认定为是极致的豫让的行为，自然也是可以出现的。

而笔者说豫让的行为"极致"，一则是因为豫让的行为本身，是一个快意恩仇的勇敢行为，是不受政治家操纵的快意行为，是不被政治理念控制的个人行为，是不仅仅满足于说教、受托、名声的负累，而是切实地念头一闪就付诸行动的个人行为；更为可贵的是，豫让还能够将行动进行到底，为自己的行为画上完美句号的个人行为；这个完美句号并不是仅仅为了刺死对方，而是为了完成自己的誓言的行为。内涵如此极致的行为，自然可以称之为"极致"的行为，"极致"的行为累积在豫让一个人身上，说豫让是极致了的中国社会，就恰如其分了，就一点也不过分，不夸张、不虚构了。

相对于同为《史记·刺客列传》中的其他几位大刺客，相对于以后数千年出现过的各类刺客，豫让的行为，是一种完全没有受到外力推动的行为，是完全听命于内心的指挥而成就刺杀伟业的行为。豫让出现在中国社会，不是偶然是必然，可以说是唯有中国社会才有可能出现豫让，豫让的出现是必然，不出现就是错失良机；还可以说是唯有中华文化才能孕育出豫让，才能孕育出一个完全靠着自觉、自理、自胜的自我约束能力，成就了流传千古的伟业的豫让。笔者将豫让的这种个人英雄行为定义为"自理式英雄行为"。

为了印证笔者对豫让行为的"自理式英雄行为"的定义的准确与否，笔者也粗略了解了一下其他国家的刺客一类的英雄人物，可能是笔者才疏学浅、学识不足的缘故，确实没有见到与豫让行为一致甚至近似的英雄行为。

可以说"自理式英雄行为"的实施者，唯豫让一人。

笔者再说豫让的行为"极致"，二则是因为豫让的行为，确实是十二分的"极致"的行为，已经极致到了可爱的程度的行为，如同成年人做出了孩子的举动一样，是一部成年人的动画片，让读者阅之快意，想之神驰。笔者不是自大，笔者相信，如果读者的思绪，能够沿着依然存留于自己内心的自然的轨迹流淌，那么，就应细细体味《史记·刺客列传豫让篇》中的下列文字

豫让又漆身为厉，吞炭为哑，使形状不可知，行乞于市。其妻不识也。行见其友，其友识之，曰："汝非豫让邪？"曰："我是也。"其友为泣曰："以子之才，委质而臣事襄子，襄子必近幸子。近幸子，乃为所欲，顾不易邪？何乃残身苦形，欲以求报襄子，不亦难乎！"豫让曰："既已委质臣事人，而求杀之，是怀二心以事其君也。且吾所为者极难耳！然所以为此者，将以愧天下后世之为人臣怀二心以事其君者也。"

如果读者细细体味了，心中会产生出怎样壮阔的波澜啊，谁还敢说自己对豫让的行为无动于衷呢？谁还能够貌似平静地说豫让的行为是无所谓的行为呢？古人说，女人极致了的美貌可以产生出沉鱼落雁的惊悚效果；笔者也说，英雄极致了的行为也是能够产生惊得天地、泣得鬼神的震撼效果的。此即所谓的"极致"。

笔者还说豫让的行为"极致"，三则是说豫让的行为，是当时中国社会最伟大的精神产品——"简单"制造出的行为。春秋时代的中国人，虽然在国家治理、兵法设计、社会交往等等方面，已经取得了举世瞩目的成就，知识的积累成果已经繁芜到可以供后代们世世代代享用了。但是，就其个体单位而言，原始共产主义的遗风依然保留很充足，原生态的心智依然存留在社会群体心中。也就是说，人对个体的私权看得还不是太重，尤其是对生命权的存留，还能够取决于站着就生、躺下就死的简单观念。

在社会环境中生活的个人的任何行为，无论是多么的怪异离奇、多么的匪夷所思，可以断定的一点是，这种行为均属于社会行为的一部分，是个人在社会环境的影响下派生出的个人行为。豫让做出的"自理式英雄行为"的行为，同样也不能例外，也是春秋时代的社会环境中，人与人之间、人与社会之间的相互行为中的正常行为系列中的一个特例；同样是人与人之间、人与社会之间关系体系中的合作、冲突、调和、分离、了结过程的综合反映。

由此可以推断，豫让故事中的豫让生活的时代，是一个人活得简单的时代，活得不累的时代。简单，带来的就是当机立断的决策能够更为频繁地出现；不累，就是随时能够使当机立断的决定得到实施。二者合二为一的结果就是人活得充实、满足，思想中随时都会被某一种信念填得满满的，再放不下其他的杂念，行动总是被一个念头指挥着，不会无所适从。因此也就自然而然地出现了许许多多的、让后辈子孙闻之如同天方夜谭一般的故事，诸如什么许攸洗耳、夸父逐日、后羿射日等等。其中有些故事已经升华到了半神半人的境界，成为中华文明的组成部分。

在中华文明之中，在中国社会里，包容与兼收是两根最重要的支柱，支撑着中华民族的大厦，屹立于世界大地的风风雨雨之中。这两根支柱，不仅能够滋养自身的肌体，推动中华民族的发展，还影响着整个世界，是让世界知道中国、认识中国的信号旗。笔者在为中华文化能够产生出豫让这样的精灵而感慨时，自然也会为中华文明的博大精深而骄傲，为自己能够浸润在这样的文化氛围中而自豪，为自己是个中国人而胸挺腰直。

因为，笔者确信，唯有中国社会、中华文明，方能孕育出豫让这样一位让世人难以评说的精灵，孕育出豫让这样一位让常人难以理解的精灵。无论是过去还是现在，豫让的行为，都不是用常态或者一般的是非观、历史观可以衡量的、能够评价的。

豫让的确是一位中国社会乃至国际社会，都难以找到的近乎绝版的"极致"精灵，这个精灵至今还活现在中华儿女的眼前，时不时会展现跳跃起来，做出三击请衣的矫健姿态。

我们能看到。

豫让故事在历史记录中的痕迹及解读

豫让的故事能够流传至后世，有原因若干，笔者将在不同的章节里进行研讨。在本章中，笔者简略地捋了一下豫让故事在历史文献中的记录，并做出笔者的粗浅解释。

笔者所能查到的，关于豫让的故事的文字记载，最早的应该见于《吕氏春秋·论威》中：

"冉叔誓必死於田侯，而齐国皆惧；豫让必死於襄子，而赵氏皆恐；成荆致死於韩主，而周人皆畏。又况乎万乘之国而有所诚必乎？则何敌之有矣？刃未接而欲已得矣。"

这段文字，简单地翻译过来，意思是：冉叔发誓定要杀死齐侯，齐国君臣听了都很恐惧；豫让决心要刺杀赵襄子，赵氏上下都很惊恐；成荆跟韩主拼命，周人都很敬畏。当一个人决心拼命时，尚且能够让知道的人如此害怕，更何况拥有兵车万辆的大国决心要达到目的呢？还有什么人能够跟它抗衡？

这段文字中所说的冉叔，笔者读的书少，至今没有查到是何许人。根据笔者的理解，说的应该是冉有（前522—前489），春秋末鲁国人。名求，字子有，通称冉有。与冉耕、冉雍是兄弟，家里贫穷，也同是孔子的弟子，同在孔门十哲之列，被称为"一门三贤"也称"三冉"。

冉有多才多艺，尤其擅长理财，在孔门四科当中属政事科，孔子的弟子子路问孔子怎样才算是一个完备的人？孔子回答说："要有臧式仲的智慧，孟公绰的少欲望，及卞庄子的勇敢，再加上冉求的才能、技艺以及礼乐的陶养；也就可以算是一个人格完备的人了。"

孔子在这里举了四个人，前三位都是鲁国的前贤，他们分别有超出常人的智慧、道德（清心寡欲）和勇敢，只有冉求是当时活着的后辈；孔子把冉求和三位前贤并列，足以说明孔子对冉求的"艺"（才能）是十分赞赏的。按照孔子的说法，有了这四个人具有的卓异的优点，再加上礼乐的修养陶冶，就称得上是"成人"（即完人）了。

冉求曾担任春秋时把持朝政的鲁国大夫季氏的宰臣（此称呼有两个解释，一个是主管膳食的官员，一个是宰相）。笔者认为冉求担任的职务应该是宰相，不然不会有齐国进犯鲁国时，冉求曾经率领季氏的军队抵抗入侵齐军，并身先士卒，以步兵执长矛的突击战术取得胜利的功绩，管吃饭的官员做出这等事就有些例外了。据说，当时冉求还趁机说服季康子迎回了在外流亡14年的孔子，帮助季氏进行田赋改革，聚敛财富。

论语中的《季氏将伐颛臾》选自《论语·季氏篇》，就是冉求因季氏要征伐小国颛臾，问计于孔子时，孔子提出了著名的政治主张"不患寡而患不均，不患贫而患不安，盖均无贫，和无寡，安无倾"，及治国策略："修文德以来之。既来之，则安之。"

至于成荆，则是春秋时齐国的一个勇士，《孟子·滕文公上》：成荆谓齐景公曰："彼，丈夫也；我丈夫也；吾何畏彼哉？"

意思是成荆对齐景公说，你是大丈夫，我也是大丈夫，我为什么要害怕你呢？对于勇士，笔者总是偏爱的。

再就是《吕氏春秋·不侵》中，豫让的朋友劝豫让不要刺杀襄子时，与豫让的对话："子之行何其惑也？子尝事范氏、中行氏，诸侯尽灭之，而子不为报；至豫让于智氏，而子必为之报，何故？"豫让曰："我将告子其故。范氏、中行氏，我寒而不我衣，我饥而不我食，而时使我与千人共其养，是众人畜我也。夫众人畜我者，我亦众人事之。至于智氏则不然，出则乘我以车，入则足我以养，众人广朝，而必加礼于吾所，是国士畜我也。夫国士畜我者，我亦国士事之。"豫让，国士也，而犹以人之于己也为念，又况于中人乎？

《吕氏春秋·王道》中的记载：赵襄子游于囿（yòu）中，至于梁，马却不肯进，青荓（píng）为参乘（cān chéng，骖乘），襄子曰："进视梁下，类有人。"青荓进视梁下。豫让却寝，佯为死人，叱青荓曰："去！长者吾且有事。"青荓曰："少而与子友，子且为大理，而我言之，是失相与友之道。子将贼吾君，而我不言之，是失为人臣之道。如我者惟死为可。"乃退而自杀。青荓非乐死也，重失人臣之节，恶废交友之道也。青荓、豫让可谓之友也。

《吕氏春秋》"季冬纪·序意"篇：赵襄子游于囿中，至于渠，马却不肯进。青并为参乘，襄子曰："进视梁下，类有人"。青并进视梁下，豫让却寐，佯为死人，叱青曰："去！长者（吾）有事"。青曰："少而与子友，子且为大事，而我言之，是失相与友之道。子将贼吾君，而我不言之，是失为人臣之道。如我者，惟死为可（适）。"仍退而自杀。青并非乐死也，重失人臣之节，恶废交友之道也。青并、预让，可谓之友也。

笔者认为，《吕氏春秋》中记载的有关豫让的故事，是构成《史记》中豫让的故事的主要素材。为此，对《吕氏春秋·不侵》和《吕氏春秋·王道》，笔者就不做解释了。

有关豫让的故事记载，最为全面、最为神笔的自然是《史记·刺客列传》中关于豫让的描写，真是无愧于鲁迅先生"史家之绝唱，无韵之《离骚》。"的赞誉。特别是其中"士为知己者死，女为悦己者容"的名句，可谓是把一个"义"字颂扬到了极致，堪为千古绝唱的描述，再难找到可以超过这个描写的句子。文美不嫌赘烦，在此，笔者将该文全文抄录如下：

《史记·刺客列传》："豫让者，晋人也，故尝事范氏及中行氏，而无所知名。去而事智伯，智伯甚尊宠之。及智伯伐赵襄子，赵襄子与韩、魏合谋灭智伯，灭智伯之后而三分其地。赵襄子最怨智伯，漆其头以为饮器。豫让遁逃山中，曰："嗟乎！士为知己者死，女为悦己者容。今智伯知我，我必为报雠而死，以报智伯，则吾魂魄不愧矣。"乃变名姓为刑人，入宫涂厕，中挟匕首，欲以刺襄子。襄子如厕，心动，执问涂厕之刑人，则豫让，内持刀兵，曰："欲为智伯报仇！"左右欲诛之。襄子曰："彼义人也，吾谨避之耳。且智伯亡无后，而其臣欲为报仇，此天下之贤人也。"卒释去之。

"居顷之，豫让又漆身为厉，吞炭为哑，使形状不可知，行乞于市。其妻不识也。行见其友，其友识之，曰："汝非豫让邪？"曰："我是也。"其友为泣曰："以子之才，委质而臣事襄子，襄子必近幸子。近幸子，乃为所欲，顾不易邪？何乃残身苦形，欲以求报襄子，不亦难乎！"豫让曰："既已委质臣事人，而求杀之，是怀二心以事其君也。且吾所为者极难耳！然所以为此者，将以愧天下后世之为人臣怀二心以事其君者也。"豫让既去，顷之，襄子当出，豫让伏于所当过之桥下。襄子至桥，马惊，襄子曰："此必是豫让也。"使人问之，果豫让也。于是襄子乃数豫让曰："子不尝事范、中行氏乎？智伯尽灭之，而子不为报雠，而反委质臣于智伯。智伯亦已死矣，而子独何以为之报雠之深也?"豫让曰:"臣事范、中行氏,范、中行氏皆众人遇我,我故众人报之。至于智伯,国士遇我,我故国士报之。"襄子喟然叹息而泣曰:"嗟乎豫子!子之为智伯,名既成矣,而寡人赦子,亦已足矣。子其自为计,寡人不复释子!"使兵围之。

豫让曰:"臣闻明主不掩人之美,而忠臣有死名之义。前君已宽赦臣,天下莫不称君之贤。今日之事,臣固伏诛,然原请君之衣而击之,焉以致报雠之意,则虽死不恨。非所敢望也,敢布腹心!"于是襄子大义之,乃使使持衣与豫让。豫让拔剑三跃而击之,曰:"吾可以下报智伯矣!"遂伏剑自杀。死之日,赵国志士闻之,皆为涕泣。

这段文字直译成白话,意思大致是:

豫让是春秋时期的晋国人,春秋末年的晋智氏的家臣。公元前453年,当时晋国有六大家族争夺政权,豫让曾经在范氏、中行氏手下工作,并没有受到重视;后来投靠了智伯,智伯非常看重他。赵襄子与智伯之间有极深的仇怨,赵襄子联合韩、魏二家,消灭智伯,并将他的头骨做成了酒杯。豫让认为,"一个有价值的人,应该为赏识自己的人,不惜牺牲性命,就好像一个女子,应该为喜欢她的人,做最美丽的装扮",下定决心为智伯复仇。他先是改变姓名,冒充罪犯,混进宫廷,企图藉整修厕所的方式,以匕首刺杀赵襄子。可是赵襄子在上厕所时,突然有所警觉,命令手下将豫让搜捕出来。赵襄子的左右随从原想杀他,赵襄子却认为豫让肯为故主报仇,是个有义之人,便将他释放。

豫让仍不甘心,为了便于报仇,豫让不惜用在全身涂抹上油漆、口里吞下煤炭的方式改变了自己的相貌、声音,乔装成乞丐,寻找机会报仇。他的朋友劝他:"以你的才能,假如肯假装投靠赵襄子,赵襄子一定会重用、亲近你,那你岂不就有机会报仇了吗?何必要这样虐待自己呢?"豫让却说:"如果我向赵襄子投诚,我就应该对他忠诚,绝不能够虚情假意,用这种卑鄙的手段。"豫让还是要依照自己的方式完成复仇的使命。

有一次,机会来了,豫让事先埋伏在一座桥下,准备在赵襄子过桥的时候刺杀他。赵襄子的马却突然惊跳起来,使得豫让的计划又再次失败。捉了豫让后,赵襄子责备他说:"你以前曾经在范氏和中行氏手下工作,智伯消灭了他们,你不但不为他们报仇,反而投靠了智伯;那么,现在你也可以投靠我呀,为什么一定要为智伯报仇呢?"豫让说:"我在范氏、中行氏手下的时候，他们根本都不重视我，把我当成一般人；而智伯却非常看重我，把我当成优秀的人才，是我的知己，我非替他报仇不可！"

赵襄子听了非常感慨，便说："你对智伯，也算是仁至义尽了；而我，也放过你好几次。这次，我不能再释放你了，你好自为之吧！"豫让知道这一次是非死不可，于是就恳求赵襄子："希望你能完成我最后一个心愿，将你的衣服脱下来，让我刺穿；这样，我即使是死了，也不会有遗憾。"赵襄子答应这样的要求，豫让拔剑，连刺了衣服三次，然后就自杀了。豫让身死的那一天，整个赵国的侠士，都为他痛哭流涕。

在司马光撰写的《资治通鉴·周纪·豫让复仇》中，着重点与司马迁不同，主要阐释了辑录者对"忠"字的看法，即：人臣不能心有二志。司马光的这个观点，是很受统治阶层欢迎的。此文不长，也辑录如下：

周威烈王二十三年（公元前403年）

三家分智氏之田。赵襄子漆智伯之头，以为饮器。智伯之臣豫让欲为之报仇，乃诈为刑人，挟匕首，入襄子宫中涂厕。襄子如厕心动，索之，获豫让。左右欲杀之，襄子曰："智伯死无后，而此人欲为报仇，真义士也！吾谨避之耳。"乃舍之。豫让又漆身为癞，吞炭为哑，行乞于市，其妻不识也。行见其友，其友识之，为之泣曰："以子之才，臣事赵孟，必得近幸。子乃为所欲为，顾不易邪？何乃自苦如此！求以报仇，不亦难乎？"豫让曰："不可！既已委质为臣，而又求杀之，是二心也。凡吾所为者，极难耳。然所以为此者，将以愧天下后世之为人臣怀二心者也。"襄子出，豫让伏于桥下。襄子至桥，马惊，索之，得豫让，遂杀之。

译文如下：

韩、赵、魏三家分了智氏的田地。赵襄子还把智伯的头颅油漆后，当作自己的饮酒器具。智伯的臣子豫让打算为主公报仇，就假扮为受过刑罚做苦工的人，暗藏匕首，进入了赵襄子宫中的茅房里面打扫卫生。赵襄子在上茅房的时候，心里忽然感到一阵不安，就下令搜查，把豫让逮住了。赵襄子周围的人都想杀掉豫让，而赵襄子却说："智瑶死了没有什么后人，这个人却想为他报仇，是一条真正的汉子！我以后小心戒备就可以了。"然后把豫让给释放了。豫让又把自己的全身涂成黑色，好像得了癞病一样，还吞下火炭使声音变得嘶哑，在集市上乞讨度日，就连他的妻子也没有认出他来。豫让走到一位朋友面前，朋友认出他以后大吃一惊，流着泪对他说："以你的才能，在赵襄子手下做臣必然会得到机会接近他。到时候你想做什么，还不是易如反掌？怎么能自残形体以至于此呢？用这种方式来报仇，不是太难了吗？"豫让说："不可以！如果已经委身做他的臣子，而又找机会去杀掉他，这是对他怀有二心。我也知道自己想做的事情非常难以实现，但是我之所以坚持这么做，是要后世那些为人臣子而心怀不忠的人感到羞愧！"有一次，赵襄子出宫，豫让就埋伏在他必经的桥下。赵襄子走到桥边，所骑的马忽然受惊，就下令搜索，逮住了意图行刺的豫让，然后杀了他。

纵观历代有关豫让的文字，大部分都是以正面塑造为主的描写，唯一对豫让的行为进行过谴责的是明代建文帝时期的大儒方孝孺，他写的《豫让论》是一篇专门讨论豫让行为是非的文章。在这篇文章中，方孝孺提出的观点是，豫让应该在智伯要实施倒行逆施的治国政策时，提出意见，而没有必要在智伯死后靠冲动去尽忠。用朴素的话说，就是生前要尽孝，不必死后使劲哭。方孝孺的这个说法，如果仅仅局限于"孝"的议题上，应该是不错的。如果拓展到其他社会道德的认知范围，就值得商榷了。

而对方孝孺的这个观点，笔者觉着，这虽然也是一家之言，却有鸡蛋里面挑骨头的嫌隙，这是儒生们的一个通病。豫让在智伯因为贪欲在发动战争之前，是否阻止过智伯，是没有见过文字。但是，当智伯决意行动时，豫让却是坚决的执行者，是持剑在前线搏杀的勇士。待智伯死后身体还受辱的悲剧发生后，已经逃到了石室山的豫让，没有考虑自己与赵襄子，是蚍蜉与大树的关系，毅然决定为智伯报仇。确实是一个绝顶的侠士的行为。

身为儒生的方孝孺，写了《豫让论》后，不也经历了和豫让差不多的命运吗？不是还为了自己的名声连累了十族九百多口人被杀吗？自己不是也给孝文帝提了建议吗？怎么没有阻挡住朱棣的大军呢？随后，自己不是也只是采取了不合作、被动地接受惩罚的方式吗？与豫让采取的主动出击的反抗方式相比，不是还低着一个档次吗？

所以，以读书人为代表的有闲人士可以随便地说人议事，不用考虑或者就不考虑说出的话的责任内涵是什么，实在是中国社会的一个大大的缺点啊。因为，等到这些人明白过来再检讨，再后悔，已经没有什么意义了。损害已经发生，悲剧已经演出，中国历史上的许多社会、个人的悲剧就是这样酿成的。这是中国社会的知识阶层应该深刻检讨的。

因为《豫让论》是中国历史上唯一的贬低豫让的文章，笔者也将其原文收录在书中，供读者欣赏。

方孝孺（1367—1402），明代大臣，明代济宁知府方克勤之子，字希直，一字希古，号逊志，人称正学先生。宁海（今浙江宁海）人。幼聪慧，6 岁能诗，人奇其才。初从宋濂学。洪武二十五年（1392 年），以荐擢汉中教授。惠帝即位，召为翰林侍讲，迁待讲学士，后改文学博士，政事多咨询之。修《太祖实录》，命为总裁。建文四年（1402 年），燕王朱棣发"靖难之役"，率军入南京，将即帝位，召他草即位诏书，他以丧服哭殿陛，拒不草诏。成祖怒，被杀，并诛十族。有《候域集》、《逊志斋集》。

《豫让论》原文如下：士君子立身事主，既名知己，则当竭尽智谋，忠告善道，销患于未形，保治于未然，俾身全而主安。生为名臣，死为上鬼，垂光百世，照耀简策，斯为美也。苟遇知己，不能扶危为未乱之先，而乃捐躯殒命于既败之后；钓名沽誉，眩世炫俗，由君子观之，皆所不取也。

盖尝因而论之：豫让臣事智伯，及赵襄子杀智伯，让为之报仇。声名烈烈，虽愚夫愚妇莫不知其为忠臣义士也。呜呼！让之死固忠矣，惜乎处死之道有未忠者存焉——何也？观其漆身吞炭，谓其友曰："凡吾所为者极难，将以愧天下后世之为人臣而怀二心者也。"谓非忠可乎？及观其斩衣三跃，襄子责以不死于中行（háng 杭）氏，而独死于智伯。让应曰："中行氏以众人待我，我故以众人报之；智伯以国士待我，我故以国士报之。"即此而论，让馀徐憾矣。

段规之事韩康，任章之事魏献，未闻以国士待之也；而规也章也，力劝其主从智伯之请，与之地以骄其志，而速其亡也。郗疵之事智伯，亦未尝以国士待之也；而疵能察韩、魏之情以谏智伯。虽不用其言以至灭亡，而疵之智谋忠告，已无愧于心也。让既自谓智伯待以国士矣，国士——济国之上也。当伯请地无厌之日，纵欲荒暴之时，为让者正宜陈力就列，谆谆然而告之曰："诸侯大夫各安分地，无相侵夺，古之制也。今无故而取地于人，人不与，而吾之忿心必生；与之，则吾之骄心以起。忿必争，争必败；骄必傲，傲必亡"。谆切恳至，谏不从，再谏之，再谏不从，三谏之。三谏不从，移其伏剑之死，死于是日。伯虽顽冥不灵，感其至诚，庶几复悟。和韩、魏，释赵围，保全智宗，守其祭祀。若然，则让虽死犹生也，岂不胜于斩衣而死乎？

让于此时，曾无一语开悟主心，视伯之危亡，犹越人视秦人之肥瘠也。

袖手旁观，坐待成败，国士之报，曾若是乎？智伯既死，而乃不胜血气之悖悖，甘自附于刺客之流。何足道哉，何足道哉！虽然，以国士而论，豫让固不足以当矣；彼朝为仇敌，暮为君臣，腼然而自得者，又让之罪人也。噫！

译文如下：

具有君子美德的士人奉事主君，就应该竭尽自己的智谋，给予忠告并善于开导，销解祸患于没有形成之际，保障安定于不出灾难之前，即使自身得以保全而主君也能平安。这样，活着作为名臣，死了也能成为高尚的英灵，垂留光辉于百代，照耀在史籍典册之中，这才是美好的啊。倘若遇到知己的主君，不能扶救危险于未乱之先，而只是牺牲生命于既败之后。以此来沽名钓誉，藉以迷惑世间并夸耀于俗人。从君子的眼光看来，都是很不足取的。

我曾持这样的观点来评论：豫让以家臣的身份来奉事于智伯，当赵襄子杀了智伯以后，豫让为他报仇，声名显赫，即使是愚昧的男子和无知的妇女，也没有不知道他是忠臣义士的。哦！豫让的死应该是忠心的了，可惜的是他所选的怎样去死的方式还存有不足以称之为忠心的差距哩。为什么呢？试看他漆身吞炭后，向他朋友说："我所做的都是极其艰难的事，我将以此来使天下后世为人臣而怀二心的人感到惭愧。"能说这不是忠心吗？但看到他斩衣三跃刺杀赵襄子时，赵襄子责问他为什么不为中行氏而死，却单单为智伯而死；豫让回答是："中行氏以对待普通人的态度来待我，我因此也用普通人的态度来回报他；智伯以对待国士的态度来待我，我所以用国士的行为来报答他。"就只从这一点来分析，豫让是死而有余撼的。

比如段规奉事韩康子，任章奉事魏桓子，并未听说曾以国士来对待他们，可是不管是段规还是任章，都竭力劝说其主君依从智伯的要求，用割让给他土地来促使智伯越来越骄纵，从而加速他的灭亡。郤疵奉事智伯，智伯也未曾以国士来对待他，但是郤疵能觉察出韩、魏的情况来谏止智伯；虽然智伯不采纳他的话以至于灭亡，然而郤疵的智谋及其忠告，已经可以问心无愧了。豫让既然自己说智伯以国士对待他，国士就是救国之士嘛！当智伯索求土地而贪心不已之日，纵欲肆暴之时，做为国士的豫让，正应该拿出自己的能力站在应有的地位上，谆谆地告诉他："诸侯和大夫都应该安守各自的封地，不应互相争夺，这是自古以来的制度。如今无故索取土地于人家，人家不给，我们必然要心生气忿；人家给了，那我们就必然要心生骄气。气忿必定会争夺，争夺必然会失败；骄纵必定要傲慢，傲慢必然要灭亡。"把话说得谆谆亲切而态度又极其诚恳，劝谏不听，就再一次谏，再谏不听，就第三次劝谏他。三谏若不从，把那事后的"伏剑而死"挪到这个时候来死。智伯纵然是冥顽不灵，也会为他的至诚所感动，很可能会醒悟过来的。这样一来就会与韩、魏和好，解除赵国的围困，保全了智氏的宗族，使其世世保持祭祀祖先的礼仪。如能这样，那豫让就是虽死而犹生的，岂不是胜过斩衣而死吗？

豫让在当时，从无一句话来启发觉悟主君的心，眼看着智伯的危险以至灭亡，好似越国人看着秦国的人—不管他是富是贫一样。袖手旁观，坐等胜败，所谓"国士"的报答，能是这样的吗？待到智伯已经死了，才受不了自己的血气的悻悻之情，甘心把自己附在刺客之流的行列中，这有什么可称道的，有什么可称道的啊！虽是如此，不仅以"国士"而论，豫让是承当不起的；而且那种早上还是仇敌，到了晚上就成了君臣，并且腆着面孔而自鸣得意，从这点上看豫让却又成为有罪的人了。

据笔者的了解，豫让在中国社会之外，受到的关注近乎没有，或蜻蜓点水的关注。这说明豫让的精神、豫让的故事，只是中国社会的故事，中国人的精神，中国社会的事情，是专属中国的纯中国味道的精神营养剂。

日本著名科幻小说家、学者田中芳树在其著的《中国武将列传》一书中，对豫让的故事进行过介绍，只是这个介绍是简单笼统的：只是把豫让的故事说成是独特的悲壮美学。

值得一提的是，明代的传奇作品《鸣凤记·陆姑救易》中出现的："欲存豫让心，先试荆轲剑"的句子。虽然是短短的一句话，也足以说明在中国社会，从豫让的故事出现到后来，豫让一直是一个被社会惦记着的侠士。

中国社会对豫让故事的固体记忆是"豫让桥"。

一个社会愿意记忆的人物或者事件，除了文字的记载之外，能够使用的记忆工具就是设立固体形象与场地保存两种方法。豫让的故事最精彩之处，是豫让最后一次刺杀赵襄子的过程，情节是豫让躲在桥下，等待赵襄子出现，结果，赵襄子的马走到此处后突然停步，赵襄子就知道豫让在此桥下等着他，就让豫让的朋友青荓下桥探查，结果真是豫让在那里，随后有了豫让与青荓、赵襄子的对话等情节。因此，桥，是豫让故事的重要道具，也成为现存的豫让遗址的重要特征，该桥被称为"豫让桥"。

英雄总是会被人惦记，传奇一定会引发联想。在中国社会历史上，有许多关于英雄出处、传说属地、伟人故里的争执存在。这种现象的存在,说明中国社会有着崇拜英雄的文化氛围,这与中国社会没有宗教因素、缺少戒律的约束,因此可以自由地崇拜什么的缘故有着很大的关系。具体说到因为死得悲壮的豫让而有的"豫让桥",自然也少不了存在的地方。

根据笔者的了解,关于"豫让桥"的遗址,历史上有过若干处,在山西省省会太原有两处:一个是位于太原市晋源区赤桥村的太原赤桥豫让桥、一个是太原阳曲县境内的晋阳县东汾桥。太原县赤桥豫让桥,明洪武《太原志》载:"赤桥在太原县西南晋水北渠上。"《旧经》云:"豫让桥即豫让欲刺赵襄子处"。《史记》:"让事智伯,智伯为赵襄子所杀,让欲报仇,伏于桥下,即此也。"明《嘉靖太原县志》载:"赤桥,县西南七至晋水北渠上。智伯引水灌城。初名豫让桥,至宋太祖凿卧虎山有血流成河,故更今名。"

定襄县邢村豫让桥,明、清《定襄县志》载:"豫让桥,在南邢村,古有庙,今废。"

赵城县豫让桥,清乾隆《赵城县志》载:"国士桥,旧志:豫让桥在城南八里,今名国士桥,此即智伯国士目之之意。今国士桥在上纪落里,距城二十里,岂别有桥耶?询之故老,皆无传者,其旧志之文讹与?"

襄垣县豫让桥,"民国"十三年重修《襄垣县志》载:故县城北关有豫让桥,为县旧八景之一"市桥怀古",市桥即豫让桥。

顺德府豫让桥,刘大鹏《晋祠志》引《纪纂渊海》云:"豫让桥在顺德府(今河北邢台)北,豫让刺赵襄子伏此桥下"。

这些记载散见于各种地方志和有关地方史籍,它们不但确认各自的桥都是豫让桥,而且还都断言,春秋战国时的义士豫让,就是在该桥头以身殉主。

若干座桥以豫让来命名,本身是一件好事,说明当时的社会认为豫让的行为值得歌颂。不过,豫让只有一个,也只能自刎于一座桥。.

对于豫让究竟是在哪个地方的哪座桥上留名千古的,笔者认为,探寻其真实地点,似乎没有太大的意义,如同没有必要非要考证中国历史上,是否真的有豫让这个人、这个故事一样。让豫让桥继续在各自的地方,弘扬中华民族的优良美德有什么不好呢?让豫让的故事继续在各自的地方,引发中华民族对本民族的侠义精神的遐想有什么不好呢?

不过,如果确实要考据"豫让桥"的真实地点,笔者分析,应该是在山西省太原市晋源区晋祠旁边的赤桥村。该村距离太原市区大约 30 多公里，是当时晋阳古城旁边的一个村子。

笔者所以这样说，一个理由是赵襄子与智伯的战争，发生的地点就在晋祠范围内的晋阳古城。赵襄子是守城的，智伯是攻城的。豫让刺杀襄子的事情是在智伯被消灭之后发生的。虽然史书上没有豫让复仇的时间安排，不过，笔者从人生有着不同的生理阶段的角度分析，豫让的复仇时间一定不是很长，应该在愤怒存在期。如果随着时间的延伸，原始的动物性的愤怒情绪，逐渐转化为程度较低的理性的不满之后，惊天地泣鬼神的故事也就不可能发生了，说不准豫让还就成了襄子的臣子了呢。

笔者的另一个理由是，虽然在诸多史料记载中，都没有确切地说明"豫让桥"的位置，但是，在《吕氏春秋》"季冬纪·序意"篇中有这样的句子："赵襄子游于囿中，至于渠，马却不肯进。"这句话中的"囿"字，是指古代帝王蓄养鸟兽的园林，也就是离宫别苑。此处的"囿"字，根据山西省太原市的学者王剑霓先生的研究，说明赵襄子身为赵国的开国之君，在战胜了智伯之后，在赵国初期都城晋阳城附近，智伯欲要水灌晋阳城，反被魏氏派人挖开，反灌大败了智伯的决口之处，修建了供其游猎玩乐的"囿"并在渠上修了桥，就是后来的赤桥村的"豫让桥"，后来被称为"赤桥"，也就有了随后的豫让于此桥刺杀襄子的过程。王剑霓先生说襄子修桥是为了宣扬自己战胜了智伯的胜利成果。关于这一点，笔者认为能够说通，能够将智伯的头颅砍下做成酒器的赵襄子，这样做是顺理成章的事。

山西省长治市的襄垣县，是秦代建制的县。因为历史记录是赵襄子筑的城池，故名襄垣。在襄垣县城北有甘水桥，也被称为"豫让桥"。说是豫让刺赵襄子的地方。"甘水漱玉"为襄垣古八景之一，据说往昔河水流此，清冽甘美，琤琤然有玉佩之声。不过，这个位置的史料不如太原晋祠赤桥村的"豫让桥"丰富，使学界难以确认。

至于现在还有一个"豫让公园"的邢台"豫让桥"，虽然山西太原晋祠清代的民间学者刘大鹏在其所著的《晋祠志》，引《纪纂渊海》云："豫让桥在顺德府（今河北邢台）北，豫让刺赵襄子伏此桥下"。笔者以为，这不是一种学者精神的著述。因为刘大鹏引用文字，并没有辅以自己的考证，或者是刘大鹏自己对此也不存在相信不相信一说，只是照单记录而已。并不能让读者由此确信所说是事实，只是知道有这样一种说法。

不过，邢台的"豫让桥"似乎影响要比太原晋祠的"豫让桥"影响要大。从扩大豫让侠士精神影响面的角度看，这也是一件好事。所谓，英雄出处何必寻，唯有侠义在心中。

笔者感到遗憾的是，从豫让的故事在中国历史上留下的文字和记录来看，作为中国社会历史上一位行为极致的侠士的豫让，其身份确认与地位摆置，与其在中国历史上应该得到的身份地位和地位摆置是极不相称的。这是笔者生发研究豫让的想法的一个重要原因。笔者认为，豫让在中国社会，不应该只是小传统社会的口头戏说，读书人发泄一己私欲的道具，而应该成为显性社会与隐性社会共同的偶像。

关于描写豫让桥的诗文，笔者无法统计出数量，总的感觉是不少，大部分也都是溢美之词。不过，笔者在这里，要推荐一篇清朝的顺德府任县刑湾村人张万庆写的亦诗亦文的《豫让桥怀古》，这是张万庆应科考命题"豫让桥怀古"写的科考文章。这篇作品知道的人不一定多，却写得十分精准到位，在文字狱盛行的清代，当时的顺德府同治癸酉（一八七三年）出的科考命题竟然是"豫让桥怀古"，想来也让笔者诧异。诧异之余，对豫让的故事在中国社会中享受到的独特待遇，也感到十分欣慰。为此，笔者在此照录此文，作为此章的收官之笔——

君不见，邢州城北二三里，一条长虹跨秋水。

行人过此都唏嘘，争说当年豫国士。

忆昔事中行，众人忍相待。

既为智氏臣，声价增十倍。

智氏旋灭赵氏强，三千食客都逃亡。

唯有漆身吞炭奇男子，潜身桥下何仓惶。

请衣三击衣染血，壮士炼胆如炼铁。

怒发竖而冲冠，宝剑明而耀雪。

丈夫重知己，一死何激烈。

西风吹水水倒流，乱石参差卧晚秋。

吾来下马观古碣，夕阳一片使人愁。

三

豫让故事中体现出的中国社会的关系体系

在本书的扉页上，笔者记下了史学大家吕思勉先生的一句话："人类最亲切的苦乐，其实不在于物质，而在于人与人之间的关系。"

吕思勉先生的这句话不仅是说世界的，更是说中国的，是吕先生从中国社会的社会存在的角度作出的判断。按照吕先生的话，读者可以这样认为，在中国文化中，关系已经上升到了学问的高度，关系的重要地位已经不可小觑。

"关系"一词，涉及人类社会自身，是指人与人之间存在的某种性质的联系。网上的信息显示，"关系"一词是在宋以后开始使用的，《宣和遗事·前集》中有："这简阴阳，都关系着皇帝一人心术之邪正是也"的描写，该书是宋代的笔记小说辑录。

笔者的知识面不宽，在没有找到证据的情况下，只能确信，在豫让生活的春秋时代，"关系"一词，还没有出现。不过，笔者也确信，在当时，"关系"一词的内涵，却是早已存在的，并且已经开始主导中国社会的运行轨迹了，这个运行轨迹一直延伸到当今社会。说白了，就是从春秋战国开始，中国社会就成了一个关系的社会，是一个被关系管理着的社会。这是中国社会始终难以成为一个西方意义上的公民社会的原因。

在这里，笔者无意探讨关系社会与公民社会的孰优孰劣，笔者的看法倒是这两种社会运行体系各有优劣，否则它们就都不会存在下去了。所谓"存在的就是合理的"。一个社会，所以会成为关系社会或者公民社会，是与这个社会的自然生存方式，以及由此派生出来的文化氛围，都有着千丝万缕的联系的，中国社会在春秋战国时期，就出现了官僚阶层与农商阶层的社会势力组成的端倪，就形成了各种各样的关系网络。

秦帝国建立后，随着郡县制的建立，这种既非封建制、也非城邦制的官僚体制的社会管理形式就产生了，在这样的社会氛围中生活的民众，就成为又自由又不自由的社会细胞。所谓是自由的，就是个体单位的行为不会完全被自身活动的群体或者地域控制，是可以通过上级机构或者更有权势的组织，用"功夫在诗外"的方法来解决问题，或许这还是汉字使用上的"美是模糊"的观念产生的一个重要原因，是中国人的智慧为什么喜欢使用在技巧上的一个重要原因；所谓不自由，就是这种自由带来的一切皆有可能，一切事情都可能做到的情景氛围，渐渐成为一种新的束缚，使个体的单位发展成了关系的单位。

在这样的社会运行规则中，追求公正就成了中国社会的奢望，所谓大道社会、大同社会，公平、正义、文明，就成为中国社会不懈的梦想。而中国人都知道，追求就是因为这个目标不容易达到，无限意义上的公正几乎是不存在的，有的只是有限的公正，更多的是自己感觉中的合适，而合适，是"关系"使用的最终目的，是使用"关系"的最佳结果。

豫让的故事，读起来惨烈，惊心动魄；想起来扼腕，为之惋惜。为此，豫让为什么会做出如此异类的举动，中国社会为什么会产生豫让这样的侠士，就是一个值得探讨的事情了。因此，豫让的行为值得中国社会研究，中国社会应该研究豫让的行为。

千百年来，中国人记得住豫让，除了豫让特立独行的行为以外，主要就是因为豫让说的一句话：

"士为知己者死，女为悦己者容。"

这句话翻译成现在的话就是"一个有价值的人，应该为赏识自己的人，愿意牺牲性命，就好像一个女子，应该为喜欢她的人，做最美丽的装扮"。

就是这样一句话，几乎是所有能够说出豫让名字的中国人，都能够随口说出，说出时都能有一股气灌醍醐、酣畅淋漓的感觉。这其中的缘故，一个是中国人有着"侠士"意识的浸润，一个是汉字特有的上口的阅读功能。

中国社会应该就是一个"侠士"意识强烈的社会，所以这样说，还是因为笔者前面讲过的，在中国社会，个体的单位因为关系复杂的缘故，在独立自主解决问题遇到困难，或者厌烦于自己解决问题时，就希望有谁来帮助自己快刀斩乱麻地解决问题，"侠士"这个专以仗义执言、扶贫济困的行业就应运而生了。

而汉字，是中华文明得以生生不息的主要手段。在耕读传家的农耕时代，汉字的语言构成，使中国人能够使用简洁的语言，表达内涵深厚的内容，降低记录的麻烦。至于有人说汉字是影响中华民族发展的桎梏，应该取消汉字，改为使用拼音的观点，笔者觉着有些偏激。好像是在做"胡服骑射"改革的事情，实则是自毁文明的长城。因为汉字本身的张力是其他文字无可比拟的，是与中华民族的思维体系紧密相连的，恰如中国文化，是千变万化、诡道而行的；是可以让使用者内心愉悦、感到满足的文字。

在中国历史上，对豫让的故事中体现出的，中国社会独有的纵横交错的关系体系，关心的人不多，了解的人就更少，研究者近乎缺失。而这个问题，恰恰是需要进行分析研究的，特别是在当代社会关系的作用更为强大的情况下。这对于我们弄明白豫让行为发生的可行性内容，有着很重要的意义。

笔者认为，豫让的行为，是一种对中国社会存在的关系体系的维护行为、服从行为、跟随行为。

那么，什么是中国社会的关系体系呢？笔者的解释是，中国社会的关系体系，是中国社会在血缘体系沉淀于村落，在社会交往中失序之后，生发出的一种独特的、人与人之间凭借个体在社会环境中能够发挥的作用，是相互之间帮忙的一种生存方式。

这种生存方式的要点就是"有用处"。

豫让的行为，就是这种"有用处"的极致表现，所谓的"极致"，就豫让的行为来说，是指一般情况下的"有用处"是在人活着的时候，豫让的"有用处"是在人死了之后，是对"有用处"概念的延伸，因为延伸到了一般人无法企及的境地，所以称之为"极致"。

让豫让留名青史的一句话："士为知己者死，女为悦己者容。"在《吕氏春秋》等历史书籍并无记录，唯有司马迁著的《史记》中才有，可以说这句话是司马迁描写豫让的故事的神来之笔。由此也从一个侧面说明，汉字在塑造经典思想的功用方面，有着多么强大的功能。

具体到豫让与智伯的关系中，"士为知己者死"的话，假如真的是豫让自己说的，是否就能说明豫让确认智伯是自己的知己呢？笔者认为这应该是商榷的，要说明豫让确认智伯是自己的知己，起码有这样几个有关豫让与智伯之间的关系需要理清，一个要理清知己概念的范畴的深度，一个是要理清知己的对等关系是什么，再一个是要理清知己的成本付出能够达到多少。

知己的含义，简单地说，就是对方知道、了解自己；自己知道、了解对方。复杂些说，就是双方气味相投，愿意在一起，彼此有着影响对方决策的力量。这就说明所谓的知己，必须有甲乙双方对等存在，才能够组成知己，否则就只是被了解。

从这个含义来看，知己概念的范畴的边沿就是对等了解，这个了解的深度是要让被了解的对方欣慰地感觉到，否则就不能称之为知己范畴的了解。因为仅仅从了解的字眼看，了解还包括正方对反方的了解，所谓"知己知彼，百战不殆。"这个了解是人类社会使用最广泛的间谍行为的目的，现在也在为政治、经济行为提供着服务。

另一个就是知己的对等关系是对等了解，这个对等表面上与身份、地位没有关系，实际上却无法跨越这些差别。就拿豫让与智伯的知己对等关系来看，豫让感觉中的智伯对他的知己程度，是一定比智伯感觉中的豫让对智伯的知己程度要高得多，否则豫让不会打着为智伯复仇的口号去做求死的事情，智伯也不会因为固执己见而使自己的头颅成为对手的酒器。

再就是知己关系的成本付出的程度，能够达到什么水平。平常的人常常会说，某某是我最好的朋友，但是只是君子之交，不能涉及物质利益。这就是一种知己关系的成本付出的水平。如果豫让的行为确实是为了稳固知己这个关系体系，那么，豫让这种毫无物质获取意义的主动付出生命成本的水平，自然可以说是极致的付出。

从知己的必须有甲乙双方的对等存在，才能够组成知己关系的特定条件来看，所谓知己，也是中国社会存在着的各种关系中的一种，是一种异于一般关系的特殊关系。在中国社会，如果将这些一般关系与特殊关系拉个单子，估计能拉个几页纸长，这些一般关系与特殊关系如同一张经纬共存的蜘蛛网，将中国社会编织成一个独特的社会氛围；而在知己的范畴中，豫让与智伯的关系，无异于是中国社会关系体系中，最神秘的关系，最值得研究的关系。

讨论豫让与智伯的关系，首先应该确认，智伯是否是豫让的知己，智伯又是否将豫让当成知己。如果仔细阅读史料，从智伯刚愎自用、自取灭亡的行为轨迹来看，智伯似乎是一个没有知己的野心家、阴谋家，豫让也就不可能成为智伯的知己。从知己关系必须符合甲乙双方的对等存在的条件来分析，实际上，豫让不可能是智伯的知己，智伯也不可能是豫让的知己。豫让与智伯的关系，只是主公与食客的关系。

接下来的问题就是，既然豫让与智伯不是知己的关系，为什么豫让会说出"士为知己者死"的话呢？难道是豫让以为自己是智伯的知己，或者是豫让为了拔高自己，故意说自己是智伯的知己，或者就是司马迁为了突出豫让行为的纯洁性质，用这句话来拔高豫让？这些问题，笔者认为都很好回答，也只有一个答案：这句带有知己的话，是司马迁加上去的，是司马迁为了突出豫让行为的合理性精心设计出来的。司马迁对豫让的故事的贡献就是，由于他加上的这句话，在使这句话成为传世经典的同时，也使豫让的光辉照亮了后世，成为中国社会千古不灭的传奇。

确认了豫让不是因为与智伯是知己而为其复仇，就可以从一般关系的角度来解释豫让的行为了。似乎可以这样说，豫让是因为挣不脱自己内心存在的关系纠葛，甩不开关系体系制造的道德约束羁绊，才毅然决然地采取复仇举动。如果根据豫让的故事中关于豫让的记录，揣测一番豫让当时的心理活动，很容易就会有一幅关系画面出现在面前——

智伯的大军被赵襄子的大军冲溃后，逃到石室山的豫让，突然从返回晋阳侦查的探子口中得知，智伯的头颅被赵襄子做了酒器。因为性格执拗的缘故，在那一瞬间，一股正义感涌上豫让的心头，豫让立刻就脱口对周围的人说，我们要为主公报仇。当时，与他一起逃到山中和前来报信的人都表示附和，同仇敌忾之声弥漫在石室山中。关系在这里是以彼此信赖的关系内容为主线。

只是，当豫让真正招呼大家行动的时候，却找不到志同道合者了，开溜了的就有不少，剩下的也以各种理由推脱。肯定，当时还有几个和豫让关系不错的同道劝说豫让，说什么大丈夫报仇十年不晚，智伯若是贤明的君主，就不会落得失败的下场，我们也不会成为丧家之犬，何况，赵襄子还欢迎智伯的旧臣到他那里工作，我们何必要做无谓的牺牲呢等等言论。这个时候的关系是以大难临头各自飞的关系内容为主线。

当时，听了这些劝导，豫让的心肯定也动了几下，也想过这事儿到此就算了。奈何，豫让自身是一个性格执拗的人，说了的话就要算数的人，不算数就过不了自己这一关的人。所谓性格害死人，在豫让的故事中表现得淋漓尽致。还是当时，豫让心里虽然犹豫着，嘴上却没有服输，还说出了要自己干的话来。这话一出口，旁人都不吭声了，豫让想等人再劝自己，却没有等来，无法就坡下驴，只好就出发了。关系到这个时候发展成了各人自扫门前雪、不管他人瓦上霜的关系内容为主线的关系。

这个世界上许多伟大的事情，极致的事情，都是一定时间内被迫发生的产物，是一步赶一步赶出来的。无论是被口腹之需所逼，还是被道德约束所逼，抑或是被社会舆论所迫，都是如此。而随着时间的延长，或者碰上一些特定的其他原因，这些因素就会逐渐消散，被迫也就失去了动力。只是，豫让没有碰上这样的事情，碰上的都是步步紧逼的被迫的追杀。这个被迫恰恰是关系体系中力量最为强大的一个环节，它可以使关系中人因为亲情、友情、爱情等无法解脱等关系的压力，做出不想做又不得不做的事情。

比如在第一次刺杀赵襄子失败后，赵襄子即使不杀豫让，也应该把豫让关起来，让其受到法律范围内的从轻处罚，限制豫让的自由，因而斩断豫让被忠心关系体系控制的纽带，使豫让只剩下反省的机会，悔过的机会，也就不会成就豫让以后的功名了。而在故事中，偏偏是赵襄子放了豫让，好像是给豫让再来刺杀自己一回的机会，借此逼着豫让去死，同时还成就自己圣明君主的名声似的。结果呢，自然是当时是赵襄子得逞了，后来是豫让出名了。这是在关系处理中极为狡诈的手段。

在豫让的故事中，人与人之间的各种关系之间的相互作用，可以说是配合得相当默契，只要其中任何一个关系发生了断裂、扭曲，这个故事就不会发生，中国社会就会少了一个椎心泣血的英雄范例。由此可见，在当时，中国社会的关系体系已经建立了起来，人的生活已经开始被关系所左右了，中国已经成了一个关系社会。

法制、规则、公平、正义等等好听的词儿，在那个时候就已经开始被关系体系所控制，按照关系体系的设计行事了。中国社会被关系体系治理调节的基础已经奠定。

四

豫让追求的待遇——享受尊重

　　如果认真阅读有关豫让的历史文献，读者完全能够发现，实际上，能够使豫让成为千古侠士的原因，不是司马迁说的"知己说"，而是因为豫让感觉自己受到了尊重。就是《史记》中说的，于是襄子乃数豫让曰："子不尝事范、中行氏乎？智伯尽灭之，而子不为报雠，而反委质臣于智伯。智伯亦已死矣，而子独何以为之报雠之深也？"豫让曰："臣事范、中行氏，范、中行氏皆众人遇我，我故众人报之。至于智伯，国士遇我，我故国士报之。"而流行千古的"知己说"，只是司马迁的神来之笔，对豫让的故事做出的画龙点睛的描述，以此吸引了更多的读者的关注。

　　所谓尊重，就是指受敬重，被重视，是一种荣誉性的生存状态。而享受尊重，挚爱尊重，一直都是中国社会的文化精髓，不仅是社会精英的代表文人士子们的不懈追求，民众也对其抱有极大的热诚，受到尊重，生活有意义；受不到尊重，生活没有意义。数千年来，这种状态没有改变。

　　按理说，无论是东方人，还是西方人，只要是地球人，内心都是渴望得到他人的尊重的。只是因为社会文化氛围的不同，对享受尊重的要求不一样而已。如同对自由的追求一样，西方世界，追求的更多的是形式上的尊重，是一种"消极自由"范畴内的尊重；东方世界，追求更多的是实质的尊重，是一种"积极自由"范畴内的尊重。而中国人，对尊重的渴望尤为强烈。因为无论是形式上的、还是实质上的，外在的尊重都不是无底线的，都是一定范围内的尊重，因为对甲的尊重可能意味着对乙的不尊重，乙的自由可能是甲的不自由，不可以方方面面都兼顾到的。

　　现在有一种说法是，中国社会中没有尊重的基因，是一个不尊重个体单位的社会。笔者认为这种说法是没有道理的，反倒是认为，在中国社会，不仅有着尊重的基因，还有着对享受尊重的特殊嗜好。而这种嗜好，在春秋时代表现得最为直白，所谓："孟尝君曾待客夜食，有一人蔽火光。客怒，以饭不等，辍食辞去"的故事，就是一个表现了对享受尊重有着特殊嗜好内容的故事。看看，即使是在座位安排这样的事情上，当时的食客也不能容忍任何的不平等，不就是一个追求尊重、享受尊重的典型案例吗？由此可以说，中华民族是一个追求尊重、享受尊重的民族。

为什么中国人不仅追求尊重，而且还对享受尊重有着特殊的感情呢？笔者经过分析，找出了以下几条理由——

一是中国社会很早就解决了温饱问题，可以"饱暖思淫欲"。这是因为中国社会文明产生得早，发展的客观环境好，所谓地大物博、物产丰富，是中华大地的特点，因为地大，可以方便此地与彼地相互联系；因为物博，能够满足小农生活方式的需求；因为丰富，则能够提升生活质量。若不然，日本侵略者一来到中国，就会思智癫狂，疯狂地烧杀掠抢。

因为很早就解决了温饱问题，所以中国人能够在人类社会还处于懵懂状态时，就已经有时间考虑生存的意义，诸如如何生存、怎样生存等等与人的存在有关的问题，现在说这是哲学问题，当时说是济世之说。这也符合美国犹太裔人本主义心理学家，亚伯拉罕·马斯洛提出的人的需求的金字塔理论①。当活着的问题不是生活全部的时候，应该怎样活着、又要怎样死，就成为值得探讨的问题了。享受尊重，就是一种关于怎样活、怎样死的解释。

二是中国社会特殊的依附性不强的生存环境的缘故。因为中国的生存环境有利于独立生存，古代中国人的生存环境，也就是以汉民族游弋的万邦之国为主要地界的场所，这些地方的生存特点就是有"离了你，我也可以活"的自然环境。有了独立自主的生存环境，自然也产生了能够使中国人有着独立自主的生存意识的人文环境，就使中华文化中有了独立自主的文化意识。由此而生发出的中国社会，就有了容纳独立自主意识的社会环境。再由此形成的中国人的性格中，就有了诸多自己的事，喜欢自己说了算，不喜欢受别人干涉的成分。同样，这也在人际交往必不可少的组成因素中，少了许多彼此依赖的因素。

中国社会依附性不强的生存环境，是由中华大地上特有的地理环境生成

---

① 亚伯拉罕·马斯洛. 动机与人格［M］. 许金声等，译. 北京：中国人民大学出版社，2012.

的。所以说一个社会群体，必然有着这个社会群体的特点，中国社会的特点就是在独立性强的同时，也有适应性强的特点。中国人无论到了哪里，怎样困难的环境中，总是要想办法活下去的，不会轻易就绝望。

由上面两个特点派生出的中国人的性格特点，如在享受尊重的同时，也享受尊重他人的欣慰；如做事情喜欢用实事求是的态度去做，享受独立自主的精神抚慰；如碰到困难能够泰然自若，总是相信自己还有希望；如总是对弱者抱着同情，对强势则敬而远之。如此的种种特点，共同组合成了中国人与中国社会。而这些特点中最重要的特点，就是"享受尊重"四个字。无论是在早期的中国社会，如春秋战国时期个人品格还能清澈见底的中国人；还是唐宋时代个人形象雍容华贵的中国人；以至于后来，因为备受欺凌，已经堕落至懦弱、痴呆、顺从的中国人。"享受尊重"这个性格特点，却一直没有离开中国人的生活，始终在中国人的性格中存在着。

笔者由此而认为，"享受尊重"的生活态度，是中华文明对世界文明的最大的良性贡献之一，是一种放之四海而适用的良善性格。笔者也确信，尊重的确是可以享受的，而且是人世间最沁人心脾的享受。这个享受包括被他人尊重和尊重他人两个方面。这两个方面互为表里，相向而行，是"享受尊重"的一对不可或缺的两个方面。其内涵包括只有尊重他人，才能赢得他人的尊重；唯有得到尊重，才能释放尊重；被他人尊重是一种享受，尊重他人也是一种享受等内涵。这些内涵的品质又继续提升，进而升华到了得到尊重而不自傲，尊重他人是美德的纯净境界。

顺便再说一下尊严，所谓"尊严"，字面上的解释是指人和具有人性特征的事物，应该拥有的应有的权利，这些权利得到其他人和具有人性特征的事物的尊重。简单地说，尊严就是权利得到尊重。与尊重相比，尊严的辐射面更为宽泛，是尊重的升级版，是广义范围内的尊重。尊严是国际社会跨入现代社会后，强调的一种提升公民权利的方式。

现在的中国社会，也同样提出了要建设有尊严的社会的口号，提出要实现让所有的公民及具有人性特征的事物都能够享受尊严，过上有尊严的生活的奋斗目标。笔者觉得，要做到这一点，首先需要对民众进行启蒙教育，需要让民众知晓，没有尊严的生活是不值得过的生活，有尊严的生活，是必须属于自己的生活。当然这个教育是必须在民众衣食住行的问题得到解决之后才能进行的。

同样，回忆中国社会远古的辉煌，回忆中华贤者过往的骄傲，也是让后来的中国人懂的尊严、明白尊严的绝好方法。他们的故事可以告诉我们，欲要过上有尊严的生活，先要学会尊重别人，享受别人的尊重。豫让不用奸计刺杀赵襄子，是豫让对赵襄子的尊重；赵襄子屡次释放豫让，是赵襄子对豫让的尊重。尊重，就是彼此的礼让，相互的宽容。

关于尊重，过往的中国社会总是不缺乏事迹的。特别是在春秋时代，侠风盛行，义重千钧是社会风气。这些仗剑行侠的侠士最看重的就是人格的独立与精神的平等，他们行侠仗义，不单单是为了物质利益，甚至就不是为了物质利益；不是为了让人说好，甚至不是为了名扬千古。行侠仗义只是为了心中浩荡着的一股豪气能够释放。他们如同珍视自己的眼睛一样珍视着个人的尊严，唯一的需求就是得到尊重。

为了得到尊重，春秋时代的侠士们渴望"致死"，生命对他们而言，远比尊重要轻得多，至多是享受尊重的一个工具。如果能够因为享受尊重而慷慨赴死，是令他们感到兴奋、觉着幸福的一件事情，是可以做，也必须做，而且要做得有模有样的事情。

现在的人说起春秋侠士，或许会认为当时的侠士们的行为举止有着怪怪的样子，人怎么可以如此简单地舍弃自己的生命呢？就因为一句话，一个念头，就不要命了。殊不知，在现代中国社会中，这种事情也是经常发生的，诸如因为口角而斗殴丧命的事件、因为一块钱的归属而丧命的事件，在街头也可以看到。在我们为出现这些事情感到惋惜的同时，似乎忽略了这样一个事实，这一类的表现，恰恰是中国社会古已有之的侠义精神中，对于尊重的特殊需求，在当代实际生活中的具体表现。遗憾的是在现今的中国社会，这一类的行为往往被冠以莽撞、缺乏理性思维的不正当行为，得到的是社会的负面评价。但是，当我们读到中国历史上的侠义之士，为一句话、一个承诺、一个目的而不惜付出生命的故事时，读到那些救危扶困，济人不赡；路见不平，拔刀相助；知恩必报，赴火蹈刃；受人之托，一诺千金的故事时，却又会被主人公的轻生重义、生死相许精神感染得热血沸腾。笔者认为，这是一种对身边发生的简单思维和对远古出现的简单思维生发出的不同态度，生发出的矛盾心态，是在当今的中国社会层面的横流。

这种对身边的简单思维和对远古的简单思维生发出矛盾心态，在当今的中国社会的横流，是长久被私欲控制着的社会力量，与被尊重浸润着的中国人的内心世界，千百年来一直搏杀角斗的社会层面的表现。中国社会，就是在这种矛盾的社会环境中蹒跚前行着，每前进一步，都会有辉煌与灰暗的此生彼灭的争斗现象出现。当中华民族受到外邦欺辱的时候，被尊重浸润着的中国人的内心世界就会辉煌，带领中国民众走上抵御外患的大路；一旦外患解除，被私欲控制的社会力量的灰暗色彩就又会泛滥，成为中国社会充斥混乱的内忧。如何找到两者的平衡点，是中国社会的一门最大的学问。能够找到平衡的点，国之幸事；找不到平衡的点，国之悲哀。而如何把握好这个平衡，维持好这个平衡，是看管理阶层手中有几把刷子的穿衣大镜。

回过头来说，中国社会为什么会有豫让的故事产生呢？回答就是中国社会有尊重的存在；为什么春秋时代的侠士诸多？回答就是因为在当时的中国社会，尊重是一种普遍流行的个体单位的生存技能，国家团体的兴衰技能，社会环境的编织技能；为什么以后的中国社会的死士愈来愈少，皆因随着皇权的确立，尊重之风日渐泯灭矣。

春秋战国时代，实在是中华民族发展史上的一个值得大歌大颂的时代，在那个时代，人人精神勃发，个个争先恐后，全社会都是想着怎样向着人类生存的更高境界提升，言路四通八达，思想纵横驰骋，行为简洁明快，目的单纯坚决。笔者每每想起那个时代，就能感觉到生活在那个时代的中华儿女的清澈心灵，死也明白，活也明白，行也明白，卧也明白。

也就是在那个时代，尊重之风弥漫，流传下来的故事，只不过是当时尊重之故事的点滴万一。什么吴起用兵，要为受伤的士兵啜吸疮脓；什么荆轲刺秦，毁自容而不连累他人……仅梁启超先生《中国武士道》一书，就载录了几十位。作为侠士的豫让，出现在那个时代，也是理所当然的。而惨烈惊心的豫让故事的出现，仅仅就需要得到"尊重"两个字的馈赠。

只是，随着时代的发展，特别是秦以后中国社会成为大一统的社会结构之后，侠士的浪漫风格就逐渐被理性与拘谨腐蚀了，成为攀附权贵、仰人鼻息的官僚机构的附庸。特别是在程朱理学弥漫之后的宋朝以后，刺客与侠士都成了畏惧皇权的奴仆，让后代子孙为之唏嘘。

不过，享受尊重，尊重他人的侠士要义，因为其符合中国人内心固有的奢望的缘故，依然存留在中华民族的血液里，随着中华民族的行为而舞动着。使享受尊重，尊重他人的侠士要义，作为中国社会的凝聚的力量、前进的动力存在着，同时也等待着时代的召唤。只要如同北宋王安石所言：用人以专，待人以礼，约之以法，思之以远，就能激发出中华儿女享受尊重、尊重他人的英雄气概，就能在瞬间成为国家的柱石，社会的脊梁。如果说，豫让所言的"智伯以国士待我，我故国士报之"有一些原生代的粗放的因素，那么，王安石的这句话，对于当代中国社会的国家治理、社会协调、企业管理、家庭相处、伦理教育等等方面，就有着十分重要的现实意义了。

所谓，欲要国家强盛，举尊重大旗；欲要企业发展，举尊重大旗；欲要教育有效，举尊重大旗。这是豫让的故事留给当今时代的精神宝藏。取之，社会就发达、民众就富裕、国家就强盛；弃之，国家就衰败、社会就颓落、民众就挨打。这是欲要建立全新的公民社会的中国社会，应该切记的一个标准。

在豫让的心中，尊重是比生命还要重要的东西，没有尊重的生活，确实是不值得过下去的生活。为了回报曾经得到的尊重，值得用生命去回报。因为失去了尊重，没有得到尊重，还有什么事情是想做的，值得做的，能够坚持去做的呢？答案是，没有。

五

豫让的故事，始终是一个故事？

　　豫让的故事，始终是一个故事吗？这是笔者经常问自己的一个问题。笔者常常想，如果豫让的故事，始终就是一个故事，那么，故事中出现的那些惨烈的情节，为什么要如此地揪人心绪呢？故事在中国文化中，究竟有着怎样重要的地位呢？

　　过去的中国社会，是小农经济类型的农业社会，用简单的社会学概念来分类，属于"有机的团结"类型的礼俗社会。而由礼俗社会延伸出来的，是迄今中国人还很熟悉、还在使用的"熟人社会"。在过去，因为这一种社会生活环境的简单，成本低，文字的作用似乎就小了些，"耕读之家"就成为中国社会的传家之宝，成为许多中国农家门檐上的牌匾。这里的"耕读之家"中的"读"字，并不是现在意义上的"读书"，读文字记录的书籍，而是"说"，是说故事；是"听"，是听故事。可以说，故事是中华文明传继千年的一条重要纽带。

　　所谓故事，是一个独立于小说等文学体裁的记事方式。从文学的角度讲，故事应该着重于故事中的人物怎么说和怎么做，而不是怎么想；作者始终要注意推进故事情节的流动、进展；语言要富于动性、感性，使故事中的人物不需要着意刻画就会鲜活起来。

　　笔者所以说故事是维系中华文明的纽带，则有如下几个理由：

　　一个是作为土地的依附者的农民，随着时间的延长，农民逐渐失去了独立的自我意识，对身边的许多事物也见怪不怪，丧失掉了对社会现象的判断能力。慢慢地，农民就成为宗族、土地、村庄的附庸。而故事，既是农民延续依附意识的一个载体，也是启迪他们思智，使他们的思想得以放飞的一种手段。

　　另一个是作为乡村小农社会体制为主的中国社会，"熟悉"是社会治理的重要手段，这是有别于城邦社会的"陌生"治理手段的。"熟悉"是保持中国社会治理成本不高的主要原因。在乡村，因为有"熟悉"的缘故，彼此沟通的成本要远远低于"陌生"的沟通成本。故事，则是这种"熟悉"社会能够连续存在的一种手段，因为故事本身，是一代一代传下来的缘故，也是"熟悉"的，容易被有着共同生活背景的受众接受。

再一个是作为中国乡村日出而作、日落而息的村落生活的精神需求，故事是黑灯瞎火之时，农闲无事之时，乡村老少男女的贴身伴侣，是陪伴他们度过漫漫长夜、熬度无聊冬日的绝好朋友。在这样的日子里，故事可以成为满足他们欲望的粮食和水，使受众在衣食住行之外，还能得到内心的平静。中国社会则因为有故事而得以绵延有序，因为有故事而成为中华民族。

还有一个更重要的原因，即中国的故事，不仅仅是消遣解闷的闲物，而且还是传家教子的主要方式，是中国社会灵魂的有机成分。笔者这样说，读者可能觉得笔者的说法有些夸张，不过，假如读者对中国社会流传下来的故事略微加以关注，或许就会发现，中国的故事，即使是童话故事，与其他国家的故事最大的不同点，就是有着强烈的教化、启迪作用，纯粹娱乐的故事很少。

用故事来教化民众，传承文明，实际上是中国社会的一大发明。因为，作为以说"事"为主的故事，不需要像小说等文学载体，用夸张怪异的手段来说明一件事情，给读者带来夸张的想法。故事带给读者与听众的感觉是更为亲切，更为真实，更为容易让受众接受的感觉，故事可以成为受众生活的一部分。因此，在当代社会通过加大对中国故事的重视程度，促使"中国话语体系"的逐步丰富与成熟，在中国特色社会主义理论体系不断完善，中国特色民主政治逐渐成熟，以和谐发展与科学发展为特征的中国发展模式的国际影响力的不断增强的过程中，是有利于增进中国在国际舞台上的话语权的。

那么，中国的故事是怎样用"事"来吸引、加强故事的吸引力的呢？笔者觉得，中国的故事，特别是早期的故事，所表现的内容，也就是"事"，不是快乐，也不是不快乐，而是悲壮与智慧的组合体。说明早期的中国人，都是生活在与天斗、与地斗、与人斗的悲壮情怀、计谋环境中的，是在悲壮的情怀、计谋环境中左突右杀，过着看似简单实则充满激情的生活的。

就拿豫让的故事来说，其故事内容的惨烈，可谓不能不说是惊心动魄。

可是，这样惨烈的内容对于受众的感觉，除了感觉故事内容真实可信、心生敬仰之外，受众并不会产生强烈的视觉冲突和听觉冲突，或热血沸腾至不可遏制，或周身烦躁至难以忍耐。可是，受众却又会因为豫让行为的曲折而牢牢记住了这个故事，被故事的情节感动，被故事的内容洗礼。这就是故事本身的妙用，也是中国故事的妙不可言之处。

继续来说豫让的故事。豫让的故事，在古代记载中，最长的也就是《史记》中的记载，不过663个字。但这个故事，对一个内心有激情，特别是年轻人的冲击力，却远远大于几千几万字的训导之言。在这一点上，如果仅仅把豫让的故事说成是一个普通的故事，那可是真有些湮灭豫让的故事的光辉了。

豫让的故事，就在这几百字的故事中，说出了两句照耀千秋的名言，一句是"士为知己者死，女为悦己者容。"一句是"至于智伯，国士遇我，我故国士报之。"一句是"知己"，一句是"尊重"，把中华文明的精髓均囊括了进去。可以这样说，豫让的故事，不仅仅是故事，而是中华民族精神中流动着的血液与气体，是中华文明得以生生不息的缘由。

既然故事本身的作用如此之大，那就有一个故事应该怎样写，写怎样的故事的问题需要研究了。在这一点上，中华民族的先祖给后代们做出了很好的示范作用，留给了后代绝好的故事。而在现在的中国社会，如何讲好中国故事，已经成为社会各界都面临着的一个大问题，国内外知名学者也都纷纷提议，希望中国社会在崛起的过程中，应该尽快学会讲故事，要制造故事，要讲好故事，用故事把中国社会的真实状况告诉国际社会，让国际社会能够了解发展中的中国，理解发展中的中国。这是一个绝大的课题，需要全社会仁人志士的共同努力。虽然这里所说的"中国故事"，有着更为宽泛的意义。但其根基，就是实际意义上的故事。

笔者觉得，相对于小说、诗歌等文学载体，故事依然是中国社会各阶层中最好的、最方便使用的宣传题材。虽然在当今时代，故事本身的功能似乎已经被边缘化了，但是，故事依然是国家情结、民族情结、社会情结最方便的记忆法门。

先说应该写怎样的故事吧。纵观以豫让的故事为代表的中国古代故事，读者可以发现，先祖们给后代留下来的故事，其内容都没有脱开忠义、公正、善良、济困、互助、正义等等属于人类社会共有的阳光的信仰。极少有内容灰暗的故事从正面渠道流传下来。笔者认为，这正是中华民族得以天地不佑而繁衍不息、历经苦难而屡倒屡起的重要原因。

再说故事应该怎样写？笔者觉得，在这一点上，中国古代故事以事为主，用事彰题的叙事方法颇为合理。特别是故事中由汉字才能制作出来的特殊短句子，给受众带来的难以忘却的记忆，是使中国故事产生特殊效应的最佳工具。而后衍生出的种种文学方式，从传经布道的角度来说，都无法与中国古代故事使用的方法相比拟。

还是拿豫让的故事来说事吧，豫让的故事，虽然仅仅是一个故事，故事中的文字也没有用过度渲染的文字，情节也不是十分的曲折，却能够产生出瞬间就让读者记住豫让这个中国人，记住豫让这个英雄的事迹的效果。可以说明这个故事的宣传功能是多么巨大啊。

为什么豫让的故事会产生出这样的效果呢？首先，豫让的故事的主题，是符合人的内心欲望的，人的原始欲望，除了自私之外，还有英雄渴望的内容，其中也包括渴望看到为了他人而牺牲的英雄；再就是故事的情节，经过《史记》的全程描写，更容易吸引住读者的眼球；然后就是故事中出现的经典句子，则起到了拔高故事主题、加强故事记忆的重要作用。

笔者认为，中国古代的故事在中国社会的文化传承、民众启迪方面发挥了其他物质的、精神的方法无法取代的作用。

上面的例子可以说明，在当代社会，故事于国于民于社会的重要性，不仅不亚于古代社会，而且有着超越于古代社会的作用。

目前，正处于国力上升期的中国，也受到国际社会中的强权势力的嫉妒、猜忌、仇视，同时国内也面临诸多问题的中国，应该特别重视如何讲故事，怎样讲好故事的问题，要设计用四两拨千斤的办法，化解西方敌对势力用"故事颠覆他国"的伎俩的同时，对内也要考虑巧妙地运用讲故事的方法，来化解社会矛盾，提升社会凝聚力。毕竟，这种办法的成本比较低，对社会的伤害也比较小。

笔者认为，这是重温豫让的故事，给当代中国社会带来的启示。豫让的故事，不仅仅是故事，而是中华文明的精髓，是中国社会得以繁衍的经纬线，与中国社会的社会建构、社会发展和社会变迁有着密不可分的联系，更是当代中国实现复兴目标的重要助力。而故事本身，编得好，讲得好，就是一个可以敌过千军万马的军事武器、政治工具，可兴邦，能废国。

豫让故事无流变探微

豫让的故事，从见于史料开始，其中的变动是很少的。这是受到社会关注的历史故事，在中国社会享受到的待遇中的一个特例。

看中国的历史典籍，豫让的故事既不像《红楼梦》，被关注到形成"红学"的热络程度；也不像《白蛇传》，因为统治需要的缘故，不断地被加以改造；甚至不如山西太原晋祠神庙里的坐像，为了适应社会环境的需求，不断地更换着主人及其内容。

而豫让的故事呢却几乎是不受关注的，对于故事是否真实，是否存在，少有学者关注，除了近现代的一些戏剧的演绎，甚至很少有关于故事内容本身的考据、修订的状况出现；在漫长的历史长河中，关注豫让的故事的学者也很少，偶有野史闲文说，豫让的故事是赵襄子编的，是为了宣扬他的仁善，让人们赞美他是一个仁德的明君；或者是说豫让并没有受到智伯的重用，而是一直受到凌辱，之所以能够活下来，是智伯要让豫让看看，他是怎样扩大智氏家族的势力的。不过，在正史的强大氛围中，这种说法近乎可以忽略不计。

对伟大的事情，我们没有必要苛刻，甚至没有必要去考证，有这样一个故事存在着就好了。只是，对于为什么会出现有的故事会在历史发展的长河中千变万化，有的故事却始终保持原始的风貌的现象，我们是应该进行研究的。研究这种现象，有助于我们了解历史故事在中国社会发展进程中的作用，给我们一些制造故事、讲述故事方面的启示。

故事是传播媒介的一种，故事之所以存在，就是为了影响受众；故事能够存在，是因为受众需要。故事的这个特点是隶属于传播媒介范畴的特点。美国社会学家克拉伯，对传播媒介的这个特点进行了概述：他认为，传播工具对受传者的影响可分为四个功能，即：

（1）使本来对某一问题没有态度的形成态度；

（2）加强了已有的态度；

（3）削弱已有的态度；

（4）改变原有观点，使其转相反方向。

克拉伯所说的传播媒介的四个功能，故事本身都是拥有的。不过，具体到某一个故事，则会有此功能强些、彼功能弱些的错落。而对于历史故事，就会有随着社会环境的需要，对内容进行改变的情况，也就是"流变现象"的出现。对历史故事中的"流变现象"进行研究，对了解故事本身的功能和当时的社会精神需求的内容，是有着独特的意义的。

诸如同属于文化现象，又与豫让的故事同地出现，发生时间比豫让的故事还要早的晋祠神像名称的流变过程，就很能说明这个问题。晋祠供奉的神像本来是只有唐叔虞一位的，其来源是山西省历史上最著名的"桐叶封弟"的历史故事，唐叔虞也因此被尊称为是山西人的祖先。

"桐叶封弟"故事的梗概如下，据《史记·晋世家第九》记载：周武王的妻子邑姜梦到天对武王说，我命令你妻子生个儿子，名字叫虞，封地在唐。后来邑姜果然生了一子，手掌中有个"虞"字，便取名为"虞"。后来武王驾崩，成王即位。唐地有人造反，被成王的叔叔剿灭了。成王在小的时候，时常与弟弟叔虞戏耍，有一次，成王削桐叶为令箭，交予叔虞，说："以此封你。"候在旁边的史官听到后，立刻做了记录，并请成王择日宣布。成王说："我是在与弟弟戏耍。"史官严肃地回答："天子没有戏言，说了就要记下，执行。"于是，成王把叔虞封到了唐。因为唐地有晋水，叔虞就改国号为晋。

后人为了纪念唐叔虞，就在晋祠建立了宗祠。开始，祠中只供奉着唐叔虞一个神位。然而，随着时间的推移，到了宋以后，祠中供奉的对象逐渐发生了改变。先是在祠中增加了圣母，也就是唐叔虞的母亲邑姜的神像；后来又增加了水母娘娘的神像。这期间神像数目的确定、神像位置的摆放，流变的原因，是因为皇权、官僚文人、乡村社会三者进行角力，最终求得平衡的产物。

再来说《白蛇传》的故事，其情节流变的内容也是十分丰富的。蛇女故事本来是中国江南民间流传很广的传说，内容大都是书生苦读时，碰到了成精的蛇女，然后与蛇女淫乱伤身毁体一类。后来在《白娘子永镇雷峰塔》的故事中，蛇女传说被定格成宗教救赎为主题的降妖入教的救赎故事。随后，为了迎合越来越强烈的孝道为先的社会主流宣传，故事又被改编成了白蛇与人谈情说爱怀上了人子，成为人母，母亲被法师压在雷峰塔下，儿子有了功名后，前来救母亲的故事。随着时代的演变，故事的内容继续不断变化，到了近代更是频繁更迭，禁欲内容的、革命内容的、降妖内容的、灭教内容的，统统出现过。使《白蛇传》故事成了满足各种社会阶层需求的目标故事。

通过以上两个历史故事的流变过程，可以说明，在历史文化的长河中，作为文化承载的语音和文字两种工具制造出的故事，内容是可以随着时代的需要不断发生变化的。当然，变化的首要条件是社会需要，社会需要故事中的内容。故事是因为社会需要才会得到社会关注，得到社会关注才会发生改变，故事的内容才会不断得到充实，润色，不断地变换面孔。

由此再说到豫让的故事，与上述两个故事相比，豫让的故事却是个特例，无论是在豫让故事产生时代的传播，还是在后来时代的传播，以至到了近代的传播，其流变都几乎没有发生过，一直保持着原生态的风貌，成为社会不变的记忆，近乎隐形的记忆，一直年轻的记忆。为什么呢？对这个问题回答倒是相对明确的，原因其实就是一个，手握话语权的势力因为不需要而不敢用、不愿用豫让的故事。由此引出的需要探讨的问题则有两个，一个是为什么不需要？一个是在官方系统不需要的情况下，为什么还能受到关注？

先来回答第一个问题，官方系统为什么不需要豫让的故事？

在人类远古的年代，由于记忆水平的局限性，传统文化的文字系统均掌握在官方系统手里，古今中外都脱不出此例，中国社会自然也不会例外。现今留存下来的文字可以证明，从最早的文学作品《尔雅》算起，到后来的各种文史记录，大部分都是官方收集的结果，是专管此项工作的官员"官"的工作成果。后来，这一类人演变成为"士人"，也就是文化人；这些人后来也将收集到的故事，在官方系统不接受的情况下，利用印刷术的发展，刊印了一些被称为"野史闲文"的故事在民间流传，成为后世的研究者研究正史的参考。

官方系统收集故事、整理故事、传播故事，是为了了解民情、规范民俗、教化四方。简而言之，是为了加强国家对社会的控制能力。与此同时，官方系统也需要得到民间故事的文化滋养，以此来丰富自己的文化生活。故事由此而得以变成文字的存在，得以因为被使用者润色而发展。

　　所谓传播社会学，是指传播媒介对社会的影响在社会学层面的讨论。从这个角度来探讨历史故事，可以确认官方系统收集故事的主要目的，就是为了教化四方，是为了让民众成为与官方步调一致，听官方指挥的生存机器。在这种舆论控制目的的要求下，为国赴死的故事一般都是受到赞许的，但是为君赴死这个问题，却一直是一个令官方系统纠结的问题。豫让的故事所表现的内容，就是一个令官方系统纠结的典型例子。

　　豫让故事中的主要内容，是说豫让如何为旧主智伯复仇。但是，这个旧主，实际上是一个暴君型的君主，这就产生了一个豫让值不值得为智伯报仇的问题。这个问题不仅是一个让故事的受众纠结的问题，也是一个让官方系统纠结的问题。然而，这又是一个谁也不宜明说的问题。因为官方不宜明说，民间无法阐释，所以就干脆不说；再一个是豫让这种不辨是非、死忠旧主的行为，在统治者看来，是一种对现任的统治阶层有着极大威胁的行为。如果加以表彰，会令社会上产生蔑视当朝统治阶层的社会意识。

　　再往更深的层次探究，那就是豫让的行为，实际上是一种让统治者又恨又爱的行为，同时又难以说清楚的行为。从统治者自身来说，都希望自己能够拥有豫让这样的死臣，在自己倒霉后依然忠于自己；同时，又不愿意被自己取代的旧君主有豫让这样的死臣。权衡再三，官方系统选择了用束之高阁的办法来对待豫让的故事。

　　从故事本身的角度看，豫让故事中的人物，均是史料中存在的人物，若要对豫让的故事进行修改，就需要对相关史料进行连锁修改。这不仅是一个大工程，也难以修改得让世人信服。可能也有这个原因，让历代的史官、文人们望而却步，按捺住了对豫让的故事进行修改的想法。由此，才使豫让的故事失去了流变的机会，成为亘古不变的故事。

　　再来回答第二个问题，在官方系统不需要的情况下，豫让的故事为什么还能受到社会关注？

　　在豫让的故事中，有这样两段对话，笔者再次抄录如下——

　　一段是豫让的朋友与豫让的对话：居顷之，豫让又漆身为厉，吞炭为哑，使形状不可知，行乞于市。其妻不识也。行见其友，其友识之，曰："汝非豫让邪？"曰："我是也。"其友为泣曰："以子之才，委质而臣事襄子，襄子必近幸子。近幸子，乃为所欲，顾不易邪？何乃残身苦形，欲以求报襄子，不亦难乎！"豫让曰："既已委质臣事人，而求杀之，是怀二心以事其君也。且吾所为者极难耳！然所以为此者，将以愧天下后世之为人臣怀二心以事其君者也。"

另一段是赵襄子与豫让的对话：于是襄子乃数豫让曰："子不尝事范、中行氏乎？智伯尽灭之，而子不为报雠，而反委质臣于智伯。智伯亦已死矣，而子独何以为之报雠之深也？"豫让曰："臣事范、中行氏，范、中行氏皆众人遇我，我故众人报之。至于智伯，国士遇我，我故国士报之。"襄子喟然叹息而泣曰："嗟乎豫子！子之为智伯，名既成矣，而寡人赦子，亦已足矣。"

以上两段对话表现出两个核心内容，一个是刺客豫让与刺杀对象国君赵襄子相比，豫让明显是一个弱者；再一个是豫让是一个用生命换取忠义名节的刺客。而中国文化的一个核心，就是同情弱者；中华文明的一个取向，就是崇尚忠义，即使这个忠义是有争议的忠义。而豫让的行为，恰好符合这两个标准，所以能够令读者过目而心惊，欲读而神伤，对豫让的故事产生出喜爱、激动、敬佩、向往、记忆的积极行为。同时，豫让的故事本身，情节曲折怪异，内容充实饱满，有着引发联想的张力，诱使思绪的魅力，也是很容易吸引社会眼球的。所以，豫让的故事得以受到社会的关注，成为历代中国人心中的记忆，梦中的激荡。

中国社会的民间记忆，恰恰与中国人的思维方式一样，有着天高皇帝远的自在特点。这里说的自在，就是独立存在，不是佛家的啥也不想。就是自己想自己愿意想的事情，自己做自己愿意做的事情。一句话，就是自己决定自己的命运，决定不了命运，就决定自己的想法。这是豫让的故事能够在中国社会得到传承的重要原因。

也是因为自在的原因，在一些无伤国本的事情上，中国人总是喜欢逆官家的意志为自己的意志，诸如中国人一般都不喜欢做锦上添花的事情，专想做雪中送炭的活计；中国人也不愿意弄什么偶像，因为中国人不愿意崇拜谁，在说谁了不得的同时，一定要加上对谁的嘲讽；中国人也不喜欢取得成功的人，看看历史上，受到崇拜的英雄大部分都是活得很失败的奋力前行者，命运的抗争者；中国人也极端地喜欢平等，虽然表面上也喜欢弄个酋长一类的人来管理自己，实际上却是想把麻烦的事让酋长去做，自己落个自由自在。所谓，伟大就是辛苦，就是麻烦，也是中国社会的一句名言。

如果用上面的标准来比对，豫让故事中的豫让，几乎就是一个完美的可以被中国人记在心中的精灵了。豫让很自在，豫让很失败，豫让很倔强，豫让很单纯，豫让很义气。看，这其中的哪一点，不是中国人喜欢的！

　　所以，豫让的故事没有流变的最重要的原因，就是因为豫让的故事不需要流变，豫让的故事本身，已经足以作为中国社会的精神营养品存在。

豫让精神中的灰色地带

古往今来，对豫让的行为，除了明朝大儒方孝孺的批评文字比较尖锐之外，几乎是一边倒的赞许之声。而方孝孺的批评，则有着明显的考据派儒生的鸡蛋里头挑骨头的故意，不值得多言。这样就引申出了一个新的问题。既然豫让的故事内容是受到赞许的，豫让的故事中体现出的豫让精神是值得赞许的，为什么豫让故事本身，总是得不到全方位的彰宣呢？为什么总是停留在原始的起跑线上不往前走呢？

笔者认为，这是因为豫让的故事体现出的豫让精神中，存在着一块难以被社会接受的灰色地带。

笔者说的豫让精神中的灰色地带，就是豫让故事中的那一句"至于智伯，国士遇我，我故国士报之"的话。这句话再说的通俗一些，就是民间耳熟能详的"你敬我一尺，我敬你一丈"的话。这句话所囊括的范畴，是一个必须进行分析的范畴，在科学精神已经融入中华文明的中国社会，对"你敬我一尺，我敬你一丈"的范畴进行研究，是健康社会精神的一个手段。

在哲学研究中，范畴是一个非常重要的概念，研究范畴是哲学研究的重要任务之一。范畴学的鼻祖亚里士多德。在他的《范畴论》中，就将范畴列为十种存在，即实体（ουσία）、数量（ποσόν）、性质（ποιόν）、关系（προστι）、场所（που）、时间（πότε）、姿势（κεῖσθαι）、状态（ἔχειν）、动作（ποιεῖν）、承受（πάσχειν）。而中国的《尚书》中，就已经有了"九畴"的概念，金、木、水、火、土、道德等概念均被收入其中，并确认了范畴是最高层次的"类"的统称。

自然，由于中国社会的学术优势是由上而下的学术统领模式，所以对具体事物的演变研究就不太重视，对具体事物中的细节流变也不太重视。特别是在社会科学的研究中，学者们或者喜欢进行一字一句的考据研究，因为这样可以没事找事，让自己不闲着；或者愿意进行宏观统筹的纲领研究，因为这样可以强调自己的独特性，说明自己重要。对事物必然会发生的演变的路径研究却不太重视，即使研究也是轻描淡写，使其结果显得很粗糙。这是一个需要引起中国社会注意的问题。诸如对豫让的故事中出现的"至于智伯，国士遇我，我故国士报之"这句话，也就是民间流行的"你敬我一尺，我敬你一丈"这句话，就几乎没有谁对其进行过细致的、条理性的分析研究，结果是造成了社会各界在对这句话理解上，存在着范畴边界不清晰、范畴内容很模糊的问题。因而造成了理解上的混乱，执行中的出入。

笔者提出对事物的范畴研究问题，就是希望对豫让故事中的"至于智伯，国士遇我，我故国士报之"这句话表现出来的最一般的概念，进行边界与内容物的分析，希望能够由此得出一个相对明白的结论，成为社会个体容易理解、方便执行的规则。减少发生你这样做也有理，我那样做也有理的理念冲突。从而引起社会对中国历史上出现的诸多范畴不清晰的概念的注意，加大研究分析的力度。因为不管我们重视不重视，范畴这个概念都是存在的，唯有对事物的范畴进行研究，了解事物的范畴内涵、边界，我们才能将事物存在的经验教训，转化为帮助我们认识世界、改造世界的工具。

那么，应该怎样用范畴概念来分析"至于智伯，国士遇我，我故国士报之"这句话呢？笔者就此做一个抛砖引玉的简约的试验性研究，记录下来供读者借鉴。

既然，范畴是反映事物本质属性和普遍联系的基本概念，是人类思维成果高级形态中具有高度概括性、结构稳定的基本概念，如：单一、特殊、普遍、形式、内容、本质、现象、原因、结果、必然性、偶然性、可能性、现实性等等，具有普遍的方法论意义。所以，用范畴概念来分析"至于智伯，国士遇我，我故国士报之"这句话，也应该遵循范畴的反映事物本质属性和普遍联系的基本属性，对该句子进行寻找本质属性、发现普遍联系的研究。

先来分析"至于智伯，国士遇我，我故国士报之"的本质属性，本质者，是事物随身带来的行为举止。若是动物，则有性格、承受、姿势、动作、外表等等属性；若是一句话，则应该有外表、内涵、宽度、深度、性质等等属性。就豫让故事中的"至于智伯，国士遇我，我故国士报之"来说，笔者认为其拥有以下几个属性：

• 外表："至于智伯，国士遇我，我故国士报之"的外表，表面上看，是一个棱角分明的外表，让受众一瞬间就能记住其清晰分明的棱角，不需要浪费记忆资源记录全部的内容，比如棱角旁边的外表的模样。这种错落有致的外表，比一个看似中性的外表更能够吸引受众的眼球，是一种强化记忆的方式。

·内涵："至于智伯，国士遇我，我故国士报之"的内涵，起码可以包含以下几个内容：一个是豫让行为中表现出的忠义；再一个是豫让的这个忠义的对象是特定的；再一个是这个特定的对象是不需要用良善与邪恶的规则分类的；再一个是这个忠义的内存形式是极致的。

·宽度：表面上看，"至于智伯，国士遇我，我故国士报之"这句话的宽度只是限定在"至于"两个字的范围内，实际上却是赋予了"至于"二字更宽的宽度，增加了"至于"二字的张力，即只要有"至于"就可以到达目标，就能得到回报。

·深度：在宽度得到限定的同时，增加了"至于智伯，国士遇我，我故国士报之"这句话的深度，深到什么程度，深到"我故"的程度，也就是"我就要"的程度。这个"我就要"的深度是眼睛可能看不见，但心灵可以看见的，而且会受到震撼的。

·性质："至于智伯，国士遇我，我故国士报之"的性质是刺激，给受众以感官上的刺激，这种刺激是实实在在存在的，与色彩、形状等物质一样，受众可以随时从这句话中得到刺激，或者如同针扎，或者如同刀劈，或者如同揪扯等物理行为一样的刺激。

再来分析"至于智伯，国士遇我，我故国士报之"的普遍联系，联系者，是事物的本质属性与外界的存在之间发生的相互之间的交汇行为，包括事物的本质属性对外界存在的影响，以及外界存在对事物的本质属性的影响两个部分。也就是说，普遍联系是本质属性的外延部分。对豫让说的这句话，则有关系、影响、心灵、类别等等属于联系的概念。

·关系：关系是事物的本质属性的最重要的外延表现，在"至于智伯，国士遇我，我故国士报之"这句话中，其关系的表现是存在于明白之中的，与受众之间发生的关系是不分受众的身份，无论男女老幼，只要明白就可以进入这句话设置的境界，诸如一个刚刚懂事的孩子，只要得到了这句话，就能够从这句话中获取让自己的激情燃烧起来的火苗。而受众与这句话的关系的表现，则是使这句话留存在了历史的显眼之处。

·影响：因为"至于智伯，国士遇我，我故国士报之"这句话，与受众有着普遍的关系的缘故，随之带来的影响力度是巨大的、影响面积是宽泛的、影响长度是无限延伸的，由影响而产生的记忆是坚固的，难以泯灭的。这也是豫让的故事，能够流传千古仍被世人惦记的重要原因。

·心灵：是一种有别于物理存在的特殊存在，是语言类的范畴能够存在的重要依附物。鉴于现阶段的研究成果，心灵还不是一种可以离开了个体单位而单独区分出来的"东西"，心灵还是范畴普遍联系的特性中，最为独特的存在。在"至于智伯，国士遇我，我故国士报之"这句话中，心灵的感悟是最难以琢磨却又可以设定尺度的存在，因为这个尺度是随心所欲的，即这句话可以生发出的姹紫嫣红的心灵感应，能够让中国人的神采更加熠熠生辉。

·类别：一般地讲，完美的分类系统应该满足三个条件，一个是有限的条件，也就是类的数量是有限的；一个是覆盖的条件，存在都是属于某一类的；一个是无交的，不同的类之间没有相交。由此标准来分析"至于智伯，国士遇我，我故国士报之"这句话，应该确认这句话是属于独特的、极致的物质存在，甚至是中国文化的根基"中庸"的范畴可以囊括的"类别"。这个独特就是不管你是谁，你对我好，我就对你好；这个极致就是"你敬我一尺，我敬你一丈。"而这一点，就是豫让精神中的灰色地带，在实际生活中的具体表现。

由此说明，豫让精神中的灰色地带，是可以通过科学的分析研究得到结果的。其灰色的精髓之一，就是不挑剔尊重自己的对方的身份，谁都可以；精髓之二就是尊重自己的对方只要比自己高就好，不论对错；精髓之三是延伸开来，就是为了得到这个尊重，维护这个尊重，保留这个尊重，什么样子的事情也敢做，也会做，也去做。

豫让精神中的灰色地带中的这些因素，给中国社会带来的负面影响，也是迄今难以消除的。笔者归纳了一下，列出了以下几个方面：

一个负面影响是对中国社会存在的汉奸心态形成的影响，这也是最负面的影响之一。中国历史上多出汉奸，是个一直使国人自卑、被他人嘲讽的现象。从明末洪承畴投降皇太极，加速了明朝的灭亡；到周作人当伪华北政府的教育部长，装点着侵略者的门面，都是个人有一套理论来为自己辩解的。而其中最大的自我托词就是对方尊重自己，对自己好，自己得到了对方的尊重，不好意思不做汉奸。此种解释的力度虽然苍白无力，却能够让那些做了汉奸的国人，求得自我解脱的路径。

是的，在中国这样一个大一统治理体系的社会结构中，在中国社会这样一个地大物博、人才济济的环境中，无论是怎样有才华的个体单位，欲望怎样强烈的个体单位，总是会有被埋没、被扭曲、被冤枉的事情发生的。国运昌盛时有，国运不昌时也有。这是一种体制性缺点的外在表现，是有待仁人志士给予解决的。当然，这个问题可能根本就解决不了，就像一个人，不可能健康到什么毛病也没有，如果真那样了，可能就是僵尸一具了。

不过，笔者认为，这种社会治理缺陷的存在，并不是这个社会中的某些个体单位成为叛逆一族的理由。无论有什么样的理由，汉奸的名分是必须遭人唾弃的。因为，如果这个道德缺口的存在有了合理性，为一己私利而损害国家利益、民族利益的事情就会接连不断地发生。到那个时候，国何以为国，家何以为家？

另一个负面影响是对所谓享受知己待遇的渴望。这是深受中华文化影响的华夏一族的个体单位，最容易出现也危害最大的毛病。什么是知己？是一个很大的学问，需要研究且又来不得半点马虎，又岂能动辄就拿来使用。现在说的问题就是不仅在当代社会，就是在中国历史上，动不动就因为是知己的缘故而生出事端的事，总是被当成英烈之事来褒扬的。褒扬的时候并没有考虑知己身份的选择问题，不考虑知己若是选择不当，是为交友不善，为这样的知己所做的拼心搏命的事情，不仅对自己而言是不值得的，对社会而言则是有危害了。豫让故事中的豫让的行为，实际上就证明了这一点。豫让为其搏命的智伯是那个时代的一个昏君，一个暴君；豫让欲刺杀的赵襄子则是一个明君、一个贤君。豫让却因为智伯把自己当成知己的缘故，就舍命去搏赵襄子，不顺大势，不取主流，其行为的危害性可见一斑。

再就是尊重与知己的双重作用力的滥用带来的危害性。尊重、知己，的确是中国社会对公平、正义、礼让的中华文明内涵的重大贡献。有尊重，方有公平；有知己，才有礼让。然而，正义这个中华文明中的重要内涵，却难以浸润到尊重中去，还缺乏一个公理的限定。若是能够让公理、尊重、知己三者并列，进入公平、正义、礼让的范畴，才会有一个完美的人格塑造模型。在此模型中塑造出的个体单位，方能承民族之大任，受社会之希望。

如果仅仅因为一是尊重，二为知己，就感到心满意足了，对得到尊重的对方并不挑剔，对引为知己的对方也不挑剔，实在就是一个可怕的现象了。或许也是中国社会中的个体单位，容易出现不辨是非，只要谁对自己好，就什么事儿都为谁去做的汉奸的缘故之一吧。这不仅是中国社会需要反省的一个问题，更是一个需要用制度设计的方法给予解决的问题。

八

豫让的第八宗罪

第八宗罪，是中国山西诗人兼报人赵树义在其博文中提出的，说是山西诗人李杜说的。所谓八宗罪，自然是在七宗罪之外的罪了。而所谓七宗罪，是 13 世纪道明会神父圣多玛斯·阿奎纳，列举出的人类的七个罪行：

贪婪、失控的欲望；

色欲、肉体的欲望；

饕餮、贪食的欲望；

妒忌、财产的欲望；

懒惰、逃避的欲望；

傲慢、卓越的欲望；

暴怒、复仇的欲望。

赵树义在博文中说："神父大人以为这七宗罪囊括了人类的所有恶性却忽略了万恶的渊薮：自以为是。"

西方人善于实证和罗列，且这七宗罪每件都直指被遮蔽的人性，由神父指出来似乎是一件高大上的行为，很理性，很实用；东方人则爱说废话，爱神游，爱天马行空，貌似一副引而不发的逍遥姿势，却总在关键时刻一针见血。这或许便是东西方的文化差异吧，笔者也只能以笔者不得不有的东方思维去理解西方的七宗罪。如果说神父所指的七宗罪都是人类的原罪，那么，赵树义说的"自以为是"便是原罪中的原罪，八宗罪的种种表现皆源自人类的本性。

赵树义在阐释第八宗罪的文章中，把第八宗罪归于全人类所有。笔者自是觉得不错。只是还觉得，这个罪名放在中国人身上似乎内容更丰满一些，放到豫让故事中的豫让身上更准确一些。

准确些说，这个"自以为是"的罪行，是所谓"七宗罪"中的第六宗罪

"傲慢"的升级版，是对"傲慢"这个罪行的深刻诠释。所谓"傲慢"仅仅是一种表现，造成其产生的理由很多，有自身的，有外附的；"自以为是"的罪行则就不同，以自身的因素更大一些，是自身附带的思维习惯，是人的内心固有的思维方式。而"自以为是"本身，却可以说成是人类的最大的恶行的。领袖有了这一恶行，就会把国家带入水深火热之中；民众有了这一恶行，就会给社会带来混乱不堪之祸。可以说，"自以为是"是能够令国家不强、社会不睦、民族不盛的根本罪行，是万祸之源。

关于这一点，鲁迅先生也说过，中国人向来有点自大。——只可惜没有"个人的自大"，都是"合群的爱国的自大"。这便是文化竞争失败之后，不能再见振拔改进的原因。

鲁迅先生自身就是一个侠士风骨的文人，是文坛的豫让，也有《铸剑》等弘扬侠士精神的作品问世。笔者说不准鲁迅先生哀叹的中国人没有的"个人的自大"，是否鲁迅先生自己有，肯定是有的吧。不过，笔者确信，不能"自以为是"地考虑问题的人，怎么可能成为人中翘楚的侠士呢？侠士者，必自大也；侠士者，必"自以为是"矣。所以说，中国社会不仅有"个人的自大"，还是伴随着中国人生老病死的不二死臣啊。

不过，中国人具有的"个人的自大"也是可以分类的，以春秋时期为代表的个人的自大，是凭心做事，理重于命，认为对的就去做，不过舍命而已的自大；而宋以后的个人的自大，是凭媚主事权行事的自大，自大的只是个体武艺的高低，才干的多少，不是个人精神的自由。因为那个时代的个人精神中的自由内涵，已经被淹没在君权神授的泥坑中了。

关于中华民族的民族精神的历史演变问题，应该是值得给予社会心理学方面的研究的，所谓社会心理学，就是研究个体和群体的社会心理现象的学问。其中个体社会心理现象是指受到他人和群体制约的属于个体的思想、感情和行为，如人际知觉、人际吸引、社会促进和社会抑制、顺从等；群体社会心理现象则是指群体本身特有的心理特征，如群体凝聚力、社会心理气氛、群体决策等。

而个体的自大与集体的自大，个体的自大的时代分类，集体的自大的时代分类等问题，如果能够给予受众一个清晰的界限，则对于弘扬自大的正面益处，克制自大的负面因素，建设健全的个体人格、社会人格，使中国社会的个体思维更加奔放，集体思维更加健康，都是有着很大的好处的。

对我等华夏子民的"自以为是"之罪的深重，哀其不幸而怒其不争的鲁迅先生，已经用自己的笔，给予了毫不留情的挞伐。不过，对其现象进行认真分析，提出解决的办法，却就是社会学家的工作了。社会学家应该从社会层面对"自以为是"的成因及影响、控制等方面进行分析研究，给社会提供一个解决"自以为是"问题的方法，调适"自以为是"现象的手段。笔者讨论的豫让的"第八宗罪"问题，就是为这个研究提一个范例。

从豫让的"第八宗罪"讨论开去，笔者觉得可以列出两个题目，豫让为什么会有"自以为是"的恶行？中国人为什么会有"自以为是"的恶行？在讨论这两个题目的基础上，还可以提出"除了豫让，谁愿意当豫让？"的题目。

先来说豫让为什么会有"自以为是"的恶行？春秋时代的中国社会，有"自以为是"这一罪行的国人是不少的。在那个百花齐放、百家争鸣的时代，内心充斥蓬勃向上的激情的仁人志士摩肩接踵，遍地都是。不过，那个时候的"自以为是"罪行，虽然是罪行，也有恶行的成分在里面，却是十分的稀少，更多的是昂扬向上的激情，个性奔放的率性。豫让的"自以为是"中，自然也是脱离不出当时的时代背景。

笔者读过豫让的各种故事后，从中也悟出了一些心得。从豫让不管妻子的悲伤需要抚慰，不顾朋友的侠义需要回报，不说动乱的国家需要报效，只是因为自己内心有着抑郁、厌世，或者放不下的因素，就非要做些不合时宜的事情来看，豫让实际上是一个私欲极度强烈的人。虽然敢于自戕也是不易，但是，自戕的举动并不能全部说成是正义的举动，日本侵略者也动辄自戕，不是在做着人神共愤的事情吗。

由此再往下说，在当时，豫让的行为受到了社会层面的赞许，所谓"死之日，赵国志士闻之，皆为涕泣。"说明当时的社会环境是崇拜死士，命贱义重的理念盛行的社会环境。这种社会环境，是社会的极大公义与个人的极端私欲和谐地融合为一体的社会环境，所以才能成就个体的自大与集体的自大的完美融合，有了豫让的故事流传千古。

再来说中国人为什么会有"自以为是"的恶行？如果说"自以为是"就是恶行的话，那么，可以说，中国社会是一个容易滋生此种恶行的环境。中国社会内质构成上，实际上始终是一个十分自由的内质构成，古话中就有求神不如求人，求人不如求己的精辟句子，在千百年来的生存环境形成的中国人的性格，最精准的不过"独立自主"四个字。这就是中华民族始终打不垮、压不塌的根本原因。当然，伴生着"独立自主"性格的，就是"自以为是"的恶行，一优一劣此起彼伏在中华民族的漫漫长河中，呈献给世人的就是"独立自主"盛，社会运行有序，国运昌盛；"自以为是"盛，社会运行阻塞，国运衰败的万千气象。这是当代中国社会最需要明白的箴言。

说了上面两个题目，可以讨论除了豫让，谁愿意当豫让的题目了。要讨论这个题目，先要弄明白什么是"自以为是"？什么是"自以为是"，就是自己认为自己了不起，做什么都对，看什么都准。这个"自以为是"包括着两个层次的行为，一个是想，一个是做；想在前，做在后。对于大多数中国人来说，想得多，做得少是肯定的；不仅中国人，全人类都是如此。这就是笔者之所以提出除了豫让，谁愿意当豫让的问题的缘故，因为，喜欢豫让的人不少，想当豫让的人不多；想当豫让的人不少，真当豫让的人很少。这是一个人类社会共同面临的问题，而且是无法解决的问题，避险求稳是人类的天性，从个体到整体都是如此，是无法改变的。

难道不是这样吗？想想，谁愿意做豫让呢？在社会生活中，愿意像豫让那样想的人肯定不少，愿意像豫让那样做的人一定难找，应该是一种常态吧。即使是在春秋战国时期，豫让也只有豫让自己而已，何况以后的个性尽被淹没的社会环境中呢。况且，如此敢于折磨自己的身体的壮烈之举，也的确不是谁人都可以做到的。倒是豫让那样的想法，应该继续弘扬光大着，使其在民族的心胸中荡漾着，这样可以奔放民族的自由思想，飘扬民族的激荡情怀。一个民族，总是需要有点激情揣在胸怀的，需要一些奔放放飞在脑海的。

从豫让做的事情不是随便谁都可以做的，谁都会做的角度来分析，豫让的侠士行为，也唯有豫让这一类的做事极端的人士才有可能做出，是"自以为是"的极致表现，既有着一定的性格因素，同时还必须有与其行为相适应的天时地利的条件配合，方有可能成就豫让的伟业。所谓贫寒出孝子，乱世见忠臣，阐释的就是这个道理，豫让在进行绝唱般的行为时，内心经历过的起伏波折，都是惊心动魄，揪人心悬的。

还需要再说的是，豫让的行为，根据豫让故事的描述，应该不是一日之功，一念之间，而是在比较长的一段时间内的思考和行动，这期间还穿插有朋友的劝告惋惜，家人的哀泣悲伤，君王的几番忍让的情节，如此，豫让的行为仍然能够得以功德圆满。豫让的行为，一定是有着绝大的难度的，因此也值得彰显，应该表彰的。因为豫让故事中的豫让，如果其行为仅仅是一时冲动的结果，就一定不会成为流传千古的故事，文化历史的筛选力量是十分缜密强大的，非有特殊才能的故事，才有可能保留下来，豫让的故事就是其中之一。豫让故事中的豫让，非有持久的"自以为是"思维方式的放飞，"独立自主"行为方式的实施，不能成就豫让的故事的传世功能。

在明末清初的中国社会，也出现过一些拒不奉诏的文人士子，如傅山、顾炎武、王夫之等所谓"六大家"什么的，但他们大都是或称病、或云游，对清朝政府实施的是软抵抗策略。就此，已经被社会认为是中国社会的脊梁了。到了清末的谭嗣同的壮烈赴死，则就更是一时冲动的结果啊。笔者想，如果时日悠长，有足够的时间考虑，谭嗣同可能就不会这样坐等被抓被杀了，倒是"有心杀贼，无力回天。死得其所，快哉快哉"的豪言可以继续说着。与这些个文人相比，豫让表现出来的刚烈，就是一个名副其实的"自以为是"的行为了，豫让的行为，除了豫让自己，一定是难以再有豫让了。

按理说，在中国古代小农的自给自足的自然经济的经济结构中，人的思想或者放飞，或者沉沦，都是具备一定物质条件的，有一块地、一间房就够了，就足以让一个人吃饱肚子就臆想，喝点小酒就沉沦了。从放飞来说，因为游走不多而见识狭窄的缘故，"自以为是"的思维方式很容易存在，甚至固守在放飞的翅膀上；就沉沦而言，因为裹腹容易，穿衣方便的缘故，"自以为是"的思维方式也容易存在，甚至固守在沉沦的肩膀上。同样是"自以为是"的思维方式，就会产生出两种结果，一种豫让，一种顺从。这种符合中国阴阳理论的思维方式，在中国社会的游刃有余，是一件必然的事情。

豫让的"自以为是"，虽然显得粗朴，绝响，但却不失其可爱。遗憾的是，随着儒家教化理论的渗透，以天地为房舍，山河为伴侣的豫让的所谓"恶行"已经难以见到。取而代之的是沉沦的"自以为是"的"恶行"，这才是真正的"恶行"，是当今时代的中国社会必须注意克服、消弭的负面清单。至于豫让的"自以为是"，即使是"恶行"，也是可以恢复一些本来的清纯面目的，是可以给中国日益软化的社会增添一些刚力的。

写到这里，对"自以为是"这个"第八宗罪"，读者似乎也会有一些新的看法了吧。按着中国人的说法，只要掌握好度，"第八宗罪"也是可以发挥有利于公平正义的机制建设的作用的；相反，用得不好，就是对自身的危害之外，就是社会的威胁，国家的不幸了。

2015 年 1 月 10 日，中央电视台新闻频道，正在播放在中国内地的民航飞行中，经常出现的乘客随意打开救生舱门的事件，对飞行安全带来重大威胁的事件。这些乘客打开救生舱门的理由各异，但是都有着严重的"自以为是"罪行的特点，最奇葩的理由是"自己想透透风"。因为自己想透透风，就把救生舱门打开的乘客的表现，可谓是"自以为是"到了极致的表现。这也可以警示那些叫嚷中国社会缺乏自由的所谓社会精英们，缺乏自由的中国乘客都有如此可怕的"自以为是"的表现，如果不缺乏了呢，还会有怎样的"自以为是"的表现呢。可见，适度的"自以为是"的行为，规则之内的"自以为是"行为，方才是中国人自己需要、中国社会自己需要、中国国家也需要的"自以为是"的行为。只管自己需要，不管社会需要、国家需要的"自以为是"行为，则是可怕的"自以为是"行为，就是一种破坏力。

笔者甚至认为，在中国社会，为什么会在几千年前就实施了一体化的国家管理体制，说不准就有着制约国人"自以为是"带来的各行其是、相互干扰的问题的原因。在"自以为是"的社会群体中，人们对搞清楚事实没有兴趣，有兴趣的只是争吵。一味地争吵，这样还能办成什么事情吗？办不成的！所以才有了民主集中制，才有了君主的最终决断权。从大家都说了算，到最后一个人说了算，是中国社会发展出的国家治理的两个极端手段，或良或恶，实在是难以评说。笔者不才，不若不说。

九

豫让与四十七义士

在中国传统文化中，侠士文化可谓如同江河般源远流长，恰似溪流般绵绵不绝。是陪伴着中国人生生死死的伴侣型文化。从春秋战国时代到当代社会，侠士的传奇一直在人们最爱的级别上游弋，侠客的故事一直是人们津津乐道的谈资。可以说，侠义精神是中国文化的重要组成部分，不逊于骑士精神在欧洲文化中的意义，更有甚于武士在日本文化中的意义。

说到西方，虽然现在是地球村的时代，但是，笔者还是觉得欧洲的骑士精神离中国社会有点儿远，有看不清楚的感觉。倒是因为研究过日本社会文化的缘故，对邻国日本，总是让笔者觉得有一些熟悉的情愫在思绪中涌动。在读日本文化研究生时，笔者就想过写一篇有关豫让与四十七义士的比较研究的论文。当时，因为研究其他项目，把这个研究搁置了。写作本书时，笔者自然又想到了这个课题，就把笔者的思考放了进来。

关于中国的个体侠客与日本武士的代表性人物四十七义士的比较研究，国内曾经有学者写过研究文章，但是关于侠客豫让与四十七义士的比较研究文章，笔者还没有见过。况且，笔者对这个问题也有着自己的看法。

笔者认为，作为中国侠客的豫让，与日本的四十七义士的异同之处，既有着典型意义，也有着借鉴意义。

先来谈中日两国的显性社会对豫让与四十七义士的态度。

对于豫让一类的中国侠士，自从秦汉以后，中国的官僚统治阶级及御用文人是持排斥态度的，不过使用的主要排斥手段是不理睬，春秋时的学者韩非子就已经说过"侠以武犯禁"的话。主要原因就是豫让一类的侠客是倚仗个体的武力行为，与社会秩序对抗的特殊阶层，特点就是随时敢于跨越秩序，使用暴力。这是与统治阶级要求臣民与自己的意志相向而行的目的相违背的，自然也是不能被显性社会容忍的。

而对于四十七义士一类的日本武士，日本的统治阶级及御用文人则一直是持赞扬态度的。《武士道》一书的作者新渡户稻造说，武士道"应是精神带来了活力，没有它，最好的器具也无益，最先进的枪炮不会自动发射，最现代的教育制度不会使懦夫变成英雄，不会！①"此话可以说是对武士道行为极尽了赞美之言，究其原因，就是因为日本的武士，本身就是为了维护统治阶级的统治而产生的，被统治阶级豢养的，有着明确的身份、目的、要求，如同军人一样的暴力阶层。而无论在什么样的时代，统治阶级的思想都是占统治地位的思想。被统治阶级褒扬的武士道，生存的环境自然是如鱼得水，十分的畅快自由了。

再来看豫让与四十七义士的身份异同。

豫让的侠客身份，是听命于自己良心行事的侠士；四十七义士的武士身份，是为了维护主公利益行事的武士。这是豫让与四十七义士最重要的身份不同之处。这主要是因为春秋时代的豫让一类的侠客，并非是由上而下产生的，而是草根浪迹江湖后产生的特殊阶层；四十七义士一类的武士，是自上而下产生的，从一开始就是统治阶层的附庸。

如果拿二者相比较，笔者认为，从自由与不自由的角度看，豫让的心灵充斥着自由，四十七义士的心灵充斥着不自由；从行事风格来看，豫让行事是率性而为，四十七义士行事是遵规守矩；从行走与固守的角度看，豫让可以行走江湖，四十七义士只能固守一主；从服从性的角度看，豫让服从于自己的内心，四十七义士服从于君主的旨意。

豫让与四十七义士的行为中的约束性机制的异同。

豫让与四十七义士的行为，都是在自己跟着的主公被杀之后，自己听命于心的召唤为主公复仇的行为。但是，二者采取行动的约束性机制却大相径庭，同样是听命于良心，豫让的约束性机制的"心"是自己的心，是认为自己应该为智伯复仇而行动，四十七义士的约束性机制的"心"是武士规则，认为自己必须为浅野长矩复仇而行动。同一个行为，同一种行动，缘由却是大不相同，动力也是截然相反。豫让的约束性机制是浪漫的，主动的，充满朝气的；四十七义士的约束性机制是保守的，被动的，满是戾气的。

相比之下，豫让所以行刺赵襄子，凭借的约束性机制是认为"应该"，

---

① 新渡户稻造.武士道［M］.张俊彦译.北京：商务印书馆，1993：104.

四十七义士所以刺杀吉良义央，凭借的约束性机制是认为"必须"。而"应该"是可干可不干；"必须"是不能不干。对于二者的约束力度不同，对各自的执行力要求也有很大差距。同时，二者采取行动的氛围也不同，豫让是独自策划、行动、受死，更容易受到退缩的诱惑，更不容易实施；四十七义士是集体谋划、行动、剖腹，则容易发挥从众效应的作用，比较容易进行。可以断定，如果四十七义士的行动如同豫让的行动一般复杂曲折的话，最终的受死者数量可能就不是四十七个了，一定会大大缩水，甚至无法成行的。

豫让与四十七义士的生命权归属的认知的异同。

豫让与四十七义士，都是认为自己的生命权不属于自己的阶层，他们对自身的认知也都是这样，活着就是为了自己身体以外的种种牵挂。不过，对生命权的归属问题，二者的回答却截然不同，豫让一类的侠士的生命权归属于"信"，讲信用，重承诺，行为果断，不惜性命救人之难，而不居功自傲，是豫让一类的侠客奉行的侠义精神；四十七义士的生命权归属于"忠"，武士必须用自己的生命来维护君主的利益，所谓"武勇奉公"是武士的最高规则，是四十七义士一类的武士奉行的武士精神。

也就是说，豫让一类的侠客与四十七义士一类的武士，虽然都是生命权不属于自己的一群，不同之处却也是有的，最大的不同之处在于豫让的生命权归属于许多人，不为了智伯，也可以为了其他的知己而献出生命；而四十七义士的生命权，就只归属于君主一个人，是不可以献于其他君主的。这是豫让与四十七义士之间的重大区别，是中日两个社会的根本认知误差，是迄今也没有完全改变的，甚至是难以改变的中国社会与日本社会的不同之处，即豫让的生命权是自由的、随意的，四十七义士的生命权是依附的、固定的。

豫让与四十七义士发生时间的时间差分析。

世界上的各个国家，朝代更迭的时间不同，进化的时间也不同，这是一个国家的幸事，也是悲哀。近代中国，因为没有赶上工业化国家发展的脚步，因而落后挨打，受尽了屈辱和压榨，这是中华民族的一场悲剧。幸亏中华民族是一个伟大的民族，如同曾仕强先生所言："五千年来，再辛苦，我们也站得起来，再贫穷，我们还是有正气，因为我们不服输。"现在的中国已经逐渐走上国强民富的发展轨道，这是中华民族的一件幸事。

至于豫让的故事与四十七义士的故事发生的时间，虽然受众都知道，但是如果不摆在一起，就不能给受众以惊心动魄的视觉刺激。看吧，豫让的故事发生的时间是公元前 453 年左右，四十七义士的故事发生的时间是 1701年前后，两个事件的时间差是 2200 年左右。这个时间差是非常惊人的。想想，在这 2200 年之间，这个世界上发生了多少事，中华民族发生了多少事，日本民族又发生了多少事。这些事情自然研究者诸多，不劳笔者费心思。笔者想说的是，正是因为有这个时间差的缘故，现在进行横向地观察中日两国，做出中国社会的侠气少了些，日本社会的武风浓了些的判断是对的。这也是近代以来，中国被日本欺凌的重要原因之一；只是，如果进行纵向的观察，任何观察者都会发现，中国社会的侠气是远比日本社会的侠气浓郁的，是日本社会的侠气无法相比的。

豫让与四十七义士对后世的影响力的分析。

豫让的故事与四十七义士的故事，对后世都是有着影响力的，这个说法毋庸置疑。只是因为威权作祟的原因，其影响力的宽度与深度不一样罢了，因为威权，始终是社会文化衰微与昌盛的主宰者。

就豫让故事的影响力来说，虽然历经了两千多年，可以说一直是在显性社会的影响日渐式微，在隐性社会的影响依旧如故。对中国这样一个自从秦汉之后，封建就被消弭，举国成为大一统的依附皇权的官僚管理体制治理下的帝国形制。豫让的精神因为不适合大一统的体制需要，体制又不愿意承担消弭社会精神需求的恶名，所以就把豫让的故事弄成了束之高阁的文化产品；不过，因为豫让的故事能够满足隐性社会的精神需求的缘故，才使豫让的故事能够在隐性社会中浸润持久，成为千古留名的佳话。这倒是中华民族的幸事，说明中国文明的基因中有着侠士的风骨，不会也没有被礼教的高压压垮。

再说四十七义士故事的影响力，从发生至今也只有四百多年时间，再加上又有显性社会的关照，使得其影响力一直延续，从固体宣传角度来说，每年的 12 月 14 日，在东京的泉岳寺有"义士祭"的活动；从社会宣传的角度看，四十七义士的故事一直是显性社会的褒扬名录。如同侠士在中国，虽然秦汉之后受到遏止，依然在当时的中国社会有着很大影响，像日本社会这般一直受到褒扬的四十七义士，自然是能够一直保持着被记忆、被宣传的态势，成为日本社会的一个独特的精神依托。这似乎不是日本社会的幸事，因为四十七义士的行为，是一种剥夺个体思维飞扬的极致行为。自己的命，非得为了另一个人去放弃，实际上是一件蔑视个体价值的社会行为。

豫让故事与四十七义士故事的文化流变。

在社会发展的时光中，如果社会需要，故事的内容自然也会随着时光的流淌而有流变，豫让故事与四十七义士的故事也不会例外。从文化流变的角度看故事内容的流变，则会发现社会对故事内容的需求程度。

先说豫让故事内容的文化流变。豫让的侠义行为，只是在春秋时期是社会中的正能量。自秦汉以后，这一类行为就逐渐受到威权的压抑，虽然有着民间社会环境的护佑，毕竟敌不过官府的压制力量，就渐渐衰微了。从文化的角度看，侠士秉承良心去死的天地人的气概，慢慢地成了"侠之大者，为国为民"的正义之举，不再是哥们义气，而是为君为权了。这种状况还成为被称之为"侠文化"的文化类别，影响着后代的热血青年为国为君去赴死。从管理国家的角度看，这种文化流变是没有什么错的，有利于维护君权利益，维护国家利益。只是世界上的事情都是福兮祸兮的，凡事过了就不好，由于显性社会过度遏制侠士精神的缘故，也使得中华民族渐渐文弱了下去，豫让的故事就只剩下故事了。也是因为被遏制的缘故，再加上文字狱盛行的缘故，中国的侠文化一直都是松散地存留在社会之中，没有出现过成文的纲领一类的东西。这些弱项，也被觊觎中华之地的人士鄙视为中国之历史，不武之历史也；中华之民族，不武之民族也。到了近一百年前后，就只剩下被实实在在欺辱的地步了。

再说四十七义士故事的文化流变。四十七义士的武士举动，是充分体现出日本武士道精神的举动，日本的武士道精神，究竟是什么精神？说白了就是一句话，轻生重死，为君主死。在武士道的草创时期江户时代，日本就有了《武教全书》一类的专门论述武士道的书籍，全面地有深度地对武士道进行了理论阐释和规则制定。使武士文化成为一种显文化，能够随意放大在社会中的影响。随着社会的发展，威权又不失时机地对武士文化进行与时俱进的改造，使得武士道成为日本社会各个时期的统治工具，在军国主义时代，武士道就蜕变为军国主义社会的主要成分之一；后来又成为经济侵略活动的主要成分之一。在武士文化的不断浸润侵蚀下，日本社会也已然成了一个半军事化的社会组织，其中多于集体行动，少于个体行动；个体行动多为服从，集体行动多于盲从，就成为了一种常态。即使时代发展到现在，这种状况也没有发生改变，受到国际社会赞扬的日本国民的勤勉、守时、认真等等优点，实际上就是武士道精神在日本社会发挥的作用罢了。可以说，日本社会是现代国际社会大家庭中，唯一的半军事化的社会组织，这种社会组织对世界和平秩序的危害是有目共睹的。在日本侵略中国时期，因为时代变化失去武士工作，成为浪人的武士们，就被日本威权势力适时地转移到了中国，成了日本侵略和祸害中国人民的一种恐怖势力，一个主要工具。

也是在这样的文化氛围中，日本社会就难以见到中国春秋时代的豫让一类的侠士。所谓的武士文化也就成为一种集体暴力文化，这种暴力文化发展到现在，就是国际社会经常会听到的，日本社会发生的种种暴力的语言、暴力的动作、暴力的交往、暴力的友好。

豫让原本是游士

　　豫让的称谓，可以说是有些混乱，有称其为"侠客"的，有称其为"刺客"的，有称其为"游侠"的。虽然对豫让行为的判定标准而言，称谓这个细节，并无大的限定能力。不过，作为一本研究豫让的书，对这个问题进行一番分析，用证据来确定豫让的身份，这对豫让行为的认定，是一件有益处的事情；对豫让的研究而言，是一定会有帮助的。

　　在司马迁的笔下，豫让的身份，被定位为"刺客"，并没有赋予豫让"侠客"，或者"游侠"的身份。在《史记》中，"刺客"也被放在了一个单独的章节。对史家之绝唱的这个观点，笔者自然是要附和，不敢违逆的。不过，笔者在本章题目中说的豫让原本是"游士"的说法，也是有着一定的理由的，豫让在做"刺客"前，干的是"游士"的工作，并不是一个职业"刺客"。笔者认为，有了这个细节的衬托，豫让的行为反而更显得悲烈了。

　　《游民文化与中国社会》一书，是山西籍学者，祖籍是距豫让的故事发生地晋祠赤桥村不远的清徐县的王学泰乡贤所著，此书是中国学术界唯一独立研究中国历史上的游民问题，研究中国隐形社会的大问题的专著。笔者读了这本书后，对中国历史上的诸多问题都有了醍醐灌顶的感觉。

　　在《游民文化与中国社会》一书中，专门有一节论述"游士"的文字，其中对"游士"的身份做了很全面的分析。笔者年轻且又文拙，不敢再就此问题发声。只是觉着豫让故事的主人公豫让，似乎是能够与"游士"的称呼挂上边的，再说的近一些，豫让实际上就是他们之中的一员了。为此，笔者在本书中单设了一章，想阐释一下自己对豫让原本是个"游士"的看法，也算是给乡贤王学泰的游民研究提供一些素材吧。

　　在说豫让原本是游士之前，先简单地介绍一下，笔者对什么是豫让时代的"游士"的看法。

按着乡贤王学泰的论述，"游士"首先是"士"，所谓"士"，是指封建社会结构中的下级军官、小贵族、基层管理人员，以及家臣一类的有固定职业的社会阶层，如同现在中国社会的公务员阶层，比公务员还不得的待遇是，他们大部分不仅是终身制，而且还是世袭制。他们的主要特点是有独特的生存技能，也就是一技之长。在周代初期，"士"是有着固定职业的社会阶层，自然是有着养家糊口需要的或土地、或供给的。①

但是到了春秋时代，随着"礼崩乐坏"状况的发生，出现了普天之下尽是"君不君，臣不臣"的局面。许多依附于君臣体系生活的"士"们，随着自己伺候的国家的灭亡，自然就失业了，不仅失业了，还成了无家可归的流浪者。慢慢的，这些成为流浪者的"士"们，因为四处流浪的缘故，也有了新的名称："游士"。"游士"阶层随之产生了。

所以，早期的"游士"就是一群被动的流浪者，他们择国而居，择主而作，在新的环境中从事着自己熟悉或者相对熟悉的工作，过起了君主兴，自身兴；君主亡，自身败的流浪生活。

不过，一则是因为所谓天生我材必有用的缘故，具有才能的"游士"自然也不能例外，也会因为有才而找到使用的位置，只要社会管理机构存在，只要有管理岗位，不管这个国家归了哪个君主，社会管理工作也得继续进行，就必须有"士"来做这些工作。不同的是原来靠世袭就能得到的饭碗，变得需要自己去找了，找到的饭碗也不再是铁饭碗，而是瓷饭碗了。所谓"游士"，就是那个时代的自谋职业者。如同当代中国社会实施改革开放以后，有了自谋职业者一样。不过，那个时候的自谋职业者，谋得大都是管理岗位。

二则因为是社会政治环境不断变化的缘故，"游士"的身份从顺应"平庸"即可生存，转换成了寻找亢奋才能生存，由平庸的组成部分转换成了反抗平庸的群体。自然，"游士"们的工作积极性就被大大地调动了起来，成为了社会发展的一支重要力量，由此成为千古名人的"游士"也比比皆是，诸如苏秦、张仪、范蠡、子贡、管仲等等，几乎都是出现在中国春秋时期，在中国历史上留下千古英明的"游士"阶层的代表性人物。孟子流传千古的名句："富贵不能淫，贫贱不能移，威武不能屈，此之谓大丈夫"就是赞扬

---

① 王学泰．游民文化与中国社会［M］．北京：同心出版社，2007：82．

"无恒产者有恒心，惟士惟能"的"游士"的。

可以说，春秋时代的"游士"阶层，是碰到了一个好的时代，由于整个社会都处于蓬勃向上的时期，君主与家族都渴望在发展的大潮中分一杯羹，夺一些利。而要发展、要扩张，就需要管理人才，需要就要设法找到，重视人才的风气就随之弥漫开来，动辄养"士"几千的家族也不少见。在各国竞相称雄时期，有本事的"游士"自然能够享受到被重视的待遇，普通的"游士"也能在其中谋得一份职业，也就是说"游士"们虽然工作的地点会有变动，但是只要去找，都是可以吃上饭的。四处找饭的过程，就是使这些"士"的生活，由过去的固定甚至世袭的生活，成了"市场政治的生活"，也就是有了"游士"阶层的出现。

当然，也有一些完全靠世袭成为"士"的个体单位，一些固守"士人"观念的个体单位，一旦成为"游士"阶层，觉着难以适应，如同当代中国社会的改革开放，正被笔者的父辈们赶上是一样的，也演绎出了诸多的悲欢离合、跌宕不已的故事，令听来、看来的笔者次次都唏嘘不已，自然也就能够在心里看到春秋时期的不能顺应时势的"游士"们生活的凄惨图景。在"游士"之中，除了一些经过跳跃式发展成为鹤立鸡群的大丈夫者之外，除了明白生以饱腹才能伟大的小人物之外，一定还有沉沦的、堕落的、饿死的、抑郁的、埋怨的士人，成为了被社会潮流冲刷下去的砂砾。而能够在时代前进的大潮中弄潮的"游士"们，或更加努力工作，工作更加具有创造性；或学会更多的投机专营的本领，巧言令色的手段。春秋战国时的中国社会也因此而显得色彩斑斓，生气勃勃，成为中国历史上最为伟大的社会阶段。

再分析一下"游士"与"游侠"的区别。首先要确切地说"游士"不是"游侠"。所谓"游侠"，也是中国社会的一大特色，是中国社会的灵魂组合体中的一分子。与"游士"首先是"士"一样，"游侠"首先也是"侠"。所谓"侠"，在后世至现在社会的理解中，多与"武"有关，"侠"就是武艺出众的人。实际上，根据乡贤王学泰的研究，中国社会早期出现的"侠"，应该是善于、喜欢交游，有一群追随者的特殊人才，是一个以有追随者为主要特征的特殊阶层。用现在的观点分析，应该就是隐性社会的领导一类的人物，更直白一些，是黑社会或者帮派集团的头头。而"游侠"，则没有固定的追随者，凭借个人的武艺才能游走在江湖中的"侠"，也就是被称之为"江湖"的，遵循一定的社会生存规则，靠武艺吃饭的人。在险峻叠出的

"江湖"中，为了生存，"游侠"也有着共同的行走法则，共同的生存规则，这些规则和法则归纳起来就是两个字："信义"。

同时，"游侠"这种生存群体，也是随着社会发展的需要而产生的。在春秋战国时代，"游侠"并不多见，因为当时虽然社会也在动荡，但那不过是君主的频繁更换，民众的身份却依然被井田制等周朝宗法规则，固定在一个地方，虽苦也不必位移，虽死也能够归宗。"游侠"也还是"侠"，是乡村的豪强、村落的正义。只是到了秦之后、汉之初以后，社会因为战乱，出现了大到颠覆层次的动乱局面，迁徙成为一种社会常态，"侠"中的特殊人才，与"游士"中的武艺高强者，才不得不将身份转换成为"游侠"，不得不游走在江湖之中，仗剑于信义之下。

"游侠"与"侠"的重要区别是，此时的"游侠"已经从号召者变成了独行者，从可以没有"武"的才能，唯有"智"的本领，转化成了必须有"武"的才能，才可以在江湖中混下去的要求。所谓"仗剑游天下"，就是"游侠"的生活状态的生动描述。虽然随着追求大一统的威权社会的眼光越来越毒辣，对"游侠"破坏力的认知越来越清晰，逐渐对其采取了遏制、打压、诱惑的手段，直至将其调教成了威权的附庸、奴仆，但"游侠"的身份也没有消失，只是改变了形象。到了宋之后，"游侠"在成为民众喜爱的角色的同时，还就真成了威权的鹰爪，强权的附庸，冠冕堂皇的说法是"维护正义"的行侠仗义之士。

忘了哪一篇文章中说过，豫让的祖父毕阳是晋国有名的侠客。关于这一点，笔者还没有找到相关的史料，不过，如果是有的，作为春秋时代的"侠"，想必一定也是有着追随者的。不过，这一点只可以说明，豫让家族是一个几代都给老板打工的白领阶层。而从豫让故事中的记录，并没有说豫让家世的情况来看，或许也是有着不值一说的缘故吧。在注重血缘与宗族脉络的中国社会，如果豫让的家世显赫、特殊，豫让的故事中怎么可能一字不提呢，说不准会对豫让的行为给予更为特别的塑造。而没有谈及的事实，起码可以证明另外一个事实——

如果豫让的祖父毕阳真的是"侠"，那么到了豫让的时代，豫让家族也已经衰败了，豫让的身份也已经由"侠"转换成"士"了。同时，因为豫让也不是一个在江湖上行走的特殊人物，豫让也没有来得及成为早期的"游侠"，也就是没有从一个"游士"转化为"游侠"的机会，豫让是从一个高级打工仔，直接转换升级为"刺客"身份的。所以，笔者说豫让不是一个"侠"，也不是一个"游侠"，而是一个"刺客"，应该是没有什么错的。

只是，豫让是否可以说成是一个真正的"刺客"呢？笔者认为，这也是需要商榷的。关于"刺客"的解释，最早应该就是司马迁给定格的，在司马迁的笔下，"刺客"的行为，似乎并不是为了刺杀本身，就是说不是为了完成刺杀，而是为了渲染一种"攻心为上"的恐怖气氛，实际上就是现在所说的"恐怖主义"威胁。在司马迁的笔下，为了一句承诺，可以赴汤蹈火，付出生命也在所不惜的，就是"刺客"。所谓"侠之大者，谓之刺客。"在这句话中，"刺客"有着比"侠"更高的地位，是更高级别上的"侠"。想想，为了一个承诺，就要做到勇往而不止，生命不足惜。不是只有更高级别的"侠"——"刺客"才能够做到的吗？

从这一点上，豫让的行为表现倒是十分贴切。且不说豫让自己是不是一个有高超武艺的"侠"，即使有，豫让也一定知道，凭着自己的能力，是不能够杀死赵襄子的，襄子不仅是一个君主，而且是一个武艺高强的君主。从史料的记载中看，豫让的身份更像是一个普通的办事人员，据此推断，武艺一定是不高的。可是，在豫让的故事中，豫让的表现却是：知道自己身份的豫让，晓得自己能力的豫让，也不是被动接受了哪一位要求的豫让，对哪一位有了承诺的豫让，害怕损害了名声的豫让，还要自己给自己立下一个承诺，还要按照自己给自己立下的承诺办事，只是因为怕违背了内心的承诺，就义无反顾地去干，一直干到了命丧九泉。豫让的这种行为说明了什么？只能说明豫让的刺杀，只是要制造出有人刺杀智伯的仇敌的举动，以此来证明自己，威慑对方，震惊社会，也就是制造出一种"恐怖主义"气氛。

笔者认为，从豫让的这个行为特征上说，豫让的确还能算是一个真正的"刺客"。不同的是，对司马迁的"刺客"观点，笔者是略有异议的。笔者认为，真正的"刺客"，是以完成刺杀行动为目标的死士，不是以渲染过程为目标的死士，这是笔者不同于司马迁的对"刺客"的理解。笔者觉着，真正的"刺客"总是为别人服务的，不会为了自己对自己的承诺而义无反顾。说得不客气一些，豫让的行为只是司马迁笔下的"刺客"，像一个当今世界的"恐怖主义"分子，是一个渴望制造轰动效应的恐怖分子，不是笔者认为的"刺客"。这可不是笔者要有意贬低豫让先生啊，豫让是笔者心中的骄傲啊。

所以，笔者才会说，豫让原本是个"游士"，最早也是个"士"，也是由

"士"变成"游士"的。不过,因为豫让是一个像笔者一样性格执拗的山西人,用豫让赴死之地,山西太原晋祠的土话说是个性格"硌撩"的人。而"士"与"游士"一定是豫让原本与后来的职业,所谓的"刺客"身份,不过是豫让的兼职而已,所以做得也不是特别到位,因为他没有完成刺杀任务。笔者还要说,以豫让一类"游士"为代表的"游士"阶层,是中国春秋时代最为辉煌壮烈的一个特殊阶层,不夸张地说,"游士"是中国春秋时代的脊梁,是中国社会得以久传至今的经纬。

更为准确地说,豫让是一个让世人难以评说、身份无法确定的精灵。豫让一方面是一个极端重视情义的人,另一方面却又是一个"书呆子气"过于浓重的人;豫让虽然出身"侠"的家庭,干着"士"的工作,却又干了一番惊天动地的"刺客"的营生;豫让本来应该安分于"游士"的本分去服务于新的君主,却突然做了刺客成就了传世的壮举。

以上的一切都说明,豫让真的很特别,他的想法不是普通人能够理解的,他的行为也不是用过去的常态能够说通的,甚至不是可以用现代社会科学的研究方法可以评判的。我们只能说,豫让是中国社会数千年来的一位少见的近乎绝版的传奇人物。

十一

豫让故事中的个体英雄与
中国社会集体氛围的冲突

　　中国社会是个体主义的，还是集体主义的，或者是个什么样子的融合体，一直是一个众说纷纭的话题。西方学者说中国社会是限制个人自由的社会，个体与集体融合得不好，中国学者说中国社会是集体主义的社会，个体与集体融合得不错。讨论者各执一词，互不相让。

　　笔者想，这个命题或许是一个伪命题。中国社会实则是一个士人威权体制管理着的自由社会，是一个个体精神与集体氛围即冲突又融合的社会。在这样一个社会中，对集体氛围而言，规则是模糊的，道德是高悬的；对个体精神而言，思绪是自由的，德行是踏实的。中国社会是一个典型的"有机的团结"的社会。即使在中国社会已经进入工业化时代的今天，这种社会孕育的一以贯之的思维习惯，在法理与无序的剧烈冲击下，也没有发生根本性的改变。不过，这不是笔者喜欢关注的话题，不妨留给宪政社会学者们去发挥。笔者想证明的命题是，豫让的个体行为与中国社会的集体氛围，是既有冲突又有融合的组合体。

　　历史记载中的豫让，是一个典型的个体英雄，近乎绝版的传奇人物。也就是因为这个特点，豫让在中国社会中的价值才是前无古人、后无来者的。被记录最全面的《史记》中的豫让，豫让从听到智伯头颅被当了酒器的信息，到下决心为主公报仇，再到几番设计行刺、进行行刺，再到最后提出要求，在请到赵襄子的服饰后，拔剑三击，然后自刎身亡。都是一个赤裸裸的个体行为，没有任何与其他个体单位商量、合作的痕迹，故事中出现的豫让与其他人的交流，也都是以豫让自己为中心的交流，不是听取对方的意见，而是发表见解。

　　在豫让的这些表现中，既有东方社会酋长型领袖必须具备的独立自主思考的优点，也有东方社会酋长型领袖容易出现的独断专行的缺点。这些个东方社会酋长必备的优点与缺点融合在一起，就成就了豫让的传奇。说明豫让虽然不是酋长级别的个体单位，只是东方社会管理链条中的一个中间环节，其身上，仍然沾染了东方文化中对领袖型领导的素质要求。这是中国社会中的文化因素对社会个体单位的浸润，整个中国社会都是在这样的文化氛围中运转着。

作为中国社会中独特的、近乎绝版的、就是传奇的豫让，自然也必须是中国社会的产物。就如同佛学的真谛就是凡事就是因果一般，豫让这个近乎绝版的传奇，生成的土壤基础也是这块土地，也没有脱出因果理论的巢穴。说明中国社会自从大一统的文化氛围自上而下形成之后，就对中国社会产生了领导与浸润的作用，使中国社会从此成了一个有着独特文化环境的社会，在这样一个环境中，个体单位的活动范围有时候是很不自由的，有时候又是很自由的，而且这个很自由的范围是相当宽泛的，有时候甚至是令社会诧异的，如同豫让的行为。近几年中国人出国的多了，因此受到外国人的一些诟病，其中大部分都是因为中国人的过分自由的行为举止，无法与国外繁杂的规则相匹配造成的。

豫让就是中国社会拥有的这些自由氛围中生长出来的传奇，是正常的传奇。之所以还被说成是振聋发聩的传奇，则是因为即使是在思维能够自由飞翔的社会环境中，真正能够落实到行动上的传奇行为，依然是不容易产生的。诸如做事不是依规则，而是凭良心的自由行动权，本来是中国社会拥有的自由范畴中的最大的自由裁量指标。然而，做到豫让这般极致的个体单位却是不多的，所以有关豫让与豫让一类的社会精英的中国故事，才会受到社会的尊敬，民众的喜爱。

反过来说，中国社会又是一个集体氛围浓郁的社会，随大流是中国社会为人处事的基本习惯，枪打出头鸟是中国社会的基本规则。随大流与不出头是中国社会集体主义氛围的基石。这种氛围的存在，带来的社会效应就是从众心理的强大影响力，这种影响力不仅表现在政策认同上，还表现在社会的各个层面、各种角度。具体表现就是做什么事情都喜欢一窝蜂，买东西、吃东西、做生意都是这样。而一窝蜂现象的存在，有益处也有害处，益处是做什么事情都容易做成，害处是做什么事情都容易做过。而中国社会就是在做成、做过，再做成、再做过的螺旋中或上升或下降的，民众也是在或饱腹或挨饿的进程中生活着，在或度日如年或一瞬而过的感觉中行走着。

那么，豫让的传奇与集体主义氛围的交汇的结果是什么样子的呢？笔者按着中国社会的价值判断标准的演变流程来分析，豫让的经历，应该是如同以下几个阶段一般，一个是春秋战国时期，豫让的行为如同一项普及了的体育运动，随之产生出的行业精英，受到社会的崇拜；二个是汉朝中期以后的时期，豫让的行为如同安徒生童话中的丑小鸭的故事一般，始终被当成丑小鸭看待；三是在辛亥革命时期，豫让的行为如同救国之必行之举一般，受到崇拜与模仿。

也许是辛亥革命时期距当代比较近的缘故，从辛亥革命时期到当代社会，豫让的传奇始终对中国社会产生着巨大的影响力，期间不乏效仿豫让的志士仁人，他们或为解国家之难不惜一掷头颅，或为图民族兴旺主动赴难蹈火，如维新志士谭嗣同、革命烈士江姐、文化精英陈寅恪等等，中华民族因为有了他们的引导而得以延续，中国社会因为有了他们的壮举而能够深厚。

这就又引出了一个话题，中国当代社会需要豫让精神吗？笔者的回答自然是需要，笔者坚信中国社会不仅需要豫让之精神，而且需要豫让之行动；笔者相信中华民族也是不缺乏豫让精神的，因为中华文化就是豫让精神生发的土壤。笔者还知道，中国当代社会也的确是不乏豫让一类的精英的，如同坚守独立之精神，自由之思想的陈寅恪，就可以称之为当代中国社会的豫让精神的代表性人物。他们坚守自己的良知，不为各种诱惑所撼动，不被各种恐惧而动摇。这是中国社会的骄傲，是中华民族的自豪。

自然，个体单位与集体单位之间，始终是存在着如何相互理解，相互融合的问题的。如何解决这个问题，是每一个社会都必须回答的问题。解决的标准则是——良性标准：一个社会中的个体单位生机勃勃，集体单位凝聚力强大，整个社会都处于上升期；一般标准：一个社会中的个体单位安分守己，集体单位无忧无虑，整个社会处于安静期；恶行标准：一个社会中的个体单位怨声载道，集体单位如同一盘散沙，整个社会处于无政府状态。另外，还可以列出一些亚健康级别的二类标准，对以上三种情况进行更加细致的分析。

再具体到豫让故事中的，个体英雄与中国社会集体氛围的冲突问题的提出与分析方面，笔者在当今时代提出这个问题，主要的意图是希望在当今中国社会，一个集体主义继续强大着，个体英雄也在蓬勃发展的时期，整个社会应该考虑怎样从个体精神中提取对社会发展有利的因素，在诱使其为社会发展提供服务的同时，也降低由其带来的风险。

再具体些说，豫让精神实际上就是一个个体强大的精神，这个强大不是领袖级别的强大，只是个体单位的强大，这个强大运用得好，于国于民都是一件好事儿；运用得不好，就是国家的不幸，个体的悲哀。因为所谓个体的强大，是听命于良心的强大，这个良心是什么文化熏陶出来的良心，就是一个社会必须重视的问题了。因为在不同的社会群体中生长出来的良心，一定是有自己的特色的。所谓普世的良心，即使在交汇融合已经大大加深了的当今社会，也是不容易见到的。关于这个问题，笔者不想在这里做过多的讨论，免得引来不必要的非议。笔者想强调的是，中国社会应该花大力气守住中国社会的良心，减少被别的社会良心扭曲的概率。

笔者的说法是有道理的，一些外国学者也在劝中国社会学着讲故事，讲好自己的故事。说明在世界故事舞台上，经济发展了的中国，讲故事的水平还没有与之相匹配。也说明在当今的中国社会，必须做好讲故事的工作，而且是尽快做好。使这项工作成为一个常态，成为一种习惯。西方社会都是这么做的，而且卓有成效，常常取得事半功倍的效果。中国社会现在就面临着这些西方讲故事群体的威胁。

再者说，豫让精神也是一种个体的奉献的精神，是个体对他人的奉献，不是对个体自身拥有的小私的奉献。中国社会，本来是一种为小私可以毁大局的社会，这个特点，费孝通老先生在其成名的社会学名著《乡土中国》一书中有过论述：

"中国传统社会里一个人为了自己可以牺牲家，为了家可以牺牲党，为了党可以牺牲国，为了国可以牺牲天下"的社会①。

费老此言可能有一些过激，却也说明中国社会是一个"私"的观念比较强烈的社会，或许这正是因为中国社会奉行普天之下莫非王土的遏制私权的管理制度，由此而带来的反叛表现。

由此可以说，中国社会不是一个简单的你与我、我与你的相处之道的生存环境，而是如同自然环境在人类社会的再现，大自然自身是一个极为复杂的机器，其中的各种生命都生存在相生相克之中，谁也离不开谁，谁也不能

---

① 费孝通. 乡土中国 [M]. 北京：三联书店，2013：33.

独立于谁，谁也不能强大过谁，是一个有机的整体。笔者想，过去虽然没有谁这样说过，是否也可以这样理解，类似于自然环境的中国社会，才是中华民族能够繁衍不息的根蒂呢？

而在如此繁芜的社会环境中，云游在历史长河中的豫让精神，不仅是一个异类，而且是一个特殊的异类，正是因为特殊，所以才会受到社会的关注，得到民众的敬仰。异类与常态相交集的结果，就是冲突，豫让的异类行为与中国社会的集体氛围交集的结果，就是豫让故事中的个体英雄与中国社会集体氛围的冲突的结果。这个结果对中国社会而言，主要的内容不是两败俱伤的负面效应，而是彼此扶助的正面效应。

所谓彼此扶助，最切实的表现就是豫让的行为带给中国社会的影响，是以正面影响为主的，是带给中国社会的一股正气，一股向上奔放的阳刚之气。虽然这股正气出现的时间总是短暂的，但是他们发出的光亮却能够照亮社会的大厅、历史的长廊。中国社会，就是因为有豫让一类的精英人士的存在，因为有他们可歌可泣的故事的存在，所以才会永远阳光、百折不挠，一直向上、勇往直前。

同样是从得失共济的观点来看，豫让故事中的个体英雄与中国社会集体氛围的冲突的结果，也是有着一定的负面影响力的，其中最大的负面影响力，就是"脱序"行为对社会秩序的破坏力。一个个体单位不顺着社会发展的大趋势行事，而是顽固地逆势而行，即使这种个体单位很少，出现的概率极低，对于社会安定的破坏作用也是很大的，需要社会付出更多的治理成本。

不过，把豫让的异类行为与中国社会的集体氛围交集的正负两方面进行比对，我们还是要肯定，豫让故事的正面影响的影响力，是大大高于负面影响的影响力的，如果将这种关系处理好，甚至可以对其产生的负面影响忽略不计。遗憾的是，在中国历史上，秦汉以后的历代统治者，因为建立的都是大一统的官家文人政权，所以对异端行为都是敏感至草木皆兵一般、防贼一样预防着，对与异端行为粘着边儿的行为也丝毫不能容忍，所谓"宁可错杀一千，不能放过一个"的凶言，不一定仅仅是蒋介石的发明，历代的所谓统治者为了维护自己的地位也都是这样做的。

笔者不明白，这些深谙中国文化精髓的威权把握者，为什么会做出如此恶劣的愚蠢行为，难道他们不明白"民不畏死，奈何以死惧之"的道理吗？

老子两千年前就说过啊。想来他们也是明白的，只是因为惊惧眼前之惧，害怕脚下之怕，而纵使暴行泛滥的吧。这或许也是中国社会的发展总是跌跌绊绊，不能顺当的一个原因吧。笔者倒是觉着，作为威权势力，实则是不可以制造官逼民反、民不得不反的社会状况，这一类的教训已经有许多了。

实际上，社会中的你你我我，高高低低，共同组成一个良善社会才是社会发展的正途，个体单位的内心舒畅与集体单位的内部坚固，是良善社会的基石，也是社会发展中兼顾了各方利益的两全其美的事情。若冲突成为规则之内的冲突，矛盾成为人民内部矛盾，岂不美哉。

十二

豫让只是自认为倒霉的知识分子的豫让

豫让的故事所以能够在中国历史上久传不息，一个重要原因是，中国社会始终有一部分没有得到社会重视的知识分子、也就是没有受到社会重视的落魄"士人"们，对豫让行为的爱戴，如司马迁等知识分子。这些中华文明传承内容的辑录者们惦记着豫让，叨念着豫让，宣扬着豫让。而他们锲而不舍地这样做的原因，一方面是因为牵挂过多而喜欢豫让的决绝，一方面是因为不被重视而刻意渲染豫让的价值。

为此，笔者说，就这个原因而言，豫让故事的存在是豫让故事的悲剧，是司马迁一类的文人士子的绝望。

笔者说在中国社会，欣赏豫让行为的群体主要是知识分子群体，特别是没有受到社会重视的那一部分知识分子，对豫让及豫让行为的崇拜情结更为深厚。这不是笔者凭着感觉说的，而是笔者通过研究发现，中国社会，从春秋之后，秦始皇焚书坑儒开始，知识分子就被自己设计出的治国之道而折腾着，成为自己设计出的治国理论的受害者，从此一直延续到后来。

中国社会的知识分子，在百花齐放、百家争鸣的春秋战国时代，是生存环境最为放松的时代。在那个时代，读书人可以尽情地放飞自己的思想，寻找治国的方法、爱民的手段，战胜对手的技能、彼此交往的秋波、自身存在的感悟，读书人还可以把这些想法纵情地告诉社会，想怎样说就怎样说，以至于产生于春秋战国时代的思想的火花，竟然就成为了中华文明的精华典籍，被后世享用不尽的宝藏。相较于世界上其他古老文明的湮没、萎缩，中华文明却得以保持、发展，也赖以当时的中国知识分子制造出了大一统的文明规则。

在中国历史上，历代统治者使用的治理国家的手段，都是取之于这个时代产生的学问，自此往后的历代知识分子，甚至不需要在进行思想的创造，只要从先贤们的学问里寻找就可以了。孔子之所以伟大，并不是因为他自己创作了什么引领中华文明的学问，而是因为他能够集古人之大成，把古圣先贤的思想进行了系统的整理，解释。因为他整理的最多，最系统，所以成了中国社会的至圣先师，知识分子的膜拜偶像。

不过，由此也可以说明，中国知识分子的命运，即使是在春秋战国时期，也是一种依附命运，知识分子制造的学问，是为威权阶级服务的。所谓"独立之精神，自由之思想"只是个别知识分子自我安慰的苦药，即使这样的自我安慰，也是需要发生在社会环境的容忍度之内的，否则就无法存在。说明在中国社会生存环境中，绝对的独立是不存在的。

笔者想，中国知识分子的命运是依附的，那么，在这个世界上，是否在别的国家，会有威权依附于知识分子的状况存在呢？答案自然是否定的。所谓的知识分子，就是为社会服务的各种技能掌握者中的一种，与农村种田、工厂做工是一样的，是从中分化出来的一种特殊技能，是研究统治者怎样管理社会，分析民众怎样适应统治者的统治，讨论社会怎样与自然相处，设计大众自娱自乐的方式的一种技能。只是因为此种技能有着不是随时可以看得见、摸得着的特殊性，才被知识分子自己进行神化，使自己成为社会当中的一个特殊阶层。然而，无论表面上怎样变化，但根底上是与其他行业一样的，就是工作首先是为了吃饭，先要解决吃饭问题，然后才能考虑其他。

中国社会在春秋以后出现的现象是，知识分子群体，对威权的依附性质愈来愈紧凑，有着成为威权一家的发声器的特点，这是中国社会过早地进入了大一统社会管理方式的缘故。而诸多发声器都想发出最大的声音，成为最受威权喜欢的声音，自然就产生了竞争，而且竞争得十分激烈，有时候还是你死我活的竞争。笔者甚至想，后来资本主义搞的市场竞争，是否就是从中国知识分子那里学来的呢？试想一下，即使是号称是读书人的知识分子群体中的哪一个个体单位，不想让自己的发声得到尊重呢？而威权的需求又是有限的，而且这种状况是永远不会改变的。在这样的生存环境中，所谓的要让所有的个体单位都得到尊重的说法，应该是无法做到的，是一种蛊惑级别的理论，所谓普世的尊重，也不过是一部分人得到的尊重，即使这样就已经了不得了。中国社会虽然没有出现第二次世界大战之后欧洲出现的"存在主义哲学"，没有萨特一类的代表人物教导民众，说人生就是残酷，活着就得战斗。然而社会本质却也就是如此，知识分子群体也不能例外。不管这些个体单位是否愿意相信。

按理说，中国社会在春秋战国以后形成的大一统社会管理体制，对威权来说，是一种省心的管理体制，管理者只要求民众纳粮、不造反就可以了；对民众而言，也是一种省心的生存体制，民众只要纳粮、不造反，生活的随意度是有很宽泛的经纬度的。这种松散、不武的社会管理体制，在和平时期是一种很好的社会运行机制，但是到了动乱时期，就会显露出其中的弊病，主要就是民众不容易拧成一股绳，拧成了一股绳力度却不大的问题。在近代中国，西方列强加上日本侵略者，就是看出中国社会松散、不武的组织特点，才敢于下手掠夺中国，显露其强盗行径的狰狞面目的。

不过，这些弊病的存在，也是中国社会发展过程中必须要产生的赘生物。与中国社会的改革开放一起成长的笔者，是亲眼目睹了中国社会发生巨大变化的一代人，或许是笔者幼稚，虽然是亲身经历，依然总是对这些变化表现出诧异之色的笔者总是在想，中华文明真是一个不仅仅能够用伟大二字就能够阐释清楚的文明啊，中国社会如果不是有着松散的弱点，不武的缺陷，中国社会又该会怎样飞速地向前发展啊！

因此，每当听到一些人埋怨影响自身进步遇到的各种障碍时，激愤阻碍社会发展的各种问题时，笔者总是想对他们说，如果十几亿中国人组成的社会，成了如同日本社会那样的武士集团，这个地球还能够放下中国社会的脚步吗？不能的，中华文明重吸收、轻拓展的生存模式，着实是中国社会与地球世界和睦相处的生存之道。这正是相生相克的自然进化规律，在中国社会身上的正面反映。也唯有如此，中国社会才能够长存。老子说得好，"持而盈之，不如其已。揣而锐之，不可常保。金玉满堂，莫之能守。富贵而骄，自遭其咎。功成身退，天之道。"这才是中华民族的生存之道啊。

由此说到中国社会一直存在着的"自认为倒霉的知识分子"问题，笔者认为也可以用笔者的这个看法来分析的。自从中国社会出现《易经》、围棋、《黄帝内经》等智慧型学问开始，中国人的聪明才智就已经显露了出来，中国知识分子的才能就更是显露了出来。然而，如果中国社会中的个体单位能够切身处地想一想，一个社会，即使是一个巨大的社会集团，又能够采纳和使用多少知识分子的学问呢？治国的理论有一家的学说就差不多够用了，生存的学问有两三家也就够用了。所以，以研究治国平天下理论为己任的中国知识分子，大家都在一条窄道上狂奔，那路自然是十分拥挤的，而在"学而优则仕"的理论的诱惑下，中国社会又有着多少在这条道上狂奔的读书人啊。这或许也是中国社会存在的"一窝蜂"毛病，在读书人行业的蔓延。殊不知，"一将成名万骨枯"的战场名言，在读书界也是一样纵横四海的。在千军万马挤独木桥的环境中，聪明才智的高大上，又能够发挥什么作用呢？

就是因为读书人取得成功的道路狭窄的缘故，读书人生存的庙宇僧多粥少的缘故，得不到社会重用的读书人自然就不会在少数，而且一定是大多数。"自认为倒霉的知识分子"群体，自然就会作为一种社会常态存在于社会，只是这些读书人大部分是没有脱去"自以为是"的第八宗罪的俗人，内心就会不服气，就会到处嚷嚷，结果就制造出了读书人不被重视就不行、实际上就不被重视的让社会恐惧的社会问题。这也是因为不肯改变身份，只能自怨自艾的读书人对正常社会的畸形愤怒情绪的宣泄。

在这个问题上，西方国家对这个问题解决的方法是比较多的，之所以解决的方法多，也不是西方人比中国人聪明了多少，而是因为中国社会与西方国家对待学问的方式不一样。西方国家是自下而上的学问，是从实用开始升华至理论的学问；中国是自上而下的学问，是老祖宗自己弄明白之后告诉后人的，是从理论到实践的学问。西方的学问是积累，中国的学问是解释。如此不同的环境，就使得西方社会的知识分子的活儿比较多，容纳知识分子的范围也比较大，社会的方方面面都可以研究，这或许也是西方人比中国人聪明的一个表现吧，因为西方社会的这种做学问的方法，给知识分子找到了更多的工作；中国社会的知识分子的研究范围就比较狭窄，除了解释前贤还是解释前贤，甚至到了不用解释的地步了。而无用就是不受理睬的规则，在所有的社会群体中都是适用的。中国社会的读书人群体中，自然就有了"自认为倒霉的知识分子"的部落。

只要有行业，就会有行业标准；只要有团体，就会有团体规则。"自认为倒霉的知识分子"的群体也不能例外，虽然这个群体是松散的。而对这个群体的存在规则进行分析研究，应该是历史社会学家的一个任务。因为，"自认为倒霉的知识分子"群体的存在，是中国社会的一个主要的负面力量，了解这个群体，解决这个群体本身需要解决的问题，可以做到从根基上消减这个团体带来的负面影响，这对于消减整个社会的运行阻力，有着事倍功半的作用。

从历史发展的过程来看，"自认为倒霉的知识分子"群体，从春秋战国时代就开始出现了,"游士"群体的出现就表明在当时的社会,知识分子已经开始分为"走红与一般"和"倒霉与堕落"两种类型,"自认为倒霉的知识分子"群体就显现出了雏形。秦汉以后,中国社会几经变迁,但是政治结构没有发生太大的变化,都是普天之下,莫非皇土的治理方式,社会结构自然也没有大的变化。再加上汉朝武帝时期董仲舒提出"罢黜百家,独尊儒术"的统治思想后,中国社会已经渐渐只有儒生,没有其他了。

董仲舒提出的"罢黜百家,独尊儒术",已经不是简单的对《论语》的复制,而是提出了新的供威权使用的学说,是对儒学的再造,在强调"君权神授"的同时,还提出了"三纲五常"的社会管理的辅助理论,在当时,对汉初实施的老子的"无为而治"天下治理理论,进行了颠覆性的改造,使当时的社会进入了积极有为的规则实施阶段。

从此,中国社会就成了儒生的天下。简而言之,因为有了规则的缘故,显性社会的思想界渐渐成了一潭死水,只要对条文进行背诵和解读就可以了,知识分子的创造作用随之降低,取而代之的是复制前贤,复制的手段也只有做官一条道路可走。社会中因为各种原因无法做官的知识分子,自然就成了落魄的读书人,其中自然就不乏进入"自认为倒霉的知识分子"群体的读书人。这些因为读过书而思想相对活跃的人士,憎恨三十亩地一头牛的平庸生活,渴望在激辩与冲突当中展现能力的人士,对自己的倒霉就会产生出或不服气,或怨声载道的情绪。看问题的方法自然有着与显性社会读书人的巨大差异。

在这一类群体中,有的在家著述,如蒲松龄等;有的教书育人,如各种书院的建立;有的则做了"隐士",选择修行的生活。笔者认为,"隐士"是"自认为倒霉的知识分子"群体中最为极端的一群,是"自认为倒霉的知识分子"在中国社会的极致表现。这些"隐士"与其他国家的修行者不同,他们隐遁山林,关注的却是世俗社会的事情,谈论的也是世俗社会的治理方法,是一种充满智慧的以退为进的生存技能。关于对"隐士"的研究,虽然近代以来也有过,但还是没有受到应有的重视,研究工作还显得粗糙。笔者限于篇幅与研究内容的关系,也不在此进行专门的讨论了。希望以后能够有机会对这个课题进行专门的研究,笔者觉得这是一件有趣味的事情。

笔者在本章标题中说,豫让是"自认为倒霉的知识分子"的豫让,意思是说,最容易接受豫让行为的群体与阶层,一定不是威权,也不是在威权下活得滋润妥帖的读书人，只能是"自认为倒霉的知识分子"们，一群自诩有才无处施展，内心充满愤懑的读书人。对豫让采取的激烈的维权行为，生存环境寂寞的读书人们，自然会成为醉酒后的遐想，孤寂时的伴侣。因为不甘寂寞的他们，也渴望过上一回惊天动地、撕心裂肺的生活，渴望折腾一下，疯狂一回，结局是或死或生，都不用考虑。

不过，笔者还是怀疑，仅仅是崇拜、仅仅是渴望、仅仅是想着，都是可以的。真的去做，真的去行动，"自认为倒霉的知识分子"群体中，又会有几人能够将这些想法确实落地呢？笔者虽然还算年轻，但对于只说不做的行为，海口不实的行为，也是见过不少的。开始笔者也觉着愤懑，现在也都感觉如常了，笔者安慰自己道，此种现象的存在，是因为在中国社会生存着的知识分子，身上有着更多的羁绊，心中有着更多的无奈。自然在他们当中，总能找到不死、不做、不履行的理由的花袭人一类的夸口君子占多数，敢于、能够义无反顾地赴死、去做、在行动的谭嗣同一类的实干君子屈指可数。

笔者不想评论，这种状况的存在，对中国社会而言，是悲剧，还是正剧；是缺陷，还是优势。

十三

豫让的故事与大传统和小传统

所谓大传统与小传统的概念，是近代以来，一些研究中国社会问题的西方与中国本土学者，创造并使用的一种中国社会结构的分类手段。其中关于分类方法、概念内涵的争论一直持续着。笔者认为，这是一个可以理解的问题。中国社会的特点，一个是大，一个是厚，其中的容纳自然是气象万千的，怎么可以用简单的方法进行归类综合呢？笔者在本章中使用大传统、小传统的概念，也只是为了便于笔者叙述，方便读者理解。

笔者在这里使用的大传统与小传统的概念，大传统是指以皇权为代表的官僚管理机制，小传统是指以宗族长老为代表的民间社会自治机制。豫让的故事与这两种机制的关系，是笔者讨论的问题。

大传统机制与小传统机制在中国社会的存在，如同费孝通先生所言的"双规政治"机制差不多，大传统代表国家政体，小传统代表民间社会。这两种机制并行存在，自然不能没有相互之间的关系，不能不进行沟通。而对于这两种机制之间如何建立关系，如何进行沟通，也是有着各种不同或者类似的观点。比较流行的就是，知识分子是大传统社会与小传统社会连接的桥梁。而在这个桥梁上游走着的豫让的故事，与大传统机制和小传统机制之间的关系，就是笔者要在本章节中要讨论的问题。

笔者在上一章说过，豫让的故事，实际上只是知识分子们喜欢的故事，准确地说，还是落魄的知识分子们喜欢的故事。是注定不会在大传统与小传统环境中流转变迁，只能停留在中国知识分子特有的"求主情结"里，在能够欣赏却不可触碰的空中楼阁上摇摆着的故事。

笔者所以这样认为，是因为笔者知道，作为大传统机制的组成部分的皇权与官僚管理机制，因为奉行的是大一统的国家治理概念，是以自我为中心的天朝体制，宣扬的治国观念自然是对本朝政体的忠孝节义，对民众的管控也在服从威权体制的范畴内。

而豫让故事一类的传奇，宣扬的只是极致的有条件的忠诚，所谓"智氏旋灭赵氏强，三千食客都逃亡。唯有漆身吞炭奇男子，潜身桥下何仓皇。"（张万庆，《豫让桥怀古》）这种存在对于大传统机制来说是绝对不能够容忍的；可是，对于豫让的勇敢行为，却又是大传统机制也需要的。在这样矛盾的冲突中，为了解决这个矛盾，大传统机制就采取了一个省心省力的办法，任其滞留在知识分子的圈子里，既不扩散，也不湮灭。对大传统机制而言，对豫让故事的态度是不想接纳。

再来谈小传统机制，小传统机制实际上就是民间社会，在传统农业社会，民间社会是由宗族与乡规来管理的，除了纳粮、战争、违法之外，与大传统机制几乎不会发生什么关系，是远离大传统机制、与大传统机制平行着的社群管理机制，有着平静、松散、按部就班的特点。

在这种相对封闭的自给自足类型的生存环境中，豫让故事的内容，似乎是离受众的精神需求距离很远的内容，自然也不容易触动受众的心灵，引发受众的激动。能够给小传统机制管理的生存环境带来触动效应的故事，大都是孝子的故事、母爱的故事，报应的故事，男女的故事一类。对小传统而言，对豫让故事的态度是不知道接纳。

不想接纳与不知道接纳的结果，都在不接纳的范畴。与此同时，作为两个传统之间的媒介的知识分子群体，豫让的故事却是他们的至爱，特别是他们之中的那个"自认为倒霉的知识分子"群体，对豫让的故事更是有着特殊的偏爱，豫让的故事，是慰藉这一类精英人士心灵的特别苦口的良药，非常管用的慰藉。这是豫让的故事始终在中国社会流传，却始终没有发生流变的一个重要原因，也就此给后世留下了一个原生态的励志故事。

中国社会至秦汉以后，几乎都是在相对稳定的大传统与小传统制造的格局中运行着，在保持了中国社会的社会结构相对稳定之外，对中国社会的运行方法也有着极大的影响。中国当代社会学研究的领军人物，社会运行论社会学派的创始人郑杭生先生，在其创建的针对中国社会的研究方式的理论架构中，对社会运行论社会学派给社会运行论学科的解释是："社会学是关于现代社会运行和发展的条件和机制，特别是社会良性运行和协调发展的条件和机制的综合性具体科学[①]。"同时，郑先生还把社会运行分为三种类型：

• 良性运行和协调发展；

---

① 郑杭生．社会运行学派轨迹［M］．北京：首都师范大学出版社，2014：135.

· 中性运行和模糊发展；

· 恶行运行和畸形发展。

笔者觉得采用郑杭生先生的研究方法，对中国社会的历史运行方式进行分析研究，不失为一种好的方法，着实是中国社会学研究土壤中生发出的研究成果。运用郑杭生先生的运行分类方法来研究中国历史，学界也可以对中国历史做出相对精准的分析，将会对社会进步起到看得见、摸得着的历史借鉴。

进一步对豫让的故事在中国历史上与社会运行有关的连接状态的分析，似乎可以把对豫让故事在中国历史上的流动状态，更清晰地展现出来，给受众以更为精准的信息传递。

豫让故事的产生，首见于春秋，当时的中国社会，是万邦治国向一统天下转换的关键时期。虽然这个时期战乱不断，百家争雄，笔者却不认为这个时期是"恶行运行和畸形发展"的恶行社会发展类型，笔者觉得这个时期的中国社会，正是由"中性运行和模糊发展"的中性社会发展类型，向"良性运行和协调发展"的良性社会发展类型的转变期，是中国社会走向大一统的社会管理机制的重要时机。在这样一个时期，各种思想都可以迸发自己的光辉，各种行为都能够找到自己的位置。豫让的故事，自然也能够取得"死之日，赵国志士闻之，皆为涕泣"的社会效果。

在春秋之后的中国社会，无论发生怎样的朝代更迭、时势变迁，治理模式却是基本不变的，都是大一统的皇权领导下的官僚文人管理机制。在这样的管理机制中，无论社会运行机制是什么类型的，豫让的故事基本上是处于不被接受的地位。之所以没有被否定湮灭，是因为威权认为没有必要理睬。威权以为豫让的故事，就像《庄子》故事中的那棵不成材的老树，就是因为不成材料，所以才能够长久地活下来，发挥出本来的保持水土，为大地遮荫的本职功能。如果这棵老树还有其他功能，一定早已经被或者做了桌椅、或者做了床铺等用具，来供人类享用了。

只是到了近代的辛亥革命前后，中国社会才又短暂地恢复过春秋战国时期的百家争鸣的情景。豫让行为一类的故事才又得到了复制、延展，又成为许多仁人志士的心中偶像。中国社会因此又有了一次寻求正义的志士，为国献身的刺客蜂拥而出的社会环境。不过，由于持续时间的短暂，其表现也如同回光返照一般，但也如同在中国社会的上空划了一道刺眼的闪电。

当然，中国社会是一个大而繁杂的统一体，在这样一个作用力角度多发的生存环境中，任何事物都是有可能因为在某一时段，受到某一个角度的力的冲击，就会被消失、被扭曲，被萎缩、被阉割的，总体生存下来的几率是非常低的，成金变银的数量更是少得可怜。相对而言，《庄子》故事中的这棵老树的命运是十分幸运的。那么，作为内容有着不少瑕疵，在显性社会只能享有不理睬和不值得理睬的豫让的故事，又是怎样历经岁月的淘洗而保存下来的呢？又为什么会保存下来呢？对这个问题，笔者的回答是，就是因为有"自认为倒霉的知识分子"群体的存在。

"自认为倒霉的知识分子"群体，是中国社会的特殊产物。因为，中国社会的知识分子不同于其他社会的知识分子，拥有知识的面积非常之大，几乎所有的技能都属于知识分子掌握的范畴。而在几千年来，中国社会的知识分子，只是"诠经释道"的一群。他们唯一的作用就是为威权提供直接的服务。而管理国家的岗位，即使再臃肿的机构，能够使用的知识分子的数量也是有限的，一条官道也容不下汹涌而来的知识分子大军。因此，"自认为倒霉的知识分子"群体的出现就是必然，是中国社会"学而优则仕"的管理机制的负面资产，是伴随着威权政体存在着的无法解决的问题。

这个无法解决的问题，不仅存在着，还是中国社会运行着的管理机制中不可或缺的一部分，就像资本主义体制，必然会有失业率一样，"自认为倒霉的知识分子"群体，也是官僚文人管理机制的候补队员。只是，因为在场上折腾的队员都千方百计想留在官场上的缘故，使这个候补的不确定性始终处于疯狂的地界，自然会给这个群体带来了巨大的不安全感。

为了缓解和逃避这种不安全感带来的精神压力，"自认为倒霉的知识分子"群体出于维护自身利益的需要，采取了很多防控的手段，做出了不少与已经入仕的知识分子不一样的举动，有以退为进的，有刻意夸张的，有自甘堕落的，有直入江湖的。中国社会许多留名千古的文学家，都是"自认为倒霉的知识分子"群体中的一员，就是一个例证。

而豫让的行为，作为需要发泄内心激愤的最厚重的承载物，自然就成为"自认为倒霉的知识分子"的最爱。特别是他们其中的一部分属于冲动型性格的成员，渴望通过建功立业引起社会关注的成员，豫让的行为，无疑能够给予他们最好的精神慰藉。不需要真正模仿豫让，去做豫让做过的事情，只要时不时诵读一回《史记·刺客篇》中的"豫让"故事，也是可以得到如同自己去做了一般的情感享受的，是能够慰藉饥渴的心灵，缓释焦躁的因子，使日子变得容易打发一些的。而一旦遇到机会，他们还会顺手掂出豫让的故事，根据自己的需要加以修订，或弄成可以演出的戏剧，或写为供人诵读的诗歌。使豫让的故事，像一个扯不断线的风筝，在中华文化的天空中飘来舞去，直到现在。

笔者粗略地浏览了一下，有关豫让故事的史书记载，几乎所有的重要历史典籍中都有；有关豫让故事的诗歌，各个朝代也都有；有关豫让的戏剧，史料中的笔者还没有潜心去寻找，只是看近几年，就得到了集中式的发展，话剧、晋剧、京剧、川剧、襄垣秧歌剧等剧种、都排演了与豫让故事有关的剧目；特别值得一提的是上海戏剧学院等国内一流戏曲院校的学生，都喜欢排演有关豫让内容的毕业汇报剧。笔者认为，这说明豫让的故事，在一个结构尚不稳定的社会环境中，更容易引起青年人的共鸣。这是一个值得社会注意的问题。

由上所说，豫让的故事，不被中国社会结构中的几种主要结构重视，只是得到处于隐性社会与主流社会之间的边缘地带的，"自认为倒霉的知识分子"群体的关注。也仅仅是因为知识分子有着承载历史的特殊作用，使豫让的故事得以保存下来，成为触动后世受众心灵的撞针，使中华民族能够记得，中国山西太原晋祠赤桥村，有过一次堪称前无古人、后无来者的壮举；这个壮举，是山西人士豫让所为。

当代社会对知识分子称谓的分类，已经不是局限于"读经释道"、"儒家官僚"一类，而是囊括了所有的掌握技能的群体，这也是中国社会学习西方的一个成果，是取其之长的一个选择。这个分类方法，已经对穿梭于大传统与小传统之间的知识分子群体，从结构上进行了根本性的改造。而随着国家教育能力的提升，这一群体也在不断地扩大，有可能在不久后的某一天，会囊括所有的人群——即中国人都是知识分子了。

虽然在这个时候，又有人提出对"知识分子"的概念进行重新确认的问题，认为应该将"知识分子"定位于"拥有独立之精神，自由之思想。对社会有独特贡献的人群"。不过，笔者认为，这种将"知识分子"名称刻意拔高至阳春白雪档次的分类方法，一定是难以普适的，也是不必要的，而且是对在中国社会存在了几千年，容易产生"自认为倒霉的知识分子"群体体制的怀念。试想，作为大多数人也都是俗人，有俗情结的知识分子群体，哪一个愿意脱离这个称号呢？

　　当然，这不是笔者在本书中讨论的话题，笔者想说的是，在现存的知识分子框架内，随着群体的膨胀，"自认为倒霉的知识分子"群体也会膨胀。如何化解这个群体与国家整体、社会结构的矛盾，将不利因素转变为有利因素，是中国社会必须面对，必须解决好的问题。而最好的化解之道，就是莫过于使知识分子成为全民之称呼，不再是大传统与小传统之间的传声筒，润滑剂，而就是大传统与小传统本身，遵循共同的生存规则，拥有共同的立人道德，追求共同的公平、正义、文明的目标。知识分子之间，甚至全社会之间，都没有等级差别的束缚了，怎么还会有倒霉不倒霉一说呢？在这样的社会环境中，"自认为倒霉的知识分子"群体自然也就不存在了。

十四

豫让的行为是"愚忠"?

准确地说,"愚忠"是一种懒得思辨的思考方式,是一种对其他物体的依赖手段,与懒得吃饭的行为方式差不多。懒得吃饭也是致贫的一个重要手段,现在中国社会进行的扶贫工作,在解决因为天瘠地贫致贫问题的同时,更需要解决因为懒得吃饭的行为方式而致贫的问题。因为扶贫工作也不能仅仅扶物质上的贫,还必须扶精神上的贫。而懒得思辨自然也是一种精神贫困的表现方法,要解决这个问题,也需要对其开展扶贫工作。

"愚忠"的行为,似乎在现在的中国社会不多见了,见得多的是无所谓忠义的行为,玩世不恭的行为,自以为是的行为。实际上,"愚忠"的行为,作为中国文化中的一个部分,是不会从中国社会消失的,只会换一个容貌出现。诸如现在社会上出现的否定中国文化的行为,就是一种新的"愚忠"行为,同样是一种懒得思辨的思考方式的表现。

"愚忠"的行为,不仅在中国社会现在有,过去有,在现在的许多构架和地区都有,诸如巴基斯坦也有,有记者问贝•布托的支持者,她有钱,丈夫还贪污,不管你们死活,你们为什么还要支持她呢?得到的回答是,我们不管原因,就是要支持她。

在现今的中国台湾地区,一部分铁杆深绿的支持者也是这一类"愚忠"的表现者。不管陈水扁贪污了没有,不管民进党做了多大的错事,这部分铁杆深绿的支持者都要支持陈水扁,都要投民进党的票。

中国社会流传的民间故事中,有不少关于懒的故事,诸如一个懒孩子饿死的故事,说是一个懒孩子,他娘知道他懒,出门前在他脖子上挂了张大饼,告诉他饿了只要低头就可以吃。结果,等他妈回来,懒孩子已经饿死了。大饼还在他脖子上挂着,只是嘴前面的一部分没有了,这个懒孩子,懒到了即使饿死,也不想做把大饼转到嘴跟前的事情,如此的懒,也是极致啊。而"愚忠",就是类似于这种懒的行为。

从心理社会学的角度来看,"愚忠"是一种病态的行为,是一种"社会惰化"行为的极致表现,源自认知失调的心理疾病。在一些特定的环境中,特定的人群里,在环境的渲染下,在群体效应的诱导下,"愚忠"是能够泛滥成灾的。关于这个观点,日本军国主义对军人的管控方式可以印证。

让别人替自己思考,是"愚忠"的主要特征。特别是在一些大是大非问题上,出于对权力的畏惧,对忠诚的信任,因为没有权力想而拒绝想、懒得想的社会中的个体单位,就会产生出"愚忠"的行为,为的是省去自己思考的时间,转而去做别的被个体单位认为是有意义的事情。这种因为无奈等原因培育出来的懒惰,更多的是出于心智上的懒惰,是一种又被迫转向主动的懒惰。

让别人为自己的想法做主,也是"愚忠"的主要特征。所谓"君要臣死,臣不能不死。"就是"愚忠"在社会管理体制中的作用体现。这个特征被大张旗鼓地标榜在威权管理的社会环境中,放在个体单位为修身养性制定的"忠孝节义"信条的条文里,成为威权管理社会的一个重要手段,也是一种能够让威权省不少心、省不少力的手段。

"识时务者为俊杰"是中国社会对"愚忠"的另一个层面的解释,是中华文化的一个有机成分。此话的原文出自《三国志·蜀志·诸葛亮传》:"儒生俗士,识时务者,在乎俊杰,此间自有卧龙、凤雏。"意思是能够认清时代潮流者,才能够算是英雄豪杰。该书出自西晋,说明在秦汉以后,中国社会对英雄的看法就有了"能够认清时代潮流者方为英雄"的要求。

在中国社会,对于知识分子在忠诚与信义方面的要求,应该说是比较苛刻的。一方面要求忠诚,最好是达到"愚忠"的水平;一方面要求识时务,最好是不仅能够认清时代潮流,还能够顺应时代潮流。这种互相矛盾的要求,常常让中国社会的知识分子,陷于纠结与无所适从的境地。特别是碰到朝代更迭的大事件时,是继续保持对以前君主的忠诚,还是把忠诚转送给新的君主。这是处于此种境地的知识分子因为两难选择而坐卧不安的问题。在他们受到的教育中,哪一种要求都是合理的,又都是不合理的,全要凭自己内心制定的标准来进行判断,做优化处理。同时,对于留给后世的名声,比当时的生命更为重要的知识分子来说,在他们的选择困境中,又增加了一个枷锁。

　　笔者觉得，这是中国社会与其他社会之间最大的不同之处，在中国社会，做什么事情都有两难的选择，都可以进行两难的选择。或者这样，或者那样，就看在选择的当时，哪一种理由占了上风。说明中国社会对于生存环境的设计，是多通道的设计，不是一条路儿走到黑的设计。生存环境被设计成这个样子的好处是，能够给生存在自己怀抱中的子民创造更为丰富的生存空间，降低生存的恐惧；坏处是，使生存在这个环境中的子民能够萌发复杂的生存臆想，不容易形成万众一心的战斗团体。这种设计使中国社会如同一团巨大的海绵体，即绵软柔弱，又无法毁灭。不管或大或小，总是能够存在于地球的东方。

　　中国社会以忠孝立国的理念，是在汉武帝之后，由学者董仲舒提出的"罢黜百家，独尊儒术"的治国理念，被汉武帝采纳后，就成为中国社会以后的国家治理规则，被历代统治者使用，期间有过一些修改，但其"罢黜百家，独尊儒术"的基本要义并没有被改变，也不会被改变。因为对于历代的威权统治者来说，无论怎样选择，都会觉着董仲舒设计的治国方法，是最简洁、最方便、最高效的治国方法，难以用其他的方法替代。

　　由此形成的中国国家管理机制，是一种相互制约、整体循环的管理机制。皇帝管着儒生一类的臣子，但皇帝的权力是"天授君权"，被天管着，儒生则是解释天道的群体。这种管理办法是一种企图把国家管理机制，设计成生生不息的自然管理机制的办法。自然，根据中国社会几千年的发展史来看，董仲舒的目的达到了。

　　中国社会结构是一种没有宗教机制的社会结构，这对于中国社会而言，应该是一个福音，更是幸事。这使得中国社会没有出现极端的社会管理机制，整个社会的宽容度、容纳度的弹性功能强大，伸缩性能优良，中国社会因此有着诱人心智的气味，有着让社会中的个体单位愿意呆在里面的归属感觉，而个体单位是中国社会组成的中坚力量。

　　中国社会没有成为一个宗教社会，是因为中国社会有《易经》的缘故，一本包罗万象的《易经》权术，已经将中国社会纳入了唯物辩证法的思辨轨道，在这样的思辨轨道上行走着的中国社会，不容易接受凭借极端思维控制来管理民众的思想体系。当然，后人们也应该感谢董仲舒，在对孔夫子的儒家典籍进行整理的时候，董仲舒没有将儒学推至宗教的境界，没有将儒学设计成主教及教会一类的岗位与组织，而是与民众的生活紧密联系在了一起。

而儒生管理的天，也是模糊的默默无语的，天从不多说什么，只是任由敬奉者想说什么就说什么。

现在可以说豫让故事中的豫让的行为，是否在"愚忠"的范畴中了。笔者认为，豫让的行为既不能简单归为"愚忠"的范畴，也不能归为"识时务者为俊杰"的范畴，甚至不能归类为中国社会的特殊产物的类别。豫让故事中的豫让的行为，就是豫让的行为，只是豫让的行为，是属于中国社会的豫让的行为，唯有中国社会才能出现豫让的行为。一句话，豫让的行为，是中国社会的传奇，传奇不是特殊，只是能够。

笔者这样说，有着笔者的道理，先来说豫让的行为为什么不是"愚忠"的行为。笔者已经说过，"愚忠"的特征是懒得思考，因为懒得思考，又不得不思考，"愚忠"就选择了两种方式来解决这个问题，一个是让别人替自己思考，一个是让别人为自己做主。豫让的行为与"愚忠"使用的这两个解决问题的方式截然不同，豫让的行为是在让自己为自己思考，让自己为自己做主。从准备刺杀赵襄子开始，到整个行动的结束，豫让的行为都是独立自主的行为。计划的提出，是豫让自己想出来的；实施的方式，是豫让自己设计的；最后的结果，是豫让自己要求的。在这期间，朋友的劝阻、妻子的眼泪、赵襄子的叹息，都没有挡住豫让行动的实施，改变豫让行动的轨迹。

同样，豫让的行为也不属于"识时务者为俊杰"的行为。所谓的"识时务者为俊杰"，就是能够看明白社会发展潮流，能够与潮流携手而行，顺之者昌。豫让的行为，却是明显违背这个规则的。豫让侍奉的智伯，是当时的几大家族中的暴君型的领导，是不被民众欢迎的君主；豫让欲刺杀的襄子，则是武艺高强、民众爱戴的所谓明君。在《史记》的记载中，有下面一段对话——

行见其友，其友识之，曰："汝非豫让邪?"曰："我是也。"其友为泣曰："以子之才，委质而臣事襄子，襄子必近幸子。近幸子，乃为所欲，顾不易邪？何乃残身苦形，欲以求报襄子，不亦难乎！"豫让曰："既已委质臣事人，而求杀之，是怀二心以事其君也。且吾所为者极难耳！然所以为此者，将以愧天下后世之为人臣怀二心以事其君者也。"

从这段对话中可以看出，豫让明白自己若是跟随了襄子，也是可以受到重用的。只是因为有着"既已委质臣事人，而求杀之，是怀二心以事其君也。且吾所为者极难耳！然所以为此者，将以愧天下后世之为人臣怀二心以事其君者也"的观念限制，豫让的行为就不能成为计谋的行为，而是要成为光明正大的行为。不管这样的行为能否成功，或者豫让就知道这样做是不能成功的，但也要这样做；同样，豫让的行为也不能转换成为顺应大势的行为，而是必须成为一个彰宣"士为知己者死"的理念的绝唱行为。

同样，豫让的行为也没有必要被说成是中国社会的特殊产物。特殊者，不普通也，异类也。如果豫让的行为属于中国社会的异类，那就必须做出让中国社会惊诧的行为来才可以。必须长得像鸭群里的丑小鸭一样的特殊，必须做得像人群里的怪物一样的异类。

然而，如果仔细分析豫让的行为，受众就能够发现，豫让的行为带给社会的不是惊诧，而是震撼；不是特殊，而是随意。受众依然能够发现，豫让的行为，有着许多中国社会的个体单位的成分在里面杂糅着。豫让的行为表现出的"自以为是"的特色，是中国社会的个体单位固有的特点之一，他们就是在"自以为是"的思维情境中寻找着幸福；豫让的行为体现出的追求不局限于平等地位的尊重，也是中国社会的个体单位一致的追求，他们就是知道只有尊重才是能够看得见、摸得着的满足精神与物质需求的粮食，知道在社会群体中，从来没有真正的平等的生存环境。酋长与女仆，地位怎么可能平等呢？地位、种族、隔阂，永远是社会群体之间的不平等的藩篱，是永远也拆不掉的。所谓的平等，是放在社会群体内心的蜜罐子，能感觉到甜蜜，也能被浸润成糖尿病患者。

反观豫让的行为，却是一个自在的行为，或许是生存在各种思想杂陈，各种观念流行，各种梦想飘逸的春秋时代，豫让的行为是不被束缚的，当时的社会对豫让的行为是可以包容的。一个人，也就是一个社会的个体单位，能够自由地思想，自由地行动，这个社会可能会显得有些杂乱，但却是十分美好的。看看以后的朝代，豫让的行动还可以在毫无束缚的天地里游弋吗？还能有豫让的行动吗？显然是不能了，自然是没有了。

豫让行为的天空，是清澈透明的天空，是一颗透明的心灵能够自由飞翔的天空；豫让行为的大地，是深厚富饶的大地，是个简约的精灵能够随意奔走的大地。所以，当受众赞赏豫让行为的时候，也要明白，豫让的行为是春秋时代的产物，是环境造就人的行为的典型案例。

由此也可以确认，豫让的行为，不是被社会氛围制造出或"愚忠"、或"识时务者为俊杰"、或"中国社会特有的产物"的行为。因为在春秋时代，中国社会还没有一个模式固定的社会氛围，自然也没有能够主导豫让行为的唯一思想，所以，只有春秋时代，才能拥有豫让的行为。豫让的行为，只是春秋时代的中国社会出现的一种行为，只是豫让自己的行为，是杂糅了当时社会的各种影响力的精华，又自成一体的行为。

豫让的这个行为，在一些人看来，其行为中有崇敬、有怀疑、有缺陷等等的成分存在，这都是可以理解的。不过，这些看法都不应该成为受众欣赏豫让行为的障碍，成为挑剔豫让行为的苛刻。而对于豫让的行为，受众只要报以欣赏的态度就够了，只要欣赏豫让的行为就行了。欣赏豫让的行为，可以使受众的精神得以陶冶、宁静、坚定。这就够了。

需要特别提出的是，在舆论和社会都有些失去了方向感的当代社会，明代大儒方孝孺一类的，专门以挑剔豫让一类行为的毛病为业的人物大大增加了，甚至都不再是三代以上无完人，而是当下就无完人；不是只挑剔古人，而是挑剔所有的正面行为。这种对个体单位的正面行为的过度甚至故意的挑剔，已经成为一种癫狂的病态宣泄，使得当今社会，已然变成对英雄行为的质疑声音能够前赴后继、不断出现的畸形社会。

笔者痛惜，这种"用必须挑剔出问题的标准挑剔别人"的状况，竟然能够出现在有漫长文明史的当代中国社会，一些"用流氓标准要求自己的小丑"竟然能够主宰社会舆论的阵地；笔者害怕，长此下去，中国社会应该有的、个体单位能够做出的正面行为会因为受到挑剔的冲击而快速消亡，个体单位会从简单的投入产出比的角度来考虑问题，再不敢做事，再不愿意做事。使整个社会形成堕落的、消极的社会氛围。如果那样了，社会正气会怎样张扬，歪风邪气将如何压制，中国社会还有吸引个体单位发光发热的光辉与色彩吗？而个体单位的力量，正是中国社会奋发向上的力量。

豫让故事中体现出的儒法并用、德刑相辅

"德刑相辅，儒法并用"的治国之道，是中华文明的宝贵遗产，是中国社会这种"有机的团结"类型的社会的产物。因为中国社会自古就是一个"礼俗社会"，而非纯粹的"法理社会"。这一点，是需要得到社会正视的。

如果分析豫让故事中的情节，受众也可以从中发现，其中有许多与"德刑相辅，儒法并用"的治国之道相融合的成分。说明在豫让的故事产生的春秋时代，"德刑相辅，儒法并用"的治国之道不仅已经开始使用，在许多地方还使用得非常熟练，已经成为一种国家治理的基本手段。

在中国社会，相对于"儒法并用"的使用，"德刑相辅"提出的要早一些，是西周统治者在夏商时代提出的"天命天罚"的统治思想，开始使用的是八个字"以德配天，明德慎罚"。意思是上天要把统治人间的"天命"交给有德的人，统治者必须有德，否则上天就会抛弃他。统治者既然有德，那就应该把"德"输送给民众，让民众臣服。对民众的治理要少用刑罚。到了汉代初期，奉行推天道、察人性为主要内容的"无为而治"理念的汉朝统治者，将这个理论进一步提升，总结出了"德主刑辅，礼刑并用"的集权制国家治国奉行的法治思想，并被历代威权管理者沿用。

"德刑相辅，儒法并用"的法治理念，是中国社会的独特产物，是以汉字为纽带的中华文化制造出的一个结晶体，在中国历史上发挥着国家治理的主导作用，是中国社会必不可少，已经无法剔除的法制手段，是中国社会的一个有机组成部分。

具体到豫让的故事，从头至尾，都透露着"德刑相辅，儒法并用"的治国之道。笔者在此用《史记》中豫让的故事情节，对此话题进行简单的分析。为了方便读者阅读，笔者使用了白话。

看这一段：豫让先是改变姓名，冒充罪犯，混进宫廷，企图藉整修厕所

的方式，以匕首刺杀赵襄子。可是赵襄子在上厕所时，突然有所警觉，命令手下将豫让搜捕出来。赵襄子的左右随从原想杀他，赵襄子却认为豫让肯为故主报仇，是个有义之人，便将他释放。

在这一节中，豫让刺杀赵襄子的时间，不是在依然打仗的时间，而是在战争结束以后。即使这一阶段是百废待兴的时期，也是会制定相应的法律或者依据旧的法律来管理社会的阶段。在当时的时代，对于弑君这种被全社会看成是大逆不道的行为，一般都是要受到株连九族的处罚的。

同时代的著名军事家、政治家吴起，就有过企图用这条法令来保护自己的计谋。吴起因为在楚国实施改革政策，被个人利益受到损害的贵族们怀恨，在楚悼王的葬礼上，这些贵族群起要杀死吴起。吴起就伏在楚悼王的尸体上，借楚悼王的尸体来保护自己，也有说这是吴起最后的计谋，让射杀他的贵族也落得被杀的结局。因为，在当时的楚国，王的尸体和王活着时一样，若被侵犯，都是犯了大逆不道的死罪，要受到株连九族的处罚。

在豫让故事中的这一节，豫让的行为却只因为赵襄子的一句话，就得到了赦免。理由就是赵襄子认为豫让是个讲义气的人，因此可以不杀豫让，还可以放了豫让。相对于弑君这样的大罪，赵襄子对豫让行为的治理手段，该是多么大的德的成分在里面啊！

再看这一段：豫让仍不死心，为了改变相貌、声音，不惜在全身涂抹上油漆、口里吞下煤炭，乔装成乞丐，找机会报仇。他的朋友劝他："以你的才能，假如肯假装投靠赵襄子，赵襄子一定会重用、亲近你，那你岂不就有机会报仇了吗？何必要这样虐待自己呢？"豫让却说："如果我向赵襄子投诚，我就应该对他忠诚，绝不能够虚情假意，用这种卑鄙的手段。"豫让还是要依照自己的方式完成复仇的使命。

在这一段中，豫让与朋友的对话，更是彰显了在中国社会，"德"的作用有多么巨大。其中"如果我投诚了赵襄子，就应该对赵襄子投诚，绝不能够把投诚当成刺杀赵襄子的计谋"的话，是中国社会君子标准的典型表现。而后一句"还要用自己的方法来完成复仇使命"的描写，衬托出了豫让行为的光明磊落。说明唯有德行强大的个体单位，才能够如同豫让，做出豫让行为的举动。

同时，在豫让故事的整段描写中，几乎没有负面计谋的描写，只有坦荡的行为。说明计谋已经普及的当时，使用计谋已经成为常态，对什么时候使用计谋，使用什么样子的计谋，对于豫让一类的个体单位来说，已经有了严格的道德规范了。因为，在这个故事中，豫让使用的计谋就是改变自己，为的是能够接近赵襄子。

再看下一段：有一次，豫让埋伏在一座桥下，准备在赵襄子过桥的时候刺杀他。赵襄子的马却突然惊跳起来，使得豫让的计划又再次失败。捉到豫让后，赵襄子责备他说："你以前曾经在范氏和中行氏手下工作，智伯消灭了他们，你不但不为他们报仇，反而投靠了智伯；那么，现在你也可以投靠我呀，为什么一定要为智伯报仇呢？"豫让说："我在范氏、中行氏手下的时候，他们根本都不重视我，把我当成一般人；而智伯却非常看重我，把我当成最优秀的人才，是我的知己，我非替他报仇不可！"赵襄子听了非常感慨。

这一段，是赵襄子与豫让之间进行的关于道德问题的讨论。其中赵襄子问豫让，你在几个人手下工作过，智伯消灭了他们，你投靠了智伯。现在，我把智伯消灭了，你为什么不投靠我，反而要为智伯报仇呢？对赵襄子的这个问题，豫让的回答最惊心动魄，切中了当时的"游士"们的脉搏。"游士"者，因为"游"的颠沛流离的缘由，对"尊重"的需求自然比一般人更为强烈。豫让的回答是，君主以什么样子的待遇对待我，我就要给予什么样子的回报。

豫让的这个回答，如果是在秦汉以后的时代说，不仅违逆官场规则，甚至大逆不道了。可是在当时，作为君主的赵襄子，开始还是用责备的口气问豫让，为什么执着地要为智伯复仇。听了豫让的回答之后，并没有恼怒，认为豫让的话语是大不敬的话，却只是发了一声感慨，如同听了入情入理的肺腑之言一般，反而感慨豫让的忠义行为，值得赞赏。

最后一段：赵襄子听了非常感慨，便说："你对智伯，也算是仁至义尽了；而我，也放过你好几次。这次，我不能再释放你了，你好自为之吧！"豫让知道这一次是非死不可，于是就恳求赵襄子："希望你能完成我最后一个心愿，将你的衣服脱下来，让我刺穿；这样，我即使是死了，也不会有遗憾。"赵襄子答应这样的要求，豫让拔剑，连刺了衣服三次，然后就自杀了。豫让身死的那一天，整个赵国的侠士，都为他痛哭流涕。

最后一段里的最后一句话，是说豫让死的那一天，整个赵国的侠士，都为豫让而哭泣。这里的描写是从另一个角度，赞扬了豫让行为的德行的伟大，因为有德而感动了当时代表国家精英力量的侠士群体。

同时，豫让的故事在宣扬道德的同时，也同时强调了"刑"的重要，可以断定，管理社会，仅仅使用道德的力量，肯定是不够的，还必须使用刑罚，而且要与"德"搭配起来使用。在豫让的故事中，赵襄子在几番宽容豫让后，面对豫让这样一个执拗的行刺者，为了彻底解决问题，赵襄子也照样采取了结束豫让生命的惩罚措施。不过，即使是使用刑罚，方法也是柔和的，也能够体现出道德的风范。当时，赵襄子并没有直接对豫让说"我要杀了你"的血腥味浓烈的话。而是委婉地告诉豫让："这次，我不能再释放你了，你好自为之吧！"豫让由此而得知，自己的死期到了。

豫让的故事，读起来惨烈，震撼。但静下心来思谋揣测，就能从中发现，在中国社会，道德的力量有着多么强大的作用，是怎样的深入人心；刑罚的作用，是怎样的不可替代，是可以帮助完善道德治理的必要手段。从而确信豫让的故事，是一个强调"德刑相辅，儒法并用"的国家治理手段的作用、宣扬"德刑相辅，儒法并用"的社会管制力量的故事。虽然与一切国家治理的结果一样，解决问题的最终的办法依然是刑罚，但那始终是最终的不得不使用的手段，其作用也是得到受众道德层面的认可的。

而受众从豫让的故事中也可以发现，"德刑相辅，儒法并用"的国家治理观点，历来就是中国社会国家治理的基本手段，在开始实施"德刑相辅，儒法并用"的治理方法时，其中"德"的训练和培养，始终是排在"刑"的前面的，就是以德治为主，法制附之。以后虽然法制的规模在逐渐扩大，不过，已经难以改变中国社会是一个"有机的团结"的集体的状况，难以完全施以法治的治理，必须辅以德治的手段。几千年来的中国社会就是如此繁衍生息下来的，这就是中国社会的存在现状。

从利弊角度来分析，"德刑相辅，儒法并用"的国家治理规则，在中国社会的使用，有利的一面是使中国社会始终保持着一个有着温情的社会群体的容貌，在这样的社会氛围中，生活总是不会绝望的，总是有希望与奇迹可以发生；不利的一面是因为规则模糊的缘故，中国社会同时又是一个难以达到准确目的的社会群体，在这样的社会氛围中，生活总是难以摸着头绪的，因为什么样子的结局都有可能出现。

从民众管理的角度来看，"德刑相辅，儒法并用"的国家治理规则，对国家规则的管理者、社会规则的贯彻者，都提出了必须修身养性、自审言行的要求。因为"德刑相辅，儒法并用"的国家治理规则，如果使用得好，自然能够达到民心顺畅、国家兴旺的目的；只是，如果使用得不好，则会造成民心弥散、国家颓唐的局面。

笔者觉着，"德刑相辅，儒法并用"给中国社会带来的最大的好处，是能够让社会结构中的各个组成部分和谐相处，遇到问题首先考虑的是商量，碰到矛盾首先想到的是协调。对结果的要求不是谁非要战胜谁，而是力求一个双赢的结果，尽量使双方都能够得到内心的满足，都认为自己得到的结果不错，都认为这事儿办得比较公道。这种解决问题的办法，对于在礼俗社会生存的中国民众而言，是一种既能顾及面子又能照顾利益的办法，而面子，是和礼俗社会的个体单位的生命捆绑在一起的，和生命一样金贵；利益，则是礼俗社会的个体单位的心头肉，割舍总是困难的。

同时，"德刑相辅，儒法并用"带来的最难以解决的问题，是容易造成社会群体漠视规则的问题。而这恰恰是由"德刑相辅，儒法并用"产生最大的益处时必须附带产生的负面资产。所谓"德刑相辅，儒法并用"，追求的目标就是两个字："合理"。而"合理"的不一定就是规则的，规则的也不一定就是"合理"的。按理说，这其中的误差是可以用道德的教化来弥补的。只是理论上的"合理"到了实际生活中，就会遇到落地困难的困惑；实际生活中的"合理"又难以上升到理论的层次，难以成为规则。即使成为了规则，又因为规则有着执行上的模糊性、无边际的伸缩性的缘故，在执行上可以产生巨大的误差，在普适时同样遇到落地困难的问题。

再说到豫让的故事，实际上就是中华民族的祖先，留给后世的一篇绝好的宣传"德刑相辅，儒法并用"的治国理念的范文。豫让本身是一个秩序之外的产物，却能够得到秩序之内的容忍，成为一个社会英雄，不能不说是只有在中国社会才会出现的现象。现在重读豫让的故事，一定能够给受众提出一些警醒，能够使受众明白，当代中国社会需要尽快建立一套适应中国国情、符合中国社会存在氛围的价值观与行为规范，并将其与日趋完善的社会主义法律体系相辅相成，再对社会成员进行宣传、教育。使中国社会从目前存在着的一切向钱看，为了钱不择手段，怀疑一切正面的故事等等负面状态中解脱出来，成为在相信规则、依靠法律的基础上，个体与集体共生共存，集体与个体相互扶持的社会和群体。具体地讲，就是在读到、听到、看见豫让的故事一类的故事时，全社会都不会发出质疑的声音、不会生出挑剔的念头，而是能够像赵国的侠士们那样，为豫让一类的来自社会自身群体的英雄，发出源于内心的哭泣。同时也为豫让的脱序行为感到惋惜。

十六

豫让行为是一种"自杀"行为？

与恐怖主义行为属于异常行为社会学研究范畴的"群杀"行为一样，"自杀"行为同样是一种异常行为，是一种早已成为异常行为社会学研究对象的行为。1961 年，国际社会还成立了"国际预防自杀协会"，专门协调有关自杀行为的科学研究和情报交流。毕竟，自杀是一种伤害到人类自身存在的一种自绝行为，在一般情况下，是必须给予遏制，不应该给予赞美的行为。

关于异常行为的定义，自然是很多的，不同的学者，凭借自己对异常行为的看法，给异常行为下着不同的定义。笔者认为，所谓异常，自然是与正常相对应的词汇，给异常行为下个"脱出正常行为轨道的行为就是异常行为"的定义，应该不会有大的出入吧。而"自杀"行为，则肯定是一种脱出正常行为的行为，自然是属于异常行为范畴的。至于国际社会中某一个特定社会群体，诸如日本社会把"自杀"行为看作是美的行为，只能说成是一种异常行为中的异常行为，是不应该给予支持的。是在一般情况下的范畴中，对于生命而言，没有什么东西可以与之比拟存在的重要性了。

"自杀"行为作为一种异常行为，学界对其研究已经很多了。笔者在本章要探讨的是，豫让行为是一种"自杀"行为吗？如果是，为什么是呢？如果不是，又为什么不是呢？笔者认为，解答这个问题，有助于受众更好地理解豫让的故事中体现出的豫让行为的高境界与大度量。为了回答这个问题，笔者要先对"自杀"行为进行分析。

笔者分析的"自杀"行为，是物理意义上的行为，至于"有的人活着，却已经死了；有的人死了，却依然活着"的精神行为，不在笔者分析的范围之中。

关于物理意义上的"自杀"行为的定义，不难回答，顾名思义，"自杀"

行为是一种因为受到各种力量的胁迫，自己结束自己生命的行为。"自杀"行为产生的原因是十分复杂的，"自杀"行为实施者的自身具有的心理因素、社会因素、生理因素、病理因素，都是有可能促成"自杀"行为得以进行的因素。如果从纯粹的自身实施的"自杀"行为来看，在这些因素中，以自身心理因素最为重要，是"自杀"行为的起意、实施、成功的主导因素。而社会因素、生理因素、病理因素等外界因素，则有着诱导、促成实施者进行"自杀"行为的画龙点睛的功能。这也符合唯物辩证法的规律，外因只有通过内因才能发挥作用。

"自杀"行为的实施，一般需要经过三个阶段，一个阶段是自杀动机的形成，也就是"自杀"行为的诱因的出现；另一个阶段是产生自杀动机后的心理冲突，亦即如同哈姆莱特的"是生还是死，是个必须考虑的问题"的冲突；最后一个阶段是自杀行为的实施阶段，就是已经下了自杀的决心，开始平静地实施了。在这三个阶段中，其中任何一个阶段不能完成，"自杀"行为都不能结出正果，都将是竹篮打水一场空的表演。因此，就"自杀"行为本身而言，预防也有方法，促成也有方法，就看掌握这些规则的受众如何处理了。

笔者仅仅用了上面两段话，就已经把"自杀"行为解释得比较清楚了。只是，关于"自杀"这种涉及生命的最重要内容的行为，真的就这么简单吗？自然不是的。"自杀"行为是一个十分复杂的问题，不是用几句话就能说清楚的。因为人本身，就是最复杂最难以琢磨的机器，不是想说就能说清楚的。而人又是生活在或与自然环境，或与社会环境的冲突之中，从一开始，就有着希望与绝望的伴随，有希望自然就有失望了，而有失望自然就会有绝望。而"自杀"行为，作为自有人类以来，就与之伴随着的一种绝望时的特殊现象，一定是会继续伴随着人类渐行的脚步继续前行下去的，是人类赶不走、甩不开的负面行为。

现在，可以讨论豫让的行为是不是一种"自杀"行为了。笔者读着豫让故事的时候，常常会在恍惚之间，产生出豫让的行为实际上就是一种"自杀"行为的想法。那么，笔者的想法是对还是错呢？

先来看"自杀"行为实施过程的第一个阶段，这个阶段是动机形成的过程，所谓动机，一般的解释是激发、维持、调节、引导某种行为，朝向某个方向前行的自身心理延伸及内在动力。就自杀动机来看，形成的原因大致有情感失控、疾病失控、认知失控等等，当然，这只是不完全的分类，因为人的复杂，自杀的动机也复杂，几乎无法盖全。不过，可以确定的是，自杀动机的形成，一般是人际动机与个人内心动机的相互作用的结果，也有因为其中一个动机作用的行为，但那种情况大部分属于"被自杀"的范畴。

对于一个人的自身来说，什么事情是最重要的呢？答案一定是性命吧，人再拥有什么，难道还有比拥有性命更重要的事情吗？没有。可是，人为什么又会用自杀的方式结束自己的生命呢？笔者的看法是，从辩证法的角度分析，常态中的重要的东西在某种特定环境中也会显得不重要，成为必须抛弃的东西。自杀就是抛弃已经变成必须抛弃的性命的手段。

那么，豫让的行为是否与自杀动机产生的过程相匹配呢？根据豫让的故事的情节设计，当时，被赵家军队打败，跑到山西省文水县附近的石室山上的豫让，在听到去晋祠打探消息的人说，主公智伯不仅被杀，头颅也被做成了酒器的消息后，当即决定要为智伯报仇。根据这些线索分析，当时的豫让，确实是产生了自杀的动机，不过，与消极的自我毁灭相比，豫让的自杀动机是积极的，是要用报仇的方式来抛弃性命。豫让所以会产生积极的自杀动机，从不自己先考虑，也不与别人商量，立即做出报仇决定的情况分析，豫让是一个属于冲动型性格的人，而冲动型性格的人也都是性情倔强的、内心独立的人。这一类性格的人是容易做出冲动决定的。同时，根据豫让几次行刺都遭到失败的情况来看，豫让并不是一个武艺高强的刺客，有可能就是一个武艺一般的"游士"，根本不能胜任刺客的工作。这种情节设计也从另一个角度证明，豫让的刺杀行为是一种"自杀"行为。

而诱发豫让做出复仇决定的诱因，是智伯的头颅被做成了酒器。这是一个关键的细节。因为战争就是你死我活的活动，对于参加了智伯与赵襄子之间的战争的豫让，是了解死亡是战争的必然产物的事实的。如果仅仅是得到了智伯战死或者被杀的消息，豫让就有可能不会做出复仇的决定，自杀动机就不会产生。可是，智伯的头颅被做成酒器的情景，恰恰就出现在了豫让的眼前，使当时因为战败的缘故，情绪已经失控的豫让，更加难以控制自己的情绪，自然而然地做出了思维失控的决定。这个时候，性命这个本来对豫让是最重要的东西，已经变得可以视而不见了，豫让满脑子想的都是应该怎样在刺杀的行为中结束自己的生命。至于即使自己的刺杀成功，智伯也不会复活，自己也不会得到佑护，唯有失去性命一个结局在等待着自己的道理，当时的豫让可能还来不及想，不过是其行为恰好与这个结局的轨迹相符合而已。

根据"自杀"行为实施的三段论理论，形成了自杀动机的豫让，就应该进入另一个阶段，即心理冲突阶段了，也就是确定是否需要这样做的思考阶段。在豫让故事的设计中，或许是为了强化豫让行为的正义性，似乎是故意把这一阶段的情节给泯灭了。不过，从其中出现的朋友碰到豫让，劝解豫让的情节，妻子看见毁容后的豫让，泪流满面的情节，还是可以看出，豫让在自杀动机形成后，心理冲突还是有的，而且也不能说不强烈。特别是在第一次刺杀行动失败后，豫让要改变手法，继续进行刺杀工作期间，朋友给豫让出主意，让他以假道取国的方式，先归顺赵襄子，再乘其不注意时，完成刺杀任务。当时，豫让给予这个朋友的回答是，"如果我向赵襄子投诚，我就应该对他忠诚，绝不能够虚情假意，用这种卑鄙的手段。"豫让还是要依照自己的方式完成复仇的使命。从豫让的这个回答中，受众可以确定，豫让的行为就是"自杀"的行为，不是为了真正刺死赵襄子，在豫让的思维情境中，存在着的是自己用怎样的方式去死更为好看，更为体面。

在豫让的心理冲突阶段，还有豫让的妻子看见毁容后的豫让，流下眼泪的情节。中国古人在强调书写技巧、绘画技巧的时候，都是强调留出想象空间的重要性。在这个情节里，同样是如此。受众可以从豫让妻子流下的眼泪中，想象到豫让看到妻子流眼泪的情景时，内心是怎样的纠结，心理冲突是多么的强烈。然而，豫让内心进行的心理冲突，并没有使豫让改变主意，而是坚定了继续自杀下去的决心。所以会如此，笔者的分析是，豫让是一个性情倔强的人，性情倔强的特点就是高傲，俗话说就是爱面子，说了的话不敢随意改变。在现实生活中，这样的人还是很多的，说了什么，就不敢改变，不是别人要求，是过不了自己这一关。笔者以为，这一类人的存在，似乎是有着强迫症的症状，实际上却是一种民族脊梁的表现形式，中华民族需要此类言而有信的因子，豫让就是其中的一个典型代表。

根据动机到行动的行为模式研究，一种动机在成为行动之前，先要转换为需要，然后才能成为行动。心理冲突阶段就是动机转换为需要的阶段，也是"自杀"行为能否成为事实的最为重要的阶段。不过，在这个阶段，豫让得到的外界信息，并不足以消弭他的自杀动机，反而是强化了必须这样做的需要。如果在这个阶段，豫让从朋友那里得到的信息，不是让豫让这个自诩为正人君子感到难堪的计谋，从妻子那里得到的信息，不是开弓没有回头箭的激励的眼泪，豫让或许就成就不了积极自杀的"伟业"了。从心理冲突阶段分析豫让的行为，豫让的行为仍然属于"自杀"行为的范畴，而且还颇为符合美国社会学家 H. 贝克尔为主要代表的，注重对异常行为过程研究的"标签论"的观点：在人变成异常行为者的过程中，社会给其贴上异常行为者的标签，是其成为"异常行为者"的关键因素。

"自杀"行为，是一种最为奇特的异常行为，也是一种最为刺激的异常行为，而异常行为，既是对规则的侵犯，也是社会秩序与道德规范在自杀者范围内的崩溃。根据"异常行为"有积极与消极两个方面表现的特点分析，"自杀"行为也可以不都被说成是消极的"异常行为"，是社会病态现象，是破坏性行为。笔者认为，起码在豫让的"自杀"行为上，是应该纳入积极的"自杀"行为范畴的。豫让是在进行积极的自杀，是一种积极的"异常行为"，是一种促进社会进步的创造活动。这一点，在豫让随后进行的刺杀活动中，表现得可谓淋漓尽致，充分证明了豫让的"自杀"行为的坦荡，渗透出了中华文明的影响力的厚重。

豫让刺杀的结果，虽然与"自杀"行为有关系，实际上是一个符合中国传统文化要求的大团圆结局的标准结果，带给受众的感觉是浩然正气，是既不怨恨被刺杀者赵襄子，也不讥笑行刺者豫让没有取得成功的感觉。受众似乎都会产生这样的认知，即豫让与赵襄子的结局，就是故事中设计的结局，就应该是这样的结局。豫让的死是为了彰显尊重的伟大力量，赵襄子对豫让的态度则是给君主指出了如何做一位明君的路径。

在故事的设计中，"请衣三击"是一个非常戏剧化的吸引受众的情节，也是豫让的"自杀"行为的完美收官之笔。当时，在晋祠赤桥村的豫让桥上，虽然那是一座很小的桥，却足以让豫让与赵襄子都成为名扬千古的英雄，就是因为下面的情节设计——豫让请求赵襄子脱下自己的衣服给自己，达到目的后，一手拎着衣服，一手拎着长剑，跳起来连击了三下。可能，随后还大喊了一声，我的愿望达到了的话，就将剑伸向了自己的脖颈，坦然赴死了。自杀行为的第三个阶段——实施阶段，就在豫让与赵襄子的共同努力下，顺利完成了任务，豫让完美地自杀成功，赵襄子也成就了明君的声名。

"请衣三击"的情节，可谓是迄今为止，中国历史上最为精巧的"自杀"行为的情节设计。一个自杀者的"自杀"行为，能够设计得如此艺术，如此触目，如此揪心，自此往后，由此上溯，再没有出现过。不仅如此，豫让积极的"自杀"行为，还符合自杀行为涉及的三个因素：死亡的因素、杀人的因素、被杀的因素。

从死亡的因素来看，豫让在最后的从容自刎，与消极的自杀到最后容易转化成"活着就有希望"不同，豫让的"自杀"行为是有始有终，其中并没有受到其他因素的干扰。与喜欢在公众场合闹自杀，期望得到有始无终结果的消极的自杀者不同。

从杀人的愿望来看，豫让的"自杀"行为，同样是源于对于杀人的渴望，杀死对手是最好的选择，杀死自己也是最好的选择，两种选择叠加，成就了豫让积极的"自杀"行为。而此一类消极的自杀者则喜欢在安静的环境中，用自己认为合适的设计杀死自己。

从被杀的愿望来看，对于刺杀结果，豫让明白就是被杀，明白自己是不可能完成刺杀目标任务的，去刺杀，就是为了被杀。在豫让的想法中，所谓复仇，不一定就是杀死赵襄子，更包括自己被赵襄子杀死的内容。此一类消极的自杀者，则大多是暴力倾向比较强烈的攻击性患者。

十七

豫让行为的正义性讨论

在学术界影响很大的约翰·罗尔斯写的《正义论》一书，是一本作者自称是在不预设条件的状态下，对"正义"理论进行的研究。在书中，作者对西方自诩奉行的自由、平等、博爱的政治理念，在批判的基础上提出了自己的"正义"理念，认为"正义"是社会体制中的第一美德，正如"真实"是思想界的第一美德一样。"正义"的内涵是"正义即公平"的原则，并且提出了"自由平等主义"的观点，从关怀实质平等的角度出发，对形式上的平等、自由做出了否定。这对于一直高举自由、平等、博爱的大棒子敲打东方社会的西方世界的理论界，是一个实质上的冲击。

笔者不是哲学家，难以对这本洋洋五十万言哲学著作提出自己的心得，甚至无法通读一遍，但笔者还是觉得，一个西方学者讨论已经被西方社会忘记了很长时间的"正义"问题，研究被西方社会用所谓的三根大棒子掩盖了的"正义"问题，是当今世界可能要出现新的思想交汇的兆头，这是一个好的兆头。西方世界在政治哲学方面万马齐喑的局面已经持续了太久，传统思辨方法构筑的理论体系的僵硬困境也存在了太久，对世界政治秩序的统治也太久，所谓的自由、平等、博爱的政治理念的内涵，也确实该做一些修订了。恰好也是在这个阶段，可以代表东方文化，作为东方大国的中国，有学者提出了公平、正义、文明，即仁、义、礼的政治理念。这不是巧合，是东西方的两种文明即将通过碰撞而相互作用于对方的潮流的开始。

笔者以为，就现在流行的几种国际政治理念来看，相较于西方社会的形式上的自由、平等、博爱的政治理念，东方社会的公平、正义、文明的政治理念，似乎有着更为实质的意义，而《正义论》一书对自由、平等、博爱的政治理念的建设性批判，也为东西方政治理念的相互交流，提供了一个契机。当然，这也不是笔者讨论的问题，笔者不具备讨论这个问题的学养。在这里，笔者要讨论的是，豫让的行为中，是否带有"正义"的性质，有"正义"的成分。

说白了，豫让的行为实际上是一个弑君的行为，无论在怎样的时代，都无异于最大的罪，特别是在以酋长制立国的中国社会，所谓国家就是君主，君主就是国家，君主在社会上的地位是仅次于天地，而天则是虚幻的，地是在脚下的，唯有君主是实实在在站在社会面前的。除了朝代更替，君主的地位自然是不可动摇的，君主的生命是不可侵犯的，是历朝历代的根本。即使是在号称春秋无义战的春秋时代，这条戒律也是存在的。

然而，豫让故事中的豫让，在做出刺杀君主赵襄子的忤逆之举后，不仅被刺杀的对象赵襄子几番三次放了，还为了满足豫让的要求，脱下衣服让豫让刺。然后，豫让的行为还引得精英人士为之痛哭，受到赞美。笔者是否可以这样说，豫让的行为可以存在的时代，就是一个包容的时代。豫让存在于春秋，春秋时代就是一个包容的时代。历代学家大儒张口皆赞春秋，不是没有道理的啊。

现在，人类生存的地球，可以说是已经乱成了一锅粥，不是春秋，胜似春秋，其中的某些利益集团个个摆出你不服我，我不服你，你设计我，我算计你的架势，演奏的都是巴不得这个地球上只剩下我，起码也是我说了算，你们或者消亡，或者成为我的奴仆的狂想交响乐。整个你方唱罢我登场的戏剧场面。

然而，事实是，不管想不想，愿意不愿意，这个地球上的所有的人、团体、国家，总还是要共同生活下去的。即使是根据西方发明的野蛮类型的适者生存理论，草食动物的消亡，也会带来肉食动物的消亡，消亡本身是一种连锁反应，就是中国古人说的"唇亡齿寒"的行为，不是某一个个体的行为。人类社会也应该是如此，各民族、各种族、各种皮肤，都是自然对这个地球的馈赠，相互之间是交融的关系，不是彼此灭绝的关系。实际上是谁也离不开谁的关系。什么这样的文明，那样的文明，实际上，这个世界最文明的文明，最全面的文明，就是对生命的尊重，对爱的热爱，对生命与爱的理解。人类社会要想共存，唯有相互包容一条路可以走的道理。从古至今，豫让的行为是受到正面的褒扬多，负面的评价少。同时，豫让的行为，又是后来的皇权社会不提倡、不鼓励的悖逆行为。在这样一种特殊的生存环境中，豫让的故事依然能够流传下来，豫让的行为依然能够引发后代子孙内心的激动，是不是一件很奇怪的事情呢？若说这是因为豫让的行为是正义行为的缘故，那么，正义又在什么地方呢？

先来说豫让的弑君行为是否"正义"的问题。国君，相当于现在的国家元首一类的角色，是国家的象征，而国家，是这个国家民众的依附体。失去在位的国君，无论过去还是现在，都是举国震惊的大事情。而国君被刺杀而死，则一定是国家的耻辱，是不能原谅的行为。

豫让行刺的行为，本身就是刺杀君主，按常理说一定是不能原谅的行为。这种不能原谅的内容，应该就是非正义的行为吧。可是，在中国社会中发生过的豫让的行为，在中国历史上，却没有谁觉着这是非正义的行为，而几乎都是拿"正义"二字来评价的。

中国社会拿豫让的行为当成"正义"行为来看，也是有自己的理由的，那就是在肯定豫让为旧主复仇的行为是忠义行为。这个问题在所有国家体系中都是一个纠结的问题，忠于旧主没有错，改随新君更没有错，都是君主们想得到的不二忠臣、唯一义士。但是，君主们的期望却给臣子们带来了难题，而且是难以破解的难题。在大难临头的时节，是随旧主，还是跟新君，都要让臣民们困惑很久很久，有的还始终得不到解脱。这也是为什么豫让的故事，难以得到威权阶层的宣扬的缘故。从威权的观点来看，对豫让的行为，一定是否定的观点多于肯定的观点的，盛世才修史嘛。修史的官员怎么敢宣扬一个忠于旧主的行为呢，唯有避开了。其实，豫让的故事，也大部分都是在野史之中存在着的，级别高的正史若有也是一笔带过，唯有县志一类的正史，才会为了借本地名人宣扬本地风水宜佳而抄录野史的记录。

从豫让行为的目的来实事求是地分析，从历史上的观点看，豫让欲要忠于的智伯，是一个暴君成分更多的君主；欲要刺杀的赵襄子，则是有着明君的名声。豫让对此的解释是，智伯视豫让为知己，也就是尊重豫让。所以豫让才为智伯复仇的。从这一点可以看出，豫让行为的"正义性"就在"知己"上，"知己"就是豫让的"正义"。

把"知己"当成"正义"，可以说是豫让的发明了。罗尔斯在《正义论》当中提出的关于正义的两条原则：一条是平等的自由原则，即每个人应该在社会中享有平等的自由权利；一条是包括差别原则和机会平等原则[①]。前者

---

① 约翰·罗尔斯. 正义论 [M]. 何怀宏，何包钢，廖申白译. 北京：中国社会科学出版社，2009：6.

要求在进行分配的时候，如果不得不产生某种不平等的话，这种不平等应该有利于境遇最差的人们的最大利益，就是说，利益分配应该向处于不利地位的人们倾斜；后者则要求将机会平等的原则应用于社会经济的不平等，使具有同等能力、技术与动机的人们享有平等的获得职位的机会。拿豫让的"知己"为"正义"原则，与罗尔斯正义原则中的差别平等原则和机会平等原则相比较，豫让的"知己"是与差别原则有着内在的相同之处。罗尔斯的利益分配中"利益分配应该像处于不利地位的人们倾斜"的内容，与"知己"的利益分配原则也是一样的。

所谓"知己"就是互相了解的人，"知己"必须是由愿意体恤对方的两个方面组成的；差别平等原则也是如此，必须有愿意帮助对方的两个方面组成。由此看，豫让与智伯的"知己"关系，与差别平等原则有着异曲同工之妙。高高在上的智伯把豫让引为知己，把恩惠倾斜于地位不高的豫让，就如同是在利益分配时，处于决定地位的威权向处于不利地位的臣民倾斜的一种表现形式。如果细想一下，中华民族的先祖在几千年前就懂得了这个道理，并付诸实施的情景，我们这些后代子孙该怎样想呢了从这个角度来看豫让的行为，也就有了一些正义的成分在里面了。

再从豫让行为的暴力内容来分析，笔者已经分析过，豫让的行为是暴力的，而且还是冷兵器的，是一种恐怖主义的行为。前面，笔者也分析过，对当代社会的恐怖主义行为也是各有各的评价的，所以，对恐怖主义行为也要分析地看。也就是说，有的恐怖主义行为是非正义的，有的恐怖主义行为则是正义的。唯有对每一个恐怖主义行为都要进行具体分析，才能够确认其性质，做出符合不同利益集团的评价。现在的世界，就是这样做的。如此出现的问题是，即使是对那些对无辜生命的大面积摧残的野蛮行为，国际社会也没有统一的评价。结果自然是被恐怖主义分子发现了机会，他们使用借尸还魂、浑水摸鱼、偷梁换柱、趁火打劫、暗度陈仓、借刀杀人等等手段，在各种利益集团的吵闹声中谋取着自己的利益，扩大着自己的影响，以致恐怖行为至今仍在国际社会存在。

当前恐怖主义局面的出现，实际上是对国际社会提出了一个警告，现在已经到了必须考虑地球人能否共同生存的时候了。所谓的号称放之四海而皆准的"现代文明"，值得我们去深思，西方国家将这种文明强行向世界推广是一种错误的行为。现在，应该考虑坐下来与其他文明的社会集团进行协商，考虑是否能够让各种文明相向而行，共同前进。

至于豫让的行为，肯定是有恐怖主义的成分在其中的。就行为本身来看，肯定是一个不妥当的行为，是当时不应该进行的行为。然而，因为豫让的行为中体现出的简单的伟大，中国社会就取其可取的一点，给予了包容，使其能够成为中华文明的一个组成部分。这恰恰体现出了中华文明的一大优势——包容。

笔者理解，包容不仅是宽容，更是容纳。当代世界，唯有具有了包容的胸怀，才能够给各种不同的文明提供相互协商的平台，使各种势力能够以理性沟通的方式，来了解和分析彼此的政治诉求，寻找平衡的基点；而不是依托暴力与强权，凭借武器和拳头，彼此进行征服与压制的血斗。

同时，当代世界，还必须与地球共存亡，所谓到外星球生存的理论是一种迷幻剂，不可能成为事实。为此，笔者认为把当代世界称为"地球世界"更为妥当，在这个世界中，各种利益集团更需要展现包容的胸怀，因为与当代世界相比较，地球世界的范畴更加博大，已经不仅仅是人类自身，而是容纳了地球上与人类伴生的所有物体。人类作为这个世界的主体，更需要担起责任，挑起担子，不仅要协调好人类自身之间的关系，还要协调好与地球上所有相关体之间的关系。当然，当务之急，是要先协调好人类自身内部的各种关系。这就需要通过互相协调，互相妥协，建立起一种普适的道德标准，使有着各自利益诉求的地球公民，都能够遵循普适的规则，自由表达和守护自己的诉求，而不是像现在的世界，实在是一个恶行社会的样子，权利诉求的手段是以暴制暴范畴的仇恨与杀戮，守护自己的诉求靠的是铁甲与炮火。

笔者认为，豫让的行为在中国社会得到的良性待遇，给"地球世界"上的各种利益集团，处理面临着的种种危机和困局，提供了一个范本。

十八

豫让的绝杀——惊得天地，泣得鬼神

豫让故事情节的渲染，以《史记》最为详细，如果细细品味，会觉得其中的一些情景，在实际生活中几乎是不可能出现，然而却在记录中出现了。这就是豫让故事的情节给读者留下的最惊悚的记忆。笔者称之为是惊得天地、泣得鬼神的"豫让的绝杀"。

"豫让的绝杀"，不是笔者认为此次绝杀的场面血腥味道浓郁，而是认为此次刺杀过程的怪异状态，是前无古人、后无来者的。从豫让冲动的决定送命，到找一个为自己的执拗举止辩护的"知己"理由，再到做出极度自私的抛家舍业的毁容变声，发展到"请衣三击"后自刎而去。这种属于刺杀范畴的行为，在中外历史上，能够找到可以与之相匹配的刺杀吗？笔者没有找到，可能读者也不会再找到。

笔者说的"绝杀"，是从刺杀的角度来界定范围的。而刺杀是刺客的创造，"绝杀"是刺杀的极致行为，是独一无二的刺杀，是刺杀行为中最伟大的发明。与其他行业的发明相比，笔者认为可以与瓦特发明蒸汽机一样伟大，瓦特的发明拉开了工业时代的序幕，豫让的"绝杀"传承了中华文化的精华。说豫让是中国历史上独一无二的自由飞翔的精灵，应该没有错。

豫让是以一个刺客的身份，出现在社会面前的。所以说，豫让留在人世间最后的身份是刺客。在我们这些中国人心中，哪一个人对刺客没有自己的认识呢？都是有的。中华文化的情结中，对刺客这种独特的"侠"有着特别的情愫，是喜欢，是敬仰，是渴望，或许也有怜悯的成分在里面。总之，在中国历史上，不管是否见到过刺客，享受过刺客的"关爱"，或是只听过刺客的故事，中国人的记忆中都有着刺客的地位，而且十分稳固，一直新鲜，随时都可以应声而来，帮助中国人驱离孤寂，陪伴中国人度过恐惧，使中国人的生活总是有着希望，有着未来。这种"刺客记忆"情结的存在，说明

"刺客文化"是中国文化的一个有效组成部分，有了这种情结之后，就存在，就不会消失。

由此可以谈到中华文化中的刺客文化了——

先说，刺客文化是一种伟大的文化。可以确切地说，刺客文化是一种文化，有着文化模式需要的符号组成的结构，司马迁对刺客的文化特征有着比较精准的解释，即"此其义或成或不成，然其立意较然，不欺其志，名垂后世，岂望也哉。"泛泛地讲，就是讲信用，重然诺，行动果断，不居功。随着时代的发展，刺客文化的内质也在不断被提升，从"立意较然，不欺其志。"到"侠非义不立，义非侠不成"，再后来被升华至"侠之大者，为国为民"的高度。

刺客既然已经成为文化了，那么，对于什么是刺客的问题，是否也有相对准确的定义了呢？其实是没有的，这是因为某些中国人做学问，即使是在考据学盛行的时代，研究的方法也是统筹的。中国的学问风气也来自对祖先的崇拜，因为有一部提纲挈领、统领全局的《易经》存在，大家就都成了不屑于向西方人那样一点一点地积累知识，而是个个想当《易经》的诠释者，动辄就要把结果弄出来的学术研究方法。别的学问不敢说，在刺客文化的研究上，起码是这样的。

笔者这样说，没有负面评价中国学问研读方法的意思。笔者自己就是一个喜欢这样弄学问的中国人。不过，在这里，笔者还是想对刺客的定义做一下勉为其难的确定，以供读者欣赏时参考。

一般情况下，人们是刺客与侠混在一起谈的，刺客就是侠，侠就是刺客。不过，根据乡贤王学泰在《游民文化与中国社会》一书中的解释，侠的本意并不是刺客，而是身后跟着一帮人的"私党"首领。所以侠的特征就是要身后"有追随者"①。王学泰的这个解释是有道理的，是总结前人学问的结果，司马迁在《史记》中就将刺客与游侠分离开来，即设刺客专章，又设游侠专章。而刺客的特征与侠的特征恰恰相反，是做出独立行为的杀手。侠是帮会首领，刺客低级地说是打手，高级地说是独立自主的急公好义者。通过笔者的解释，现在可以确定，早先的刺客不是侠。

确定了早先的刺客不是侠，就可以将刺客定义的范围再缩小一些了。那

---

① 王学泰. 游民文化与中国社会 [M]. 北京：同心出版社，2007：95.

么，后来的刺客呢？春秋时期的刺客，就是单独对目标进行暴力毁灭活动的人。刺客与侠本来都是"礼崩乐坏"的产物，不过，随着时代的发展，当时的等级社会规则的破坏越来越严重，独立的刺客已经无法应对复杂的社会规则，侠也成为不仅有"交游"的特点，还纯粹地萎缩成了游走的侠，遂被称之为"游侠"，为了扩大游侠的影响力，人们把刺客也纳入了"游侠"的范畴，"游侠"似乎也不再局限于是有追随者的领导了，而是也成为了进行单独行动的人，内涵中包括了刺客的成分。到了这个阶段，游侠似乎就成了刺客了。

说到这里，笔者也犯了迷糊，不知道该怎样分辨刺客与侠或者游侠的区别了。或许它们之间本身就是你中有我、我中有你的统一体吧。由此看来，古人没有给刺客下一个准确的定义，就是因为这其中有着模糊性，难以限定其定义必须有的条件；再往后，随着刺客文化的衰败，后来的学者因为需要研究的课题太多的缘故，也没有谁在这方面下过工夫考虑，这件事儿就被搁置下来了。如此说来，倒是笔者冤枉前辈学人了。

那么，刺客的定义还能下吗？笔者想也是能的，根据现在中国社会赋予刺客名称的内容，刺客最重要的一个特点是，指从事某一次刺杀行动的人，是执行某一次刺杀任务的执行者。从这个意义上看，刺客可以是游侠，也可以是游士，甚至可以是任何一个人，就如同豫让因为刺杀赵襄子而从游士变成为刺客一样。所谓刺客，应该是从事某一次刺杀行动的执行者。此刻，笔者迷糊的心智又有些清晰了，觉着笔者下的这个定义，似乎把刺客的本来面目展现出来了，不需要再在游侠、游士之类的大概念中游走了。

想来做学问就是这样，如同在一条没有走过的山里行走，走着走着就没有路了，心里就发慌，就迷糊。坚持再走，可能就又走了几步，竟然就看到了一条路，就又能信心十足地往前走了。这正是笔者寻找刺客定义的经历。现在，笔者觉得可以给刺客下一个"从事某一次刺杀行动的执行者"的定义了，豫让的行为就是例证。准确与否，还待指正。算是笔者为刺客文化研究铺下的一块砖吧。不过，笔者有豫让的行为作为标准，心里还是踏实的。

有了定义，文化的事情就容易讲了。刺客是从事简单的刺杀行为的执行者，之所以能够成为独特的文化，是因为刺客的行为不是能够随便进行的，而是有着条件限制的。也就是刺客的行为必须有原因，或是为了"义"，或是为了"情"，或是为了"利"去刺杀，而作为刺客文化的组成部分，刺客的行为必须具备"正义"的内容，必须是正义的行为；刺客本身也必须具有献身、勇武、守信、一往无前、不计后果的精神，这其中，守信又是排在第一位的。这就是刺客文化的重要组成部分，也是刺客文化所以成为中华文化的一部分的重要原因。因为，动辄见血是野蛮，纯粹为利是贪婪。均不是君子所为，而刺客是上乘的君子，更不能做如此龌龊的事情。

再说，刺客文化的源远流长。中国社会的刺客，无论在怎样的时代，都是社会的一道亮光，会悠忽出现在渴望看到希望的民众眼前。这一方面是因为刺客的行为是对法律秩序的挑战，是一种跨越刑罚秩序对他人发动侵袭的行为，是所有的威权都不能够容忍的行为；同时刺客的行为又是道德管理的极致行为，是道德管理发展到顶级阶段的行为，是一种没有办法解决问题的办法。而这种办法，是民众与威权即秩序发生冲突后，受到奚落后，渴望看到的寻求正义的办法。一方面是犯禁违法，一方面是伸张正义。刺客的行为就在这种矛盾的社会排斥与需要中，跌跌撞撞地存在着。

刺客行为的存在说明，社会发展如同大自然一般，如同人的身体一样，总是能够展现出奇妙的气象，刺客行为与法律规则不管怎样发生冲突，总是能够在相互推搡中共同存在下来，如此推推搡搡地在一起过日子的情景，持续了与中国社会几乎一样长的时间。这并不是中国社会的一种独特现象，而是人类社会发展的本来面目，如果一个社会是一汪透明的池水，这个社会是不会存在下去的，水清则无鱼的现象，在"有机"的社会中无法存在，在"无机"的社会中也无法存在。

在中国社会，在有文字记载的史料中，刺客文化在春秋时代发展到了第一个鼎盛时期，并成为文化，至秦汉建立了中央集权的国家管理机制之后，被韩非子说成"儒以文乱法，侠以武犯禁"的侠义精神囊括的刺客文化，自然就受到了遏制。刺客成为一种隐性社会的利器，刺客文化也从实际生活中搬到了文学作品中，成为社会大众满足渴望得到尊重与帮助的粮食与水，这种现象一直持续到现在。不过，笔者确信，虽然因为威权作祟的缘故，刺客行为不再被当成主流行为宣扬，但是，刺客的行为则是一直存在的，是中国文化组成的一部分。而且，每逢战乱，刺客的活动天地就会变大，刺客文化就会再度被加固。

有文字记载的刺客文化再度鼎盛的时期是清末民初的辛亥革命时期，这个时期的热血青年，大都以做刺客为荣，以做刺杀的工作为荣。而当时的世界，也是处于无政府主义的暗杀成风的时期。也涌现出不少热血青年，悲情刺客。不过，与豫让的行为比起来，似乎还没有超过的。然而，笔者还是相信，在这期间的几千年中，中国社会一定出现过若干次刺客文化得以鼎盛的时期，只是因为官史不予记载，野史难以存在的缘故，才没有留存下来罢了。因为，即使是现在的中国人，又有谁能够忘记刺客或者侠士的狂狷行为呢？

虽然许多人都用过鲁迅先生把刺客称为中国的"脊梁"的话语，笔者却也找不到其他更好的大家之语，只好沿用。值得庆幸的是，在中国礼俗社会成长起来的刺客，刺杀的对象总是政要与权贵，不会对无关的平民下手，不仅不会下手，还要赈济。虽然这也属于恐怖主义行为的范畴，却是积极的恐怖主义行为，是有着进步意义的恐怖主义。这或许是中国社会的刺客文化与他的暗杀行为的不同之处。这也说明中华文化，有着礼俗文化的精髓在内中流淌。

再说，刺客文化在中国社会的根深蒂固，难以剔除。是因为侠义精神是中国文化的重要组成部分，而刺客文化就是中国文化本身，是已经与中国文化融为一体的细胞一类的物质，是无法从中国文化中剔除掉的，就像中国文化本身已经无法被湮灭一样。

说刺客文化难以从中华文化中剔除出去，原因是刺客文化的一个重要内容是信义规则的确立。很难想象，失去了信义，刺客是否还能成为刺客，刺客如果可以随便出尔反尔，见利忘义，谁还敢用刺客。作为刺客，若失去了用武之地，就无法存在下去，充满正能量的中国刺客文化自然也不能存在下去。而其他的一些属于刺客文化的正面内涵，如勇敢、不怕牺牲、不计后果等要素，都是在信义的周围，如同领导的助手一般存在着。当然，这一切都必须围绕着信义而存在，首先有了信义，才能靠着其他正面因素的协助完成使命。如果失去了信义，或者其他的因素盖过了信义，那就如同太监操纵了皇帝，秘书管理了领导一样，必然会扭曲刺杀的正面形象。

而信义，是中华文化的主要内容，人无信不立的信条，一直统领着中国社会的行为举止，越是缺乏权利的阶层，信义的立身作用就越大。《史记·游侠列传》中记述了汉代著名侠士朱家、剧孟和郭解的史实。司马迁分析了不同类型的侠客，将他们分为"布衣之侠"、"乡曲之侠"、"闾巷之侠"的同时，还赞扬了他们"其言必信，其行必果，已诺必诚，不爱其躯，赴士之厄困……不矜其能，不伐其德"的高贵品德。其中就将信义排在了第一位，就是代表了中华民族对待信义的认识。有学者说，《史记》的功业无法超越，一则是因为《史记》非官修正史，也是唯一能够在显性社会堂而皇之存留下来的真实记录中国历史的书籍；另一则是司马迁的文章，有着哲学家、文学家、社会学家等等所有称号来称呼的大家的集成体，是堪比意大利的达·芬奇还要伟大的学者。

当然，如果仅仅是靠着冷冰冰的规则，刺客文化也是难以沁入中国社会的机体的。刺客文化本身也是懂得这个道理的。为此，刺客文化也打造了一个使自己立于不败之地的法宝——侠骨柔肠。特别是刺客文化从物质生活走进精神生活之后，侠骨柔肠就成为刺客文化吸引眼球的重要标志。试看名扬天下的刺客，哪一位不是有大爱，有大柔。急公好义、抑强扶弱、矜持人格、扶贫济困是刺客共同遵循的规则。若是需要在若干个爱中进行筛选时，他们总是选择最大的爱，也就是选择"仁"；若是需要对别人提供帮助时，他们总是提供最大的"柔"。对如此行为带来的后果，死也罢、穷也罢、难也罢，盖不考虑。而这，正是社会大众最需要、最想得到的物质帮助与精神抚慰。笔者说豫让的行为是"绝杀"，就是这个意思。

过去，刺客文化的主要内容是实际上的犯禁，现在，刺客文化的主要内容是虚拟中的狂想，是一种针对在各种管制中生存，觉着心情不愉的底层人士的抚慰机制。所以，如何让豫让的绝杀，继续惊得天地，泣得鬼神，正确引导刺客文化的流向，使其在苏醒的同时，发挥出有助于社会大众释放疲累心智，放松紧张体力，更好地成为社会发展的动力。这是研究刺客文化的一个目的。

十九

豫让故事中的江湖

江湖在中国人心中，是一个有着特殊意义、独特内容的词汇。几乎所有的中国人心中，都存在着一个江湖。也是因为有江湖，中国人的生活变得丰富，有了意义。中华民族能够屡次三番地遭遇困境，又屡次三番地重新崛起，为什么？心中有江湖矣。

像许多中国字，都不能从字面上去理解其意思一样，江湖也不能从字面上理解。中国人说的江湖，已经脱出了庄子笔下："泉涸，鱼相与处于陆，相呴以湿，相濡以沫，不如相忘于江湖"中的江河湖海的意思，成为人心中的社会了。所以说何谓江湖，江湖是中国人心中的社会，是一种自己不能主宰，只能顺应的生存环境。所谓"人在江湖，身不由己"就十分准确地对人应该怎样在江湖中行走做出了说明。虽然江湖是对于每一个中国人说的，每一个中国人心中都有自己的江湖。但是，不管每一个中国人心中的江湖是大是小，是白是黑，江湖却是有着江湖的样子。这一点，中国人都是明白的。

那么，江湖是个什么样子呢？在笔者的心中，江湖的样子是这样的：

江湖之于中国人，恰如庄子文章中的鱼在水中，是中国人无法摆脱的生存环境。社会是人与人交往的唯一场所，人只要活着，就必须与他人交往；即使死了，也有人在自己编织下的地狱社会中等着。这是一种想过也得过，不想过也得过的生活。这个无可奈何的道理，是中国古人早就知道的，而法国存在主义哲学大师萨特，直到 20 世纪 40 年代才讲出这个道理，竟然也轰动了西方，成为了大师。至于佛祖，倒是发现的早，两千多年前就明白了这个道理，也想出了一个解脱的办法。但那是一个靠着"相忘"来解决问题的办法，只能麻痹人的心智，无法解决实际问题。

也是中国人聪慧，当知道江湖是无法摆脱的生存环境时，就寻找着怎样成为江湖中鱼的办法，寻找着鱼在水中的生存之道。自然，中国人找到了，这个生存之道就是顺着江湖的脾气行走，按着江湖的规矩办事。而江湖的规矩，就是两个字："信义"；江湖的脾气，就是四个字："有信有义"。从江湖的脾气与规矩来看，中国人心中的江湖是一个最能够体现公平正义能量大小的社会，谓之江湖社会。在这个社会中，一切均以为人处事是否遵循"信义"规矩为准则，一言九鼎，是江湖的立身之本；出尔反尔，为江湖的生存大忌。此则信。说了就干，两肋插刀，不怕牺牲，不求回报。此为义。中国古代社会一直保持秩序井然的状态，该为如此。

另外，中国人还都明白，心中只要有江湖，生活就会有希望。江湖社会的一个最重要的特征，就是规则绝对，行为相对。因为江湖的绝对不是不能，而是可以。任何问题在江湖中都可以得到解决，都必须得到解决，只是解决的方法不同而已。占山为王的土匪，规定入伙者不能脱离，脱离者死。可是，当有人死也要脱离时，也不会被一刀杀死解决问题，而是可以接受自生自灭级别的解脱方式，如滚崖、格斗等等有可能死里求生的方法；绑票的行为中，肉票的主家如果违约，结局的办法就是撕票，把肉票从活物弄成死物，肉票若不愿意成为死物，只要想出置之死地而后生的手段也是可以。所以，在中国的江湖社会中，没有不能，只有可能；没有绝对，只有更绝对，一切都在江湖中人的把握之中。这就是中国社会中的江湖，也是江湖得以在中国社会存在的价值。

由此说到豫让故事中的江湖。关公是中国江湖的偶像，中国社会中的江湖人士都是拜山西人关公，几乎所有的行会里都有关公的塑像。之所以会这样，就是社会大众认为，关公"讲信义"。这或许是因为关公的故事比豫让故事的内容更为宏大曲折吧，离后代的距离更近一些吧。不过，笔者还是想，如果论江湖的偶像，倒是选豫让更为合适一些，或者把豫让与关公并列也是可以的。读者如果仔细想，自然会发现，在豫让的故事与关公的故事中，有着许多相似与不同的地方，诸如下面这几个方面：

一个方面是豫让与关公都是失败的英雄。中国江湖有一个奇怪的特点，也是一个善点，那就是喜欢做扶贫济困的事情，做了就觉着心里安慰，即使在偶像设置的选择上也是如此，喜欢崇拜失败了的英雄，失败得越惨烈，失败的经历越复杂越好。关公与豫让都是失败的英雄，所以能够得到江湖的眷顾。

至于二者为什么在江湖的命运不同，笔者以为，关公就是因为官家为了更好地欺骗老百姓，就借关公在江湖的声名，编了一个神怪故事，说是关羽保护了他家乡的盐池。宋徽宗借此封关羽为崇宁真君，设立关帝庙祭祀，主殿从此称崇宁殿。可见许多江湖的事情，也是与官家脱不开干系的。与关羽相比，豫让的命运就比较差，没有碰到官家借其声名办自己事的机会，也就没有成为关公一样的英雄。笔者分析其原因，可能有这样几个，一是豫让伺候的主公是一个暴君；二是豫让所在的地域不吉利，晋祠为旧太原城所在地，太原城是龙兴之地，被官家忌讳；三是豫让没有与盐池一类重要的国本要素纠缠在一起；四是因为距离过于久远的缘故，社会对豫让的记忆，没有对关公的记忆那样清晰。

豫让与关公都是信义行为的楷模，江湖最注重的就是信义。豫让与关公也均是一诺千金的表率，而且都是内心的行为，是主动进行的行为，可以说成是一种进攻型信义。在这一点上，豫让与关公没有不同的地方。当然，既然有进攻型信义，就会有消极型信义。笔者以为，为主公殉葬的，觉得没有出路自杀的等等行为，皆属于消极型信义的范畴。二者相比较，因为进攻型信义更难做到的缘故，自然是进攻型信义面世的少，消极型信义出现的多。即使是在江湖上，这种状态的存在也是合理的，毕竟人不是都能当圣贤，如果个个都圣贤了，也就不能够称为圣贤了。圣贤者，首先是要少啊。

在这里，笔者想到了介子推表现出的信义，既非进攻型，也非消极型，若要找出一个更准确的称呼，似乎是称为廉洁型信义。

介子推也是山西人士，是春秋战国时代的霸主之一的晋国国君重耳逃亡时期的几位随行者之一，曾经为了救活快饿晕的重耳，从自己大腿上割了一块肉，给重耳煮了吃。重耳执政后大封功臣，而介子推为了避嫌，就背着母亲躲进了绵山，重耳放火逼其出来，结果却是介子推宁肯被烧死，也没有出来应诏。现在这个地方是著名的风景名胜区，诸多后人靠着介子推的名声生活着。介子推的这种不跑官、不闹官，为了避免被说要官而避居深山的态度，从江湖的角度看，也是一种独特的信义，可以谓之廉洁型信义。是能够让现在诸多跑官、要官的精英人士羞愧的贤者。

笔者又想到，笔者记录的豫让、关公、介子推几位中国社会的翘楚，江湖的楷模，竟然都是山西人士，笔者由不得心中会生发出一些小小的骄傲，小小的自豪。慨叹我等山西人的祖先，竟然是有如此之豪气，如此之霸气，真是让后辈难以望其项背啊！

豫让故事中的江湖，最有戏剧色彩的就是豫让的朋友青荓的举动。《吕氏春秋·王道》中记载，赵襄子在王家园林游猎，走到豫让桥桥边的时候，灵异的马匹直往后退，不肯前进。青荓是陪乘，襄子就命令说："去桥下看看，好像有人。"青荓到桥下一看，原来是豫让躲在角落里躺着装死。豫让见青荓来了，就呵斥说："滚！我还有事。"青荓忙说："打小我就和你相好，如今你要做大事，我要是说出来，就违背了交友之道；可是你要杀害我君主，我要是不说出来，就违反了为臣之道。看样子，我只有一死了之。"说完就退开几步，自杀了。

《吕氏春秋·论威》开篇的第一句话就是："义者也，万事之纪也。"意思是说"义"是人类社会最根本的纲纪，以此来强调"义"的重要。那么，重要到什么程度呢？《吕氏春秋·王道》中的解释是，可以"舍生取义"。

豫让和青荓都为义而死，究竟什么是义？在豫让脑中，就是知恩图报，因为智伯对他有知遇之恩，以国士待他，所以他要以国士报之。豫让脑中还有一个义：则是人臣不二心。在青荓那里，义就是两个规则：交友的规则，不能背弃朋友；为臣的规则，不能不忠于君主。

在豫让和青荓看来，义是至高无上的，不可撼动的。"士为知己者死"的豫让，无论是再苦再难，抛却生命，也要实践自己的义举；青荓奉行的义的信条，在现实生活中相互之间发生冲突时，就宁肯杀身取义，在所不惜。可见，在江湖社会，杀身取义被认为是义士的最高境界。

关公的行为则是事事为朋友着想，在自己奉行的义的信条，在现实生活中发生冲突时，不惜冒死放走曹操。笔者想，关公当时的内心也是想过，诸葛亮不一定会因此而杀自己的。可是，自己毕竟是向诸葛亮下过军令状的，诸葛亮不杀自己，自己又如何向天下交代呢。当时的关公，内心的纠结一定是波澜壮阔，难以找到合适的办法。

关公放走曹操的结果，是被诸葛亮一顿训斥后就没有事儿了。这样的结果也是江湖生活的最好写照，江湖中人自然都会认为，关公是刘备的兄弟，上面有人，捅了什么漏子也不会被处罚的。这或许也正是关公自此后愈发自傲，才会落得败走麦城结局的原因。说明在江湖中，在什么问题都是可以解决的同时，也是什么问题都是可能发生的。

读者从豫让、关公、青荓对待"义"这个命题选择的艰难中，可以想见在江湖中，关于信义的取舍是最为两难的问题，最为让豫让和关公一类的精英纠结的事情。而这就是江湖，江湖就是你中有我、我中有你。如果生活仅仅是非此即彼的状态，解决问题的手段自然也会简单。西方世界，由于学问源于积累的缘故，不容易发现社会就是江湖的道理，遇到问题总是就事论事，反而使人性受到了压抑，成为机械式的动物。而中国社会，一个江湖，就把这些个繁芜都收拢到了一起，问题还都有解决的途径了。

再回到豫让故事中的江湖这个命题，在豫让的故事中，是随处都可以看到江湖的影子的，实际上，豫让的故事就是江湖的故事。春秋时代的社会，已是江湖的社会，生活于此的江湖中人，每个人心中又各有各的江湖，按照各自认为应该奉行的江湖规矩办事。在豫让的故事中，智伯与赵襄子的争斗是江湖，豫让为智伯复仇是江湖，赵襄子礼释豫让更是江湖，青荓为诠释信义而自刎是江湖，豫让三击请衣后自刎也是江湖，通篇故事都是一个江湖。所以说是江湖，就是故事中的这些情节，本来都有着多种能够得到的结局，结果却是其中最揪人心肺的一个最属于江湖的结局。原因就是故事中各个角色的行为，都有着江湖规矩"信义"的管理，有着江湖脾气"有信有义"的表现。说明从那个时候开始，社会对于精英阶层的要求，已经到了范仲淹在《岳阳楼记》中说的："居庙堂之高则忧其民，处江湖之远则忧其君"的高度；普通大众的心中，已经有了有信义者是江湖英雄，无信义者是江湖败类的道德标准。

环境是生存必须适应的规则，笔者说豫让的故事中出现的充满江湖情结的内容，都是适应当时江湖环境的产物，应该是没有什么错的。自此往后两千年，江湖的规矩与脾气就没有发生过什么变化。只是到了现代社会，江湖虽然依然存在，信义的内涵却发生了质的变化。过去的江湖说话就是合同，现在的江湖合同才是合同；过去的江湖简洁而明快，现在的江湖繁杂而混乱；过去的江湖为朋友两肋插刀，现在的江湖为牟利不择手段；过去的江湖心守唇言，现在的江湖心口不一；过去的江湖行为发自内心，现在的江湖举止全是外表。如此全新的江湖，让诸多国人都难以适应。笔者在适应现代规则的过程中，也多少次为做什么事情都要讲成本回报的问题而困惑过，不知道该怎样适应这样的生活，不明白为什么要这样生活。还好在经过时日的磨炼之后，现在也不再困惑连连了。想来诸多国人也与笔者一样，对在中国社会发展的过程中，动辄就要让民众来支撑成本的行为也见怪不怪了。

不过，笔者还是觉得，法制没什么不好，管理也不是不对。但是，如果一说要做什么，就要让社会大众支付费用，只会使民众也由此而成为，做什么也要让对方支付费用的民众。各种证件的泛滥，各种有偿服务的泛滥，都是这种管理方式和管理思想带来的弊端。一个社会，包括江湖，若能够用数字计算出所有的成本，这个社会就不再是社会，而是统计数字；这个江湖也不再是江湖，而是数字统计。如此不断增加生存成本的管理方式，只会使这个社会的民众越来越陷于生存困境之中，使这个江湖的规则变得越来越负面。

现在，重读豫让的故事，重新发现豫让故事中的江湖，或许会让我们内心的童真得以复苏，由此对现在社会流行的势利、自私、贪婪等负面风气，生发出一些排斥之正气，抵挡之能力。让自己的内心纯净一些，有一些兰馨之韵味在其中清逸。

豫让故事的中国古代习俗——巫术

在豫让的故事中，留给读者最离奇的情节是——豫让曰："臣闻明主不掩人之美，而忠臣有死名之义。前君已宽赦臣，天下莫不称君之贤。今日之事，臣固伏诛，然原请君之衣而击之，焉以致报雠之意，则虽死不恨。非所敢望也，敢布腹心！"于是襄子大义之，乃使使持衣与豫让。豫让拔剑三跃而击之，曰："吾可以下报智伯矣！"遂伏剑自杀。

这段话讲的是豫让在被赵襄子又一次抓住后，为了达到让赵襄子把身上穿的衣服给自己的目的，豫让先是用了恭维的手法，称赞赵襄子是贤君，这个称赞或许是发自内心的称赞，当时，赵襄子的名声就是比智伯要好；或者是使一点儿小手段，以达到目的。这两点，都是豫让可能有的想法。豫让的目的就是想让赵襄子高兴。紧接着，豫让就提出了请赵襄子把身上穿的衣服给自己的要求。还强调说，这样我就死得安心了，还不会怨恨你。继续又用了激将法，说我的要求很过分，你不会答应吧？

故事情节到了这里，豫让的刺杀已经取得了一半的成功。接下来，就看赵襄子是否会受到豫让的蒙蔽了。当然，豫让的计谋得逞了。一直注意给自己塑造爱民爱子、礼贤下士形象的赵襄子，也不准备放弃眼前这个绝好的机会。赵襄子脱下了自己的衣服，递给了豫让。

接着，就是豫让最后的，也是最成功的表演。他一只手拎着赵襄子的衣服，这衣服一定是一件外套，披风一类的大氅，质地也是丝麻一类的，在豫让的手中飘逸得挺好看。豫让持剑的另一只手也做好了准备。随后，豫让跳起身子，同时舞动手中的长剑，向另一只手拎着的赵襄子的衣服刺去，如此往复了三回。然后大喊道，我可以下去见智伯了。就用剑自杀了。那个动作估计是影视作品中常用的把剑身弯回，在脖颈处一拉，自杀的过程就结束了。

说到此就会生出一个问题来，就是豫让为什么要"请衣三击"？笔者的回答应该是因为有巫术习俗的存在。

笔者的这个回答，读者一定是会认可的，关于巫术的习俗，在中国社会一定是有着很大市场的，也是一种中国社会的伴生物。还应该肯定，巫术不仅属于中国社会，还是人类社会的共同习俗，可以说，凡是有人类社会的地方，就会有巫术的存在。

有了这个基本认识，再来研究豫让为什么要"请衣三击"，应该就比较容易进行了。豫让的"请衣三击"行为，故事中写得真实、自然，一点也没有胡编乱造的痕迹，好像这个行为确实发生过。

在故事中，豫让对自己为什么要"请衣三击"的回答是，为了让自己死得安心，如同完成了刺杀任务。实际的原因是什么呢？若要回答这个问题，需要先讨论一下巫术中的衣服与穿衣服的人的关系。在讨论这个问题之前，应该介绍一下有关巫术的知识。

先说什么是巫术？企图借助超自然的神秘的力量，对人或者过程施加影响或给予控制的方术，即为巫术。巫术最重要的影响与控制方法是"鬼神附体"与"咒语施加"。在中国社会，即使到了现在，巫术不仅仍然有着市场，而且还在继续发挥作用，特别是在农村与偏远山区，巫术的影响力更大。不过，因为在当代社会，巫术仅仅属于隐性社会的组成部分，所以处于有人干没人说的尴尬处境，在大部分情况下，都是在实际活动的场景中存在着，巫术的知识，则在民众的记忆中存在着。

再说巫术的来源。巫术源于原始崇拜，这个观点没有错，一切与人类精神生活有关的产物，均来自于人类自身对于自身的理解过程，包括原始崇拜。最早的部族首领都是被认为有着神奇力量的"灵慧"之人，这一点，在华夏祖先三皇五祖相关的考古发现中已经得到了印证。在古代，祖先们把生存环境的所有物体，都看作神明，凡遇大事，都要祈祷，由此形成一个天神、地祇和人鬼的神灵系统。后来又被中国社会的本土多神宗教道教，顺理成章地承袭了这个系统。而衣服与杀戮的关系，笔者分析，应该属于"咒语施加"的巫术范畴。

据说巫术也是发源于山西省的，是运城地区的制盐业"巫咸国"的"巫人制盐之术"的简称，当时的人们认为制盐过程是一种方术，是一种神奇的方法。笔者在此加上这一笔，是说这种说法也从另一个角度证明，山西的确是中华文明的发源地之一。

"咒语施加"，顾名思义，就是用说话的方式达到影响和控制人或者过程或者动物的方法，中国社会民间流行的通过针扎小人来诅咒仇人的方法，中国西南地区的少数民族现在还有所谓的定鸡术，能够将鸡定在棺材上面不动，都应该是"咒语施加"法术的一种。也说明欲要进行"咒语施加"活动，单纯说话是不行的，必须有一个载体，咒语通过这个载体发挥作用。衣服与穿衣服的人的关系就是这样一种关系。

首先可以确认，衣服与杀戮一类的能够造成生命终结结果的关系，在巫术体系中，是一种地位重要、使用广泛的"咒语施加"手段。在中国古代，衣服是灵魂的包裹物体，肉体的替代之物，直到现在，民间依然有着在殡葬之时拿逝者的衣服作为招魂、送魂的习俗；古人在这方面自然更为重视，做得更为妥帖，特别是在已经有了严格的礼制规则的商周之后。笔者学识浅薄，没有在典籍中查过，不过，笔者想，官家礼制乃是民间礼制的升级版，衣服与穿衣服的人的关系在礼制规则中的存在，一定是有的，不需要笔者劳心费力寻找，自有研究成果见世。而春秋时代虽然为乱局多秋的时代，但是，整个社会打着的还是周的大旗，遵循的还是周的礼制，有关衣服与穿衣服的人的关系的习俗，自然也会有着传统的记忆和影响力。

衣服既然与穿衣服的人，有着不可分割的关系，那么，关于衣服的功能效应自然也就延展开来了，诸如衣服的替代功能、传递功能、身份功能、炫耀功能等等。再根据战争是科技发展的最大分母数的原理，中国社会发展到了全社会都激情荡漾地奔向美好未来的"春秋时代"，任何一个能够发掘出的对社会发展有益的社会功能的技能，都会得到最大限度的发掘开脱，衣服与穿衣服的人的关系自然也不能例外。

通过上面的分析，我们可以得知衣服与穿衣服的人的关系，在巫术中的作用是存在的，在当时的社会也是有着影响力的。然后，就可以提出第一个问题：豫让为什么要做出"请衣三击"的举动呢？而且立刻就能够做出回答：为了复仇的需要。对于这个解答，笔者认为可以从以下几个方面进行分析。

关于替代效应的分析，"替代效应"本来是消费经济学中的一个名词，是指价格变化使得消费者沿着无差异曲线，移动至不同的边界替代率的某一点时产生的消费变化。笔者借用这个名词来分析豫让的"请衣三击"行为，似乎有些跨界的不妥，想到现代社会科学也是喜欢弄些跨界研究的新鲜东西，也就原谅了自己的拉郎配行为了。

用替代效应的观点来看。在豫让的"请衣三击"行为中，豫让的心中所想，赵襄子的衣服就是赵襄子的替代物，是使赵襄子沿着巫术的曲线，移动至特定的边界时的变化，准确地说是在巫术中的变化。因为在豫让心中，有可以产生这个替代效应的认识，所以才会灵机一动，生发出诱使赵襄子将衣服交给自己的想法，从巫术的角度实现为智伯复仇的目的。当然，豫让的这个念头，也可能不是念头，而是计谋，是当时的纵横家擅长使用的到达目的地的捷径，而游士大部分都是属于纵横家的范畴的。不然，故事中对"请衣三击"情节的描写，怎么会描写得如同真实发生过的一般呢？

笔者以为，以上两种缘由都是可能存在的。且不管是哪种缘由，结果都是一样的，都是帮助豫让实现目标的方法。

关于"象征性讨伐"的分析。所谓"象征性讨伐"的说法，是"咒语施加"巫术的一个重要表现形式，战争中的出征仪式就是"象征性讨伐"的一种表现，这种形式不仅一直在使用，其内容还随着时代的变化发生着演变。现在已经成为一种社会生活中常用的、合理的祈愿、祈福的方法了。

不过在当时，"象征性讨伐"的主要内容，应该还是以实现复仇目的为主要内容的。如果豫让心中，也有着"象征性讨伐"的思维定势。那么，对使用"象征性讨伐"的手段，就是一件可以信手拈来的事情。所以，或者是知道自己的能力太小，是不具备杀死赵襄子的能力的；或者就不准备杀死赵襄子，只是为了完成自己不想再留在世上的绝望目标，只是为了找一个更好的显摆的方法。总之，当时的豫让就灵机一动，想出了"象征性讨伐"的复仇手法，做出了"请衣三击"的复仇表演。

而"象征性讨伐"手段的使用，也使豫让完成了自己的任务，当时，做着这些行为的豫让，没有想到自己会因此而成为中华民族的精灵，被千秋万代的子孙敬仰着。

现在可以再提出一个问题，豫让怎么会想到用"请衣三击"的办法来实现自己的愿望。回答这个问题，除了笔者前面已经说过的有着巫术存在的社会氛围之外，笔者认为，应该与豫让自己的身份定位也有一定的关系，如果没有身份定位的背景，怎么能够说明豫让为什么会想出，使用"请衣三击"的办法来实现自己的复仇愿望呢？如果能够确定了豫让的身份，对于回答这个问题一定是有很大帮助的。

豫让是个游士，这是笔者在本书中，单设了一章来论述过的。但是豫让是一个干什么工作的游士，笔者就不知道了，也没有找到相关的史料。不过，确定了豫让是个游士，也是可以将豫让身份的范围限定在一个较小的范围内的，即管理人员的范畴。

所谓游士，就是有技能的管理人员，在当时，巫术的使用者也是游士中的一种，当时就有掌管占卜事项的官员，官名有"巫"、"卜"、"史"诸种。当然，在没有史料证据的情况下，笔者不敢说豫让就是个管理巫术工作的官员。不过，根据史料中也没有豫让为智伯出谋划策的内容看，豫让也不是一个谋士；倒是有一个豫让的祖父是一个侠士的说法，可是，从豫让的行为来看，也不像是承继了祖业。如果是承继了祖业，也一定不是侠士中的强者。如此看来，笔者也是没有办法确认豫让的职业的。

不过，笔者可以指出，豫让是熟悉有关巫术的事情的，而且是除了耳濡目染的熟悉之外，一定还有因为与巫术官员同朝为官的缘故，对巫术的行为相对熟悉。同时，豫让是在孔子之后出现的。而以孔子为代表的儒生阶层，发展到孔子死后，已经成为一股强大的势力，已经在影响中国社会了。而这些儒生，在做着传承中华文明的精华的同时，也夹带起了诸多负面的东西。比如把儒家的学问泛滥成巫术的问题，实际上还是秦始皇统一中国后，毅然实行被后世诟病的焚书坑儒行为的主要原因。

《韩非子·外储说左下·说三》中载：齐宣王问匡倩（齐国名士），儒加学派的人是否玩博戏、弋射、鼓瑟，匡倩回答道："儒家不干这些。因为博戏的前提，是杀死象棋才能获胜，但象的地位是贵重的，这样会培养一般人杀死贵人的想法；儒家不弋射，是因为弋射总是从地上向天上射箭，这样会培养人杀杀戮君上的习惯；儒家不鼓瑟，是因为瑟以小弦发出大声，大弦发出小声，这会导致人们产生贵贱能够易位的思维。"齐宣王听后赞曰，"好"。

韩非子是法家，对儒生自然是看不起的，虽然法家也是将揣摩人主的好恶为立学之本的。不过，这不影响我们从韩非子的文章中，看出当时的儒生善于联想、把学问做成了巫术的扭曲心态。在当时民众心智还懵懂初开、巫术的力量十分强大的条件下，儒家学派的儒生或许就是靠着这种手段骗取民心，得以扩大自己的影响力的。

从豫让故事中表现出的，豫让自己的命运自己把握的生存信念的情节，

121

或许也是相信命运的劫数才会那样做的情节设计，生活在巫术环境中的豫让，对巫术的力量，自然会有着独特的认识。笔者以为，豫让故事中的巫术成分，是当时生活环境的真实写照。巫术也是当时社会生活的一部分。豫让的"请衣三击"是豫让行为的合理组成部分。

由此就又有一个问题摆在我们面前，同样生活在巫术时代的赵襄子，身为君主，对巫术的作用似乎应该有着更为精准的认识，怎么会满足豫让的这个明显带有设计情节的请求呢？如果不是故事中的描写的失真，那就是为了说明，赵襄子这一类靠打杀行为顶天立地的君主，都知道巫术是干什么用的，就是他们拿来蒙骗民众的法术。笔者的这个想法应该有些合理的成分吧。至于后来的野史中杜撰出的赵襄子因为衣服被加上了咒语，不久也死去的情节，才是故事附会了巫术的产物。

豫让故事中的权利追求

在这一章，笔者想讨论一下豫让故事中的权利追求问题。笔者认为，社会中的任何个体单位，都有权利归属和权利追求问题，权利归属是说自身有什么权利，权利追求是说自身想要什么权利。即使是豫让故事中的豫让也不能例外。而讨论这个问题，对于身处于现代社会的读者，是有着一定的启示意义的。

豫让的行为，惨烈得让人唏嘘，惊悚得让人揪心。许多读过故事的读者，都经不住会发出一个疑问：豫让为什么会做出此类的行为呢？而对这个疑问，古代的回答不外乎豫让是一个忠义之士、肝胆之士；现在的回答是豫让是一个特别的人、性格执拗的人。笔者想，这一类的回答还都没有脱出图省事、沿旧迹的窠臼。其实，只要仔细进行分析，就可以得出随后的结论：豫让做出此类的行为，是为了保护自己已经享受到的权利。

权利，既是一个法律名词，也是一个通用名词。从法律的意义上讲，权利是法律赋予人实现自我利益的一种力量；从通用的意义上讲，权利是人在相应的社会环境中应该得到的价值回报。

同时，权利与义务是一个对等名词，有多大的权利，就应该有多大的义务。良善社会的标准是权利与义务对等存在，互相之间是协调关系，社会的正能量多。恶行社会的标准则是大部分人权利小，义务大；小部分人权利大，义务小，社会的负能量多。

权利与权力也不相同，权利是应该得到的利益，包括物质的与精神的，权力是力量对权势的控制能力，包括欲望的主观能动性；权利是外界给予界定的利益保护机制，权力是内部向外发展的力量施展范围；权利是被动存在，权力是主动存在；权利是应该得到的待遇，权力是必须靠力量夺取的威力；权利是社会的，权力是自己的。

在豫让的故事中，豫让行为的目的，就是为了实现同等级别的回报，也就是对身份权利的维护。根据豫让在故事中说的话，智伯把他当国士对待，他就要以国士的态度去回报智伯；还有那句注定会流传千古的名言："女为悦己者容，士为知己者死。"智伯把他作为知己，他就要为智伯去死。说明豫让的故事是一个典型的维护权利、追求权利的故事。

豫让的故事发生在两千多年前，也就是说，在两千多年前的春秋时代，当时的中国人就已经对权利的维护，对权利的追求，不仅有了强烈的意识，报以了特殊的极端的热情，甚至不惜为此付出生命，实在是一件令后代欣喜，同时也惭愧不如的事情啊。

因为从秦汉以后，随着中国社会逐步演变成单纯的皇权社会控制机制，社会中的个体单位对自身的权利维护、权利追求就不再重视了，转而服从于国家安排给自己的权利，享受自上而下的权利，将为国为民效忠的大权利当成个人追求的目标。而为国为民的手段，只有一条，当官。可是，一个社会，一个国家，始终都是官少民多的，不可能人人都当官，人人都管理别人的。那么，当不了官的干什么呢，种地，过"三亩地一头牛，老婆孩子热炕头"的乡土生活。这就是中国农业社会人们的理想追求，几千年都没有发生过变化；中国文人也常常抱着欣赏的眼光看待这种生活。

国家的事情由皇帝与官员们去管，村里的事情由长老们去管，自己呢，管好自己的事情就可以了。自己的事情就是想办法解决吃喝拉撒问题的生活格局，也使得中国人的思智逐渐变得简单、平静。权利这个与个人揪扯在一起的问题，官家因为不需要关心的原因不去干涉，个人因为不需要追求的原因不再重视，竟然就被束之高阁了。以至于到了现代社会，一些从西方回来的读书人大喊个人权利的时候，整个社会都不知道他们在说什么。乡民们都诧异地说，我们还需要什么权利吗？

如果细细分析，我们还需要什么权利的疑问是应该有的。所谓权利，实际上是一种公共生活的必需品，是人际交往的工具。在以小农生活方式为主要内容的中国社会，一方面是因为吃喝问题始终是一个需要解决的问题的缘故，民众必须不遗余力地、一刻不停地为填饱肚子而战斗，这是生存的需要；一方面自秦汉以来，中国社会实行了世界上首屈一指的户籍管理制度，把社会中的个体单位定位在了土地上。这是社会管理的方法。而需要与方法的核心内容，都是将个体单位困在笼子里，使其成为"邻国相望，鸡犬之声相闻，民至老死不相往来"的社会格局中的棋子。在这样的生活环境中生活着的个体单位，对交往的渴望自然不是很强烈，权利的概念对于他们而言，也就显得不重要了。

所谓对权利概念的不重视，准确地讲，并不是中国古代社会中的个体单位不要权利，实际上，他们对自己的权利是很在乎的。首先，他们最在乎的权利是生存权，因为他们明白，活着才是硬道理，所谓"若为自由故，二者皆可抛"的权利追求，无异于竭泽而渔的行为，灭种亡人的行为，他们是不愿意做这样的傻事情的；其次，他们也在乎财产权，即使是皇帝老儿自诩是天下第一大财主，叫嚷"普天之下，莫非皇土"的几千年里，也挡不住子民们对财产权的热爱，现在说是有钱就任性，过去说就是有地就任性。在中国古代社会，这是一种铆着劲儿干，却不肯多说的社会现象；再其次，他们还关心与他们的实际生活有关的事情，长老必须代表他们发声才能成为长老，否则他们就会放弃长老，长老的权力也不可以随意地膨胀，否则就会遭遇造反的命运；更重要的一点是，他们还在乎珍惜思想和良心的权利，没有什么宗教能够禁锢他们的思想，他们只是相信自己对事物的判断；没有什么理论能够扼杀他们存于内心的善良，他们总是要凭着自己的良心来衡量事情的对错。

自然，相对于现代社会呼喊的权利而言，中国古代社会中的个体单位所追求的权利，被认为是落后的权利，这种权利是由道德、习俗、资格等要素组合而成的，是这些要素认为正当的利益。与现代社会用法律确认的权利有着一定的差距。笔者梳理了一下，发现二者主要的区别在于以下几点：

一是模糊与清晰的区别。中国古代社会的权利概念是模糊的，不是用具体的名词来表达的，几乎就没有个体的概念，只有"民"这样的大概念；现代社会的权利概念是清晰的，就是个体的包括民主、法制、人权等内容的概念。二者的不同带来的结果是，中国古代社会的个体单位在不太明确自己权利的同时，也不太明确自己的义务；现代社会的个体单位在明白自己权利的同时，也知道自己必须付出的义务。

二是复杂与简单的区别。这里说的复杂与简单包括中国古代社会与现代社会各自拥有的复杂与简单。中国古代社会的复杂是遇到问题时思考的复杂，因为概念不清晰的缘故，理清解决问题思路的过程复杂；简单是程序简单，就是处理问题的过程不确定，因此显得简单，管事的人说了就算。现代社会的复杂是程序复杂，发现问题容易，看到问题解决的结果不容易；简单是能够快速确认该怎么解决问题，不需要考虑走什么途径，途径就摆在眼前。

三是行动与说法的区别。中国古代社会是闹行动，现代社会是讲说法。闹行动就是喜欢就事论事，所谓实事求是就是这个道理；讲说法就是凡事求规则平等，不管这个规则是否合理，是否公正。由此产生的优势与缺陷是，中国古代社会的优势是矛盾容易化解，矛盾也因此就少些；缺陷是因为因素多，也难以实现完全公正。现代社会的优势是解决矛盾有清晰的规则，也就是傻子规则；缺陷是缺乏柔性机制的调节，同样难以实现公正。

由此可见，就权利而言，中国古代社会的权利机制也不是一无是处，也是有着良善社会需要的合理成分的。由此类推，其对现代社会建设来说，也是有着诸多可以借鉴的优点的。因此，中国在建设法制国家的过程中，还是需要根据中国的国情，汲取中国古代社会中的营养，也必须沿着中国社会发展的道路行走，才有可能建设一个能够与中国国情相符合，尽可能地寻求公正的存在，容易被国民接受的法制体系。一味说法制，而不是有选择地讲法制建设，不管是良法还是恶法都说是法，把对利益集团有利的事情设计成法，进而强迫公众执行，甚至借法来遏制民众一直有着的自由，借法来攫取民众血汗劳作的成果，其发展下去的结果是可想而知的。而近几十年来，这样的教训已经有过不少了。法治的目的是追求尽可能多的公正，这个原则是任何时候都不可以放弃的。

由此可见，权利应该有，但应该在公正的范畴内使用，公正应该是权利的宪法法院。不知道自己的权利是愚昧，过度强调自己的权利就是野蛮，与文明是扯不上边际的。豫让故事中豫让的行为，实际上就是一种过度强调自己权利的行为，不仅野蛮，而且血腥，远远超出了正当防卫的免责范畴，应该是现代社会机制中不能容忍的行为。

再一个问题就是，权利的使用也必须根据使用权利时的客观环境来确定。如果把豫让的行为放在现代社会的框架里分析，那么，豫让的行为不仅是违法的，而且是严重的刑事犯罪行为。所谓宪政社会，说白了就是"限制权力"，不仅限制执政者的权力，也限制个体行为人的权力。大家都必须在各自的笼子中跳舞，不能满世界跳自己的舞。中国大妈的广场舞跳的地界不对了，不是也带来诸多冲突吗？而在中国社会中，历史上有过权利绝对的规则设计吗？没有。皇帝也有天在管着啊。君权在得到神授的同时，也必须为天负责的。

现在又有一些学者说，中国要走向一条有尊严的公民社会的道路。笔者认为，这是一句非常激励当代国人心智的话，更是一个非常诱人的目标。在衣食饱暖之后，自尊无疑就成了追求的目标。有学者说，没有尊严的生活，是不值得过的生活。笔者似乎也有同感。不过，笔者认为换个角度说似乎更为妥当，即——当已经体会过有尊严的生活，然后再过没有尊严的生活，就是一种不值得过的生活；或者是体会过过于自尊的生活，然后再过常态自尊的生活，也觉着不值得过。事实难道不是这样吗？

没有弄清楚尊严是什么，自己应该拥有什么内容的尊严，就说没有尊严的生活不值得过，就说自己的生活没有尊严，与古诗中"少年不知愁滋味，强说愁"的描写，没有什么区别。如果纵容此种状态的存在，就会出现该要的自尊不要，不该要的自尊非要的怪相在社会上泛滥。这对于社会发展建设、个体素质培养，都不是一件好事情。2014年发生在香港的"占中"事件，就非常好地说明了这个问题。按理说，香港是个宪政特区，有着完整的法律体系。然而，由于教育的失当，使一批吃羊奶长大的青年，变成了说狼话的孩子。他们不想享受正在享受的自尊了，想过想说啥就说啥、想干啥就干啥的绝对自由的生活了，有些人甚至打着英国国旗招摇过市，说自己就想当一个被奴役的贱民。可惜香港殖民地的日子已经一去不复返了，他们的目的达不到了。如果真的能够实现穿越的幻想，倒是可以让这些青年在那个时代住上十年八年，体验一下他们能够得到的贱民的自尊是什么样子的，再来谈现在的生活值不值得过。

由此又能说明一个道理，宪政与尊严是一种既合作又冲突的关系。宪政过于强势，尊严就会弱势，甚至渐渐失去；宪政过于弱势，尊严就会强势，以致变成野蛮。美国号称是世界上最民主、最文明的国家，奉行人生来皆平等的法则。可是，美国因为有强大的军事力量的缘故，到哪里都指手画脚。何曾对别的国家讲过平等，只是用平等的大棒打过别的国家。出现在当代国际社会中的这种现象，明眼人都能看得明白。

在春秋时代的中国社会，社会无公义，唯有"胜者王侯败者寇"的常态横行来去。在这样一种社会状态中，寻求自尊与甘于奴性的心态同时活跃在生存舞台上。可能，根据欲望无止境的生存规则，相对于甘于奴性而言，寻求自尊自然是人们最喜欢的选择，只是喜欢不等于现实，在那个生存环境严酷的时代，甘于奴性的生存方式一定是优于寻求自尊的生存方式的。而当甘于奴性是活着的最佳手段的时候，甘于奴性的市场诱惑力，就会远远大于寻求自尊的市场。而这恰恰是那个时代的社会氛围，为什么会对豫让的出格行为，给予崇高敬意的原因之一，行于同类之不敢行，做于同类之不敢做，方为异类，才能得到不敢行、不敢做的同类的赞扬与仰慕啊！

从豫让故事中的权利追求内容可以看出，对尊重的追求，是中国的精英人士千百年的不懈追求，是古已有之的正面行为。当今中国社会，如何将这个宝贵遗产转化成全体公民的诉求，通过理性的制度设计，把利益保护转化为权利保护，把国强民富大发展目标凝聚成民主决策、尊重权利、依法办事的政治规则，则是一个必须考虑，并且实施的宏伟目标。没有尊严的生活确实不值得一过，但唯有坚决不过没有尊严的生活，成为中国社会的一个普适常识，没有尊严的生活才能确实不值得一过，中国社会的发展如果能够到达这样的境界，就是中国社会的一件幸事了。

当然，在实施这个过程中也要注意，沉溺于享受个人的独立，追求个人的利益，是一种甘愿丧失分享政治权利的行为，是一种对政治权利的依附，固然不妥当；但是，不明白权利的回馈是一个渐进的过程，过分强调脱离实际的分享政治权力的权利，则会给社会带来不安与动乱，就如同豫让故事中豫让的行为，无疑是一种愚蠢的行为。当下之际，依旧在于启蒙，而启蒙的意义，就在于让民众认识自己，明白自己，终而成为一个自觉的法制社会的成员，既不是一个盲目的生存动物，也不是一个臆想的狂狷智者。

豫让行为的价值讨论

价值，说起来是一个内涵十分复杂的名词，是一个社会科学及自然科学研究中的重要名词，关于价值的研究，涉及社会科学与自然科学中的哲学、经济学、物理学等等学科，是一个跨学科的专业名词。一般认为，一种事物，能够满足另一种事物的某种需要的属性，就是"价值"。价值源于自然，与人类社会一起出现、生长、变化，是一个伴随着人类社会的评价标准。这是价值本身的价值。由此可以看出，价值范畴的包容量是广泛的，不过，笔者在此章中进行的关于豫让行为的价值讨论，则是一个狭义的价值，简单地说就是"值不值得"的问题。笔者认为，这是中国社会需要解决的一个重大问题。

为什么这样说？因为价值与社会共生，与人类同在，是衡量一切事物存在的等级标准，所谓"值不值得"就是其中的一种。当人们说，这样的事情值得做，那样的事情不值得做的时候，就是对人存在的意义做出了评价，也就是说，做这样事情的人的存在是合理的，做那样事情的人的存在是不合理的。虽然这种评价并不消灭存在，但却为消灭存在提供了参照值，法律、道德、伦理等管理手段，则依据这个参照值来管理社会群体，将存在驱赶进生存环境的冷宫，最极端的管理手段自然是消灭存在。

关于价值本质的研究有着多种结论。但是，不管结论是什么，都是为价值二字寻找母家，都不否认价值本身的作用。在这些结论中，笔者比较喜欢"抽象说"的社会科学范畴的结论，认为此结论与笔者的性情更为贴切。该结论认为：价值是抽象的信念、理想、规范、标准、关系、倾向、爱好、选择、需求等等概念的组合体，它与市场经济规律一样，看不见，摸不着，但是却在无时无刻中起着作用，指导人的思维，支配人的行为。评价事物的标准就是抽象的理想价值在实际生活中的发源与反映。

具体到豫让的行为究竟有没有价值的问题，从古至今，都是个让喜欢琢磨问题的读者疑惑的问题，讨论的话题。豫让这样一个人，用自己的生命，去完成一件所有读过故事的人，都认为不可能完成的任务，甚至不应该完成的任务，究竟有没有价值呢？如果有，价值的内容是什么？如果没有，豫让又为什么要这样做，这样做又有什么意义？

自然，豫让所实施的行为是否有价值，对豫让自身而言，只有豫让自己知道，别人无法替他回答。对外界而言，无论是当时的还是后来的读者，都只能是就事论事，从豫让故事中的情节中，寻觅出与自己的价值标准，做出自己的评价。

从史料中看，在豫让行为发生的时代，对豫让行为的评价是以本实记录与褒扬彰宣为主的，《吕氏春秋》中的记录以记录为主，其中也掺杂着一些褒扬，一些分析，已经有了一些有关"价值"的影子。到了《史记·刺客篇》中，豫让的行为就被因为被处以宫刑，因而崇尚侠武的司马迁拔高到了近乎人神的层次，豫让行为的正面价值得到了肯定。虽然这也属于对"价值"的使用，不过，还是在无意识的层次，是不自觉的使用。

自此往后，史家与学家均是延续司马迁的价值标准，即肯定豫让行为的正面价值，对其负面的价值则很少提及。这可能是因为当时的社会环境，还没有完全到了能够让思想冷静下来的时候。后来的诸多学者，则是因为豫让行为的作用与谋官取士的业务无关，没工夫搭理这个问题，为了省事一味随着有名声之累的前贤的说话罢了。

韩非子是在中国历史上，最早对豫让的行为提出无价值质疑的学者，后于豫让二百年的韩非子，作为崇尚用规则治国的法家的代表性人物，能够用"价值"观来分析评价豫让的行为，应该说是一个值得后世骄傲的事情。说明我们的祖先在两千年前就知道了"价值"的两面作用，而且还是在社会缺乏冷静思考的环境的时代。韩非子在《韩非子·奸劫弑臣》中，对豫让的行为做出了三个负面价值的核定，一个是豫让未能在智伯生前报有效之恩，自是不妥；二是豫让在智伯死后，无论怎样报恩，对智伯而言已经失去意义；三是君主们赞赏豫让的行为，也是不妥。

在韩非子之后，也不断有对豫让的行为做出负面价值评价的出现，但是没有脱出韩非子的窠臼。其中最有名的是明代方孝孺的《豫让论》，其对豫让行为的评价与韩非子不相上下，只是评价的范围更宽了一些，对其价值也做了正负两个方面的评价。方孝孺提出了四个观点，一是豫让行为"义"的资格问题，认为豫让的行为不能称之为义；二是对智伯不怀二心，却对旧主中行氏、范氏有二心，算不上义士；三是司马迁把其放入刺客行列，不是放入侠士行列，很有见地，说明豫让只是思想简单的刺客；四是豫让的行为惨烈慷慨，倒是为臣的表率。这其中一、二为负面价值的评价，三为中性价值的评价，四为正面价值的评价。方孝孺也做出了类似于豫让的行为，而不屈服新主，誓死跟随旧主明惠帝而被明成祖朱棣处以极刑。

从豫让的行为在历史上得到的价值评价来看，豫让的行为也是受到了褒贬各异的评价，说明其价值的影响力也是模糊的，模棱两可的，不是标准清晰的价值标准。当然，总体分析，还是正面价值的评价多于负面价值的评价。由此我们可以说，豫让的行为是有历史传承的价值的。根据价值的特性，价值本身有着非常强的不定形性。它具体的价值形态，是根据生命对它的需求的变化而变化的。豫让行为的价值也是如此，虽然因为与社会距离比较远的特点，实际内容没有受到大的冲击，却也在历史的长河中消耗着当时不需要的价值，而且至今没有消耗至零，依然有着巨大的影响力。由此我们又可以说，豫让的行为是有价值的行为。这个有价值，包括正面价值与负面价值两个部分。

笔者从下面几个方面进行讨论：

豫让追求的成功，就刺杀工作而言，只是过程，不是成功。从这个角度来说，豫让的行为是一个有正面价值的行为。还是根据价值的特性，生命对价值的需求越大，事物的价值就越大。如果豫让的刺杀，无论过程多么惨烈，结果却是刺杀成功，而刺杀成功是一个与社会常态雷同的结果，不仅不是强化记忆的方法，反而是抹杀记忆的手段。这样的结果，就是在生命的记忆中，刺杀的过程就有可能被湮没。而豫让的行为，就是凭着过程来创造价值的，故事从一开始就没有使刺杀得以成功的设计，设计就是为了不成功。也唯有如此，故事设计出的刺杀过程的复杂程序，才会强化其在生命记忆中的价值含量，使豫让的行为成为有正面价值的行为。

豫让行为的表现，就进行的过程分析，只是简单，不是复杂。从选择的能力级别来说，豫让的行为是有正面价值的行为。"价值的生命周期"是价值的一个重要特性，其特点是从价值产生到价值被消耗的过程，整个程序是顺时针的，是不可逆的。而这，也是睿智人生的目标选择。所谓睿智，不过就是选择生命与事物结合方法的能力，这个能力的体现不是选择复杂，而是选择准确。所谓生命有限，创造价值的能力自然也有限，唯有选择准确，才有可能降低生命的虚耗力度，使生命与事物有着更充分的接触时间，使价值能够由此而产生，并尽量地延伸存在的时间。纵观豫让的故事，全篇就是一个事，进行刺杀。这个进行刺杀是生命与事物结合活动中的绝唱，自然就能够产生价值，而且是正面价值。

豫让行为的理由，就复仇的理由来看，只是知己，不是地位。从决定的标准来说，豫让的行为是有正面价值的行为。价值的一个特性是，在同一个量度单位下，一个事物所能具有的价值量的最大量，等同于它自身所具有的物理量的最大量。当生命对事物的需求量，大于事物本身具有的最大物理量时，事物所能具有的最大价值量，与事物本身的最大物理量相等，不再随需求的增加而增大。从价值的这个特性中，我们可以看出，价值的存在始终是有着大小的分别的。而最大的价值就是事物所能具有的最大价值量，与事物本身的最大物理量相等。在豫让的故事中，豫让行为的动力是"知己"，不是"地位"。这两个词代表的生命氛围是截然不同的，"知己"是一个能够最大限度容纳生命能量的氛围，"地位"则是限制生命氛围的一种手段。豫让因为认为自己与智伯是"知己"而为智伯复仇，自然是一种最大价值的行为，同时也是具有正面价值的行为。

豫让选择的目标，就智伯的身份判断，只是尊严，不是正义。从这一点上看，豫让的行为是有负面价值的行为。从价值研究方法的角度分析，主体的需要和客体能否满足主体的需要，以及如何满足主体需要的角度来讨论价值，是不妥当的。因为主体的需要不一定是健康的，不一定是有着促进人类进步和发展的作用的。为此，讨论价值应该是从价值的一元和多元的角度去理解价值，从实践和实践的结果去评价价值。从这个角度对豫让行为中的尊严与正义进行分析，就有了别样的意义了。尊严与正义，是各自有着各自的价值内涵的价值，尊严是自身的需要，正义是社会的尺度；尊严在内心发挥作用，正义在社会展现光辉；尊严是私，正义是公。在正义的氛围内，尊严的价值才有价值；在尊严的环境中，正义的尺度才是尺度。如果没有正义，即使有着再大的尊严，再丰厚的尊严，又有什么真实的意义呢。这一点，在豫让的行为中表露得十分透彻。

在当今时代，国家与社会是个体单位的生存土壤，失去了国家与社会，个人的尊严还有什么意义吗？也是没有的。即使是到了如一些学者说的，有一天国家消亡了，但是社会不会消亡，人类的群体意识是与生俱来，不可消亡的意识，因为这个意识是由个体意识延展出去的，是一生二，二生三的道理。所以，为了得到私的尊严，怎么能够以损害国家与社会赖以健康发展的正义为代价呢？这是不可以的行为。对于这一观点，笔者始终是坚信不疑的。笔者认为，正义与尊严，正义在先，尊严在后。相对国家与社会必备的正义，对个人重要万分的尊严，又怎能与正义相比呢？

问题讨论到这里，可以得到的一个结论是，无论是从正面价值方面还是负面价值方面来讨论，豫让的行为都是一个有价值的行为。而进一步讨论豫让行为的价值取向问题，笔者认为也是一个值得探讨的问题。因为价值取向是价值成为价值的重要依托，豫让在豫让行为中创造出的价值也不能例外，也是豫让根据一定的价值取向努力奋斗的结果。

价值取向，是价值哲学的研究范畴。一般的定义为一定的优势看法成为评价事物、唤起态度、指引和调节行为的定向功能的合理化安排。而价值取向的合理化是人类社会进步的一种信念。

在产生价值的过程中，价值取向的作用是十分巨大的。诺贝尔经济学奖获得者、美国心理学家西蒙认为，决策判断有两种前提：价值前提和事实前提[①]。价值前提与事实前提相互作用的过程，是价值形成的重要因素。所谓人们在工作中的各种决策判断和行为，都有一定的指导思想和价值前提在起作用，这些因素与事实前提相互作用，互相影响，最终形成决策。在豫让行为的决策过程中，价值前提的内涵是豫让认为智伯把自己当成知己，自己就要为智伯报仇；事实前提的内涵是豫让知道赵襄子是当时受到社会欢迎的君主，智伯是暴君。这两个前提经过搏斗、协调，促使豫让做出了完不成刺杀任务的刺杀行为，成就了自己的价值定位，使自己成为社会的价值标准之一。

由此可以说，价值取向在人类内心的形成，是决定价值能否成为价值，成为什么样的价值的重要因素。而价值取向自身的形成，则是人类社会成为什么样的社会的重要因素，是人类自身成为什么样的人类的决定因素。所谓土匪有土匪的价值取向，平民有平民的价值取向。同样，每一个人都有自己

---

① 赫伯特 A. 西蒙. 管理行为［M］. 詹正茂译. 北京：机械工业出版社，2014：4.

的价值取向，否则就不会有"夫妻本是同林鸟，大难临头各自飞"的古语流传。生存在社会中的个体单位，随时都会碰到各种各样的需要决策的关口，每每到了这种时候，决策的价值取向就开始发挥作用，在决策的形成中起到至关重要的作用。实际上，一旦事实前提的威力大于价值前提的威力，价值前提的作用就会弱化，从而屈就于事实前提的影响力。而在豫让的行为中，同为智伯食客的诸多豫让的同事，都做出了价值前提屈就事实前提的决策，唯有豫让，依旧坚守价值前提的信条，进而成就了自己在社会历史中的有效价值地位。

上面的叙述，说明了一个可怕的事实，即价值形成的决策过程中，事实前提的作用，往往大于价值前提的作用，这一方面说明人类生存环境的残酷，在事实前提面前的弱小和无奈；另一方面也说明对社会群体进行价值前提训练的重要，大力提升价值前提的影响力的重要性。想想，即使是在两千多年前的春秋时代，价值前提战胜了事实前提的豫让的行为，也只是一个特立独行的行为。可见，价值前提战胜事实前提的概率是多么的低，多么的难得。在当今中国社会，许多人一边谴责社会中出现的堕落行为，一边又积极加入到堕落的社会行为中，就是价值前提被弱化和被扭曲的具体表现，是一种使社会不能称其为社会，国家不能称其为国家的负面价值行为。也说明在当今中国社会，是十分需要豫让行为中展现出的价值判断能力、价值确定能力对事实前提的战胜方法，成就良善社会存在发展的氛围的。

二十三

豫让的洗脑者

豫让的行为怪异，是读过豫让故事的读者都认可的；而能够做出怪异行为的豫让，自然是个让世人难以评说的豫让。从豫让的行为中可以看出，豫让一方面显得很重情义，另一方面却又显得有些"痴呆"，同时还显得过于霸气，甚至还有着冲动的因素。用社会常态或者现代的是非观是不可以衡量的。可以说，豫让是中国社会少见的近乎绝版的人物，用现在的话讲，豫让一定是个被洗过脑的精灵。

洗脑这个词，现在用得很频繁，特别是在对恐怖主义行为的评价中，总是会使用到这个词，由此说明在现在的社会，"洗脑"是一个贬义词，是对做出极端行为的人产生与极端行为配套想法的过程的负面描述。被洗脑，意味着思想被扭曲，被颠覆，是一种被迷惑了的思想由白变黑的过程。

当代恐怖主义组织洗脑能力的强大，是被社会的各个层面承认的。不仅承认，还惊异这些组织，是怎样琢磨着各个层面的人群的心理需求，不费什么力气就把他们改造成甘愿为他们抛头颅、洒热血的战士级别的极端分子，成为恐怖组织的一员的。在这一方面，传销组织的能力也毫不逊色，同样能够凭着耍"白手套"的本领，把诸多社会中人打造成传销组织的战士，使传销行为成为屡禁不绝的危害社会的毒瘤。

而豫让故事中的豫让，能够做出惊了心灵、泣了天地的近乎绝版的举动，从其行为的怪异性来看，脑子也一定是被洗过的，否则，怎么可能使自己的行为如此超出常态，背离一般人的行为规则呢？那么，当时的豫让，在进行"豫让的行为"的时候，脑子中究竟想着什么呢？谁又是豫让的洗脑者？又是谁给豫让洗的脑？这就是笔者在此章中，希望能够做出抛砖引玉讨论的目的。

美籍德国裔犹太人哲学家汉娜·阿伦特，对洗脑这个问题有着独特的看法，读来很有一些启蒙意义，也很震撼。在其所著的政治随笔集《过去与未来之间》一书中的"真理与政治"一文中，汉娜·阿伦特写到，人们常常发现，长期洗脑造成的最确定的结果，是一种特殊的玩世不恭，对任何真理都绝对拒绝相信，不管这个真理有多么可靠的依据①。汉娜·阿伦特的这个观点是一个惊悚心智、震惊理智的观点，笔者读着都会感到害怕，恐惧如果自己经历了洗脑的过程，是否也会如同汉娜·阿伦特说的那样，成为一个不相信对的，只想做疯狂事情的一类特殊人物。

不相信对的，只想做疯狂的行为，不就是时下出现的恐怖主义行为、传销行为的一个真实写照吗？当社会听到恐怖主义分子穿着自杀背心从事恐怖行为的讯息，当社会看到被抓获的传销分子自顾自念着自己那本经，又怎么可以对这一类事情的出现掉以轻心呢？

现代社会是一个向着越来越现代化的社会跨越的社会，新的事物层出不穷，旧的事物依旧存在，双方的撞击越来越激烈。在这样的撞击中，作为社会中的个体单位，或者是因为感觉失落的缘故，或者是因为欲望更强烈的缘故，心中所想就会偏移正常轨道，这种偏离是希望经历被洗脑的过程的敲门砖，有了这个前提，洗脑的事情就有可能发生，一旦离开正常轨道的思想，与在轨道外飘离的各种邪恶信息结合，就有可能被洗了脑，继而成为一股与正常轨道对抗的特殊势力的成员。

现代社会的问题是，由于社会结构越来越脱离血缘关系与生活氛围，个体单位心中的牵挂越来越少了，对社会的责任心越来越弱了，反而是仇视的心理、蔑视的心理、躁动的心理在不断增加。另一方面却没有得到同时应该出现的遍布四周的发现与重视，由政客与权贵组成的社会监督运行机制，只是更加关心他们自己的利益，没有谁来关心被洗脑的问题。这是一种存在于当代社会的两张皮、不搭界的社会生存结构，一种互不关心、互相仇视的社会管理机制。这样的社会机制带来的未来，自然是除了动乱，还是动乱。

那么，生活在春秋时代的豫让，是怎样成为一个被洗脑者的呢？笔者的分析结果是，春秋时代是中国历史上的一个特殊的时代，应该是一个没有所谓的正常轨道的社会，不然也不会有"春秋无义战"的观点出现。笔者认

---

① 汉娜·阿伦特. 过去与未来之间［M］. 王寅丽，张丽丽译. 南京：译林出版社，2011：240.

为，对春秋时代的这个描述还是十分恰当的。在这个时代的中国社会，随着国家的不断解体，不断建立，不断地循环着成者王侯败者寇的过程，这就是春秋时代的真实写照。在这样一个时代，自然也应运而生了各种各样的建国理论，治国理论，生存理论，他们各自都大显身手，可着劲儿想着做出一些出类拔萃的表演，企图使自己研发的理论产品能够独步天下，成为各国君王的最爱。

乡贤王学泰曾经对当时理论界的这种风气给予过批判，说这些理论的真实目的，不过都是怎样为统治阶级服务，揣摩人主好恶为立说之本的。研究的不过都是政治操作的权术①。笔者则以为，这与中国社会在春秋之后，很快建立起了皇权一体化管理体制的国家运行机制，有着很大关系。这是因为以权术与谋略的治国主张，逐渐成为立国之本的缘故。

在春秋时代，中国社会形成了以儒家思想、道家思想、法家思想、墨家思想为主要思想体系的中华文明的根本要义，使中国社会奠定了以《易经》等思想为纲领，儒道法思想为主旨的文明基石，中华文明的影响就此有了经纬之线，得以存在与繁衍。

当时，儒墨道法诸家的思想体系，都被称之为"家"，都有着自己的弟子与导师。作为这些"家"中的弟子，应该也属于被洗脑者的行列。那么，豫让故事中的豫让，会是哪家的弟子，被哪一种学问洗了脑呢？根据豫让故事中豫让的表现，豫让似乎应该不是哪家的弟子，而是一个杂家，是一个没有被哪一家学问纳入囊中，却又汲取了各家学派的学问精华，一个儒墨道法诸学问特色皆有的特殊人物。

比如，如果说豫让是个儒生，从豫让的行为中，也是能够找出相类似的地方的。比如豫让一意孤行地要刺杀赵襄子，这一点与儒生子路有着相似之处，子路也有知道回去要死，偏就要回去的倔强之举。可是，二者却又有很大的不同，子路宁肯被杀也要放下手中的长剑来正衣冠，被砍成肉酱也不肯违背儒生的以礼来治人理国的宗旨，所谓"君子死，冠不免"是子路留给后人的精神财富；豫让却不同，为了进行刺杀工作，不仅不考虑衣冠之事，而且还做出了逆儒家思想的毁身污体的行为；不仅没有遵循儒家"良禽择木而栖，贤臣择主而侍"的理论，本来已经提前离开了智伯，却在智伯死后还继

---

① 王学泰．游民文化与中国社会［M］．北京：同心出版社，2007：86.

续固守复仇的想法，并且成为行为，在儒生看来，这是对儒家顺天而行的经典赤裸裸的挑战。

说豫让是个法家吧，豫让的行为中，也有一些法家的影子。诸如法家的"法自然"概念，就是办事不掺杂感情，一门心思办事。豫让行为中的毁自身、弃亲情的行为，无疑与法家的这种思想有着一些关系；可是，从豫让刺杀的目的来看，又是目无法纪的行为，是法家理论绝对不能容忍的。这是法家最终成为中国官僚政体的基本理论，也是豫让的行为在中国历史上，只是存在于文化社会层次的主要原因之一。

说豫让是个墨家吧，豫让的行为中，着实也有着墨家损己利人、以暴制暴的内容。可是，墨家主张的宗旨是既不损人利己，还要秉持公义的救世精神。但在豫让的行为中，更多的却是为了了结个人恩怨，满足个人的私欲，除了有着敢于损己利人、以暴制暴的墨家学说的成分之外，没有丝毫的大公无私的墨家精神在里面，也不能说豫让是一个正宗的墨家。

说豫让是个道家吧，豫让的行为中，是有着不少道家以柔克刚的内容的，似乎受道家理论的影响要深一些，是一个没有观念的智慧的受益者和实施者的表现，有着一种看似莽撞却又充满技巧的可爱成分。比如为了完成刺杀使命，豫让在最后采用了道家成为宗教后使用的"请衣三击"一类的法术行为，在刺杀过程中还采用了扮猪吃虎一类的柔弱手段，一开始听了智伯头颅被做成酒器的消息，就下了复仇决心来确定信念；继之又用扮成打扫厕所的犯人刺杀赵襄子的以柔克刚的手段来固守信念；在技术层面采用的方法几乎都是源于道家的思想。可是，从豫让行为的完整过程上看，却又处处违逆道家的宗旨，在豫让复仇的整个流程中，体现的都是偏不愿意顺天意，得人心，偏要履行如同螳臂当车、鸡蛋碰石头一般的莽夫行为。

由此，笔者分析，除了绝望之时的行为一以贯之外，豫让在其生活中，定然是个虽然狂放桀骜，却不能专一守拙的性格所主宰的游士。在当时的社会，各家学派都在极力扩大势力，豫让作为一个游士，也曾经伺候过若干个老板，与各家学派的优秀人士也一定都是交往过的，只是豫让却没有信奉哪一家的学问，成为哪一家的弟子，也没有被哪一家的学问所浸润，依然保持着自己的生存模式。如此，在那个个性可以极度奔放的年代，豫让行为的产生，除了性格的原因之外，还能是什么原因呢？

由此再说到谁是豫让的洗脑者的问题，豫让的确是一个被洗脑者，只是豫让的脑子不是被别人洗的，而是被豫让自己洗的，豫让是自己的洗脑者。这种现象的出现和存在，倒是告诉了体制管理者们一个不是秘密的秘密——脑子也是自己可以洗，自己也能够洗的，就看有没有洗的条件，也就是佛教中讲的因的存在。而社会与个体单位之间的冲突就是一个"因"字，个体单位因为势单力薄，自然是属于弱者的行列，而弱者的可怕之处，不是弱小，而是绝望与排斥，是绝望于被对方排斥和排斥对方。一旦这个"因"字得到确认，"果"字就处于到来的阶段了，不同的只是到来的前后顺序不同。所谓"管涌之漏，溃堤之由"，是古人常说的道理。而在以网络为主体的当今社会存在环境中，洗脑的老师也是随时可以找到的，自己对自己洗脑是一件很容易的事情，因为我们生存的时代，是一个不仅与传统社会截然不同，而且还难以控制的时代。

在这样一个可以称之为冲突将会更多、思想更为复杂、社会更加危险的时代中，对洗脑这个负面词汇，全社会都应该引起足够的重视，要充分重视洗脑带来的危害性。豫让的行为就说明，洗脑对一个人的行为，有着多么巨大的决定作用。而现代社会出现的恐怖主义行为的泛滥，也证实了洗脑的危害性，是社会不能忽略的问题。而如何解决这个问题，也是一个让当今社会迄今还在纠结、没有提出合适的解决办法的难题。国际社会是否能够找到解决洗脑问题的办法呢？这是笔者的一个疑问。

汉娜·阿伦特在其书中，也曾经探讨人类与太空接触之后，人类本身的地位问题。阿伦特在 20 世纪 60 年代写的书，虽然与当今社会的环境已经大不相同，但是阿伦特的话，我们还是要记住，阿伦特说："宇宙征服和使之成为可能的科学，已经危险地逼近了阿基米德点。如果真的到达这一点的话，人的身体将不只是按我们自己所有的已知标准被降低了而已，而是将被彻底摧毁①。"这是又一句让世人感觉到恐惧的话。

而当今时代，已经超出了阿伦特的意料，不仅仅是人类社会将与太空发生冲突，引发人类灭亡悲剧的问题，而是在信息化的渲染下，现今的地球人，或者随后的地球人，也已经不可能再是完全的人类自身了，有专家将其分为全能人、机器人、人机人三种，说不准过不了多久，社会结构都有可能

---

① 汉娜·阿伦特. 过去与未来之间 [M]. 王寅丽，张丽丽译. 南京：译林出版社，2011：262.

发生改变。到那个时候，人们在相互介绍时，都要先问一下，你是什么人？这句现在还看似唐突不礼貌的问话，到那个时候，可能就成为最文明、也必须说的问候语了。这种科技的飞速发展，对人类社会带来的不知是福还是祸，是恐惧还是安慰。笔者认为，这是一个人类共存的世界上，一切公共知识分子乃至芸芸众生都应该考虑、也必须考虑的问题。

当然，不管是福是祸，我们都必须承担，必须面对，埋怨与对抗都是没有用处的行为。因为人类社会就是这样，对自身的变化也是不能够把控的，只能够顺应潮流，在顺应当中寻找自己的位置，让自己能够在不断变化的环境中立足。而刚刚跨入工业社会，就又跳入了工业4.0时代的中国社会，面临的挑战自然会更多，自然会更加棘手。此乃一个无法回避的事实。

如何应对这些挑战，用豫让故事中的豫让的行为肯定不行，太傻气，太莽撞。但是，抛弃传统，一味追求新的东西也不行，太空虚。因为，不管这个世界怎样变化，变化到什么地界，人类文明的精髓不会消失，中华文明的精华无法丢弃。阿伦特也意识到了这个问题，她说，当人们急着跨入更加文明的现代社会时，大家其实走得没有那么快。也就是说，丢弃了传统的文明是无根之木，是无法生存的，前一百年前后，中国社会因为积弱而努力寻求学习其他文明，鄙弃自身的文明，由此带来的自身文明的失落，与其他文明的混乱交织的秽流，横行于中华大地，使中国社会落后挨打了一百多年，成为中华民族的耻辱。这就是一个摆在中国人民眼前的真实案例。

因此，中国社会应该确认这样一个事实，对于中国社会而言，故步自封固然不行，推倒重来更是无稽之谈。倒是豫让故事中的豫让的桀骜不驯，反而成就了豫让特立独行的行为，不失为一条符合中国社会的发展之路。所以，对新东西的吸收而不照搬，对旧东西的取舍而不抛弃，似乎是一种比较好的社会发展手段。这是豫让被洗脑的经历带给我们的启示，我们的大脑，不要被别人洗，而是要自己主动地洗，要洗去糟粕，留下营养，要把洗脑的权力掌握在自己手里，使中国社会逐渐成为一个既免疫力强大又善于吸收有益菌群的集合体。这样，中国社会就能够练就百毒不侵、万剑不毁之体，成为如同大自然一样的能够自我循环、自我保护、自我发展的社会环境了。这种局面的出现，即使被两千年前的豫让看到，也会感到欣慰的。

二十四

豫让的快乐与悲伤

　　快乐与悲伤，是人类的主要情感中的一组对等情感，那么，豫让故事中的豫让，有着怎样的快乐与悲伤呢？笔者提出这个话题，并非多余的话题，也不是没事找事，而是有着很强的针对性的。

　　现在，我们常听到的一句话就是，要快乐地工作、快乐地生活、快乐地训练、快乐地学习、快乐地发愁……，反正是无论做什么，想什么都是要追求快乐，要用快乐的心态去想、去做一切事情。即我活着，我快乐，我死亡，我也快乐。一切都是快乐，唯有快乐，只有快乐。笔者将其称之为"唯快乐主义"。

　　对现在社会上出现的这种笔者称之为"唯快乐主义"的现象，笔者是不敢持苟同态度的，反而会因此而感到恐惧和忧虑，觉着中国社会如果真的只奔着快乐而去，就真有可能只顾着快乐，忘记其他了；而忘了其他，就是一种醉生梦死的生活，醉生梦死的生活就是一种堕落的生活。因为，属于人的生活，一定是不仅仅拥有快乐，也拥有包括七情六欲在内的所有情感的，对其中一个情感的专注，就是对其他情感的摒弃，就会使生活成为畸形的生活，傻子一样的生活。当然，浩荡前行的社会是没有天良发现的机器，是不会理睬笔者一类人士的恐惧的，依然摆着天下大势，浩浩荡荡，顺之者昌、逆之者亡的态势，继续张扬着唯我独尊的"唯快乐主义"的气势。

　　追求快乐的行为，也是一种舶来品，是西方世界"即时享乐主义"的衍生品。在西方世界，追求快乐是一种全方位的个体麻痹行为，不仅从学术研究上肯定快乐，而且从医学上、精神学上、文化娱乐活动上，均对"唯快乐主义"进行帮衬，由此不仅产生了各种可以给人以即时快乐的娱乐活动，甚至有吃了就能够感到快乐的药物，供想得到快乐的人群享用。笔者诧异的是，一些西方强权国家，在对本国公民推销快乐、麻痹他们心智的同时，却不考虑其他国家的民众是否喜欢他们的快乐，也强行推广被其称为普世价值的快乐。笔者不知道，生活在东方社会的民众，真的就会喜欢西方社会的所谓快乐吗？他们的快乐源泉是来源于同一个地方吗？

那么，什么是快乐呢？按着马克思的解释，快乐是一种心理欲望得到满足时的状态。一般地讲就是看见什么都高兴的状态。根据这个解释，快乐应该是具有情感因素的动物，可以获得短暂的美好情绪，而这种情绪一定是不持久的。这也就是说，快乐不能持久存在。如果要一味地追求快乐，不就是一件违逆自然规律的事情吗？也是一件所谓人定胜天的事情。可是，人又怎么可能胜了天呢？唯有顺应才是常理。

由此又可以说到快乐的作用，关于快乐的作用，有专门的"快乐学"支撑着，比如说快乐能够长寿，此观点还有科学数据在背后扛着，这一点对都知道总有一天会死，却又都想活着别死的人类，有着极大的诱惑力；比如快乐能够消除疲劳，说只要快乐就会忘记疲劳，这对于终日劳作者倒是一剂不错的安慰剂；比如快乐能够抵御孤独，因为孤独是一种感觉，快乐的人会看天天美，瞧地地好，就不会觉着孤独。反正根据快乐学的说法，活着的其他情感都是苦难的情感宣泄，唯有快乐是一切苦难的救世主。

既然快乐是人生的最大目标，那么，怎样才能得到快乐呢？这就是"快乐学"的主要任务，"快乐学"就是告诉民众快乐在哪里，怎样得到快乐。简言之，快乐不过是一种感觉，只要内心有着想找到快乐的感觉，随时都是可以找到的。也唯有这种方法最为普适。至于其他的什么老板给员工创造快乐工作的环境，家长给孩子创造快乐学习的环境，国家给国民创造快乐生活的环境等等，不过是一些老板、家长、国家应该做的有关公平正义内涵的事情，如果这些也属于快乐的范畴，那么，快乐就降格成欣慰了。

对这些说法笔者是持否定态度的。一则是所谓创造快乐的环境，不过是一些老板、家长、国家应该做的有关公平正义内涵的事情，不是快乐，而是欣慰。另一则是，简单地讲，快乐是与悲伤等情感共同存在的情感，而这些情感是动物与生俱来的伴生物，是无法从情感范畴中剔除掉的。既然如此，人的情感怎么可能被快乐一种情感独霸呢？不可能的。再往深处里说，快乐与悲伤一样，是一种情感冲动的表现形式，既然是冲动，就是对平静的叛逆，就会对人的身心造成伤害，怎么可能只有好处没有坏处呢？

就拿现在流行的一句话，有钱就任性来比较吧，一个绝对快乐的人，又怎么可能不任性呢？任性就是固执，固执就是偏见的一种表现。偏见是什么？就是只从保护自己的身体与想法的利益出发，对其他事物的排斥，对其他观念的排斥。就是快乐让人满足，满足让人自大，自大让人得意，得意让人任性，任性让人偏执。根据这个逻辑推理分析，如果这个世界上都是感觉快乐的人了，那么，这个世界还有公平正义一说吗？所谓公平正义，是必须建立在相互礼让的基础上的。什么是相互礼让，说白了就是相互忍让，不是针尖对麦芒。

因此，笔者认为，现在社会上主宰情感风云的"唯快乐主义"的泛滥，是一种让社会群体生存在无法到达的虚幻境界中的宣传，也是一种打击社会大众生存信心的武器，是一种健康社会的毁灭力量。美国社会存在的时间短，可能闹不明白这个问题，历经了数千年风云变幻的中国社会，应该是懂得这个道理的。因此，对一味照搬美国社会的快乐到中国社会来使用的现象，必须报以极大的戒心，设法破解其带来的危害。

快乐为什么受到推崇，现代社会为什么能够让快乐横行来去，这是因为现代社会生活的压力大，生存的过程复杂的缘故。这是不堪承受压力与复杂的袭扰的人群，渴望能够寻找到使心灵逃避烦愁场所的手段，传统的方式是到寺庙、教堂，得到的回报也不过是寻求内心的安宁罢了。而快乐的寻求与传统方法截然不同，即快乐是一种近乎癫狂的精神鸦片，也是一种不用出门，只要把头一扭，就随时随地可以享受的精神鸦片，是一种能够快速驱赶烦愁离开心中的方法，自然就受到了当代社会中一些总想活得更好，所以不停地打拼折腾，没时间考虑如何安抚自己烦躁不安情绪的群体的欢迎。

但快乐不是人生的全部。这是笔者对"唯快乐主义"挑战的回答。在对豫让的故事进行研究的时候，笔者也深深体会到了这一点。豫让的故事中，通篇没有说过怎样追求快乐的问题，讲的都是让读者悲伤、唏嘘的事情。然而，却是一篇让人热血沸腾、斗志能够被激起的故事。如果豫让是一个一味地追求快乐的游士，又怎么会干起了刺客的工作，成为千古流芳的精灵。转投新主不就可以了吗？在当时的社会环境中，这样做也是不会受到社会舆论的谴责的，在当时，因为社会混乱的缘故，转投新主应该是一种正常的社会现象。

有读者或许会说，这是因为在春秋时代，科学的发展还很粗糙，不知道现代社会所说的快乐的内涵是什么，个个还都在使命感中生活着，养家糊口的使命，救国救命的使命，媚主祸国的使命，都是使命，人们都在完成使命的责任感中折腾着。对这一种说法，笔者想说的是，这恰恰是春秋时代光辉灿烂的缘故啊！就像战争是科学技术发展的最好动力一样，在春秋时代，悲伤的力量远远大于快乐的力量，是当时的社会赖以向前奔跑的助推剂。

为此，笔者以为，在谈及快乐的同时，还应该讨论悲伤。与快乐一样，悲伤也是一种情绪反应，而且是与快乐级别对等的情绪反应方式，是以人类的反应为主的情绪反应，相对而言，是比快乐内涵更为丰富的情感反应。悲伤是理解世界的门径，是人类的一种另类的才能。从这个角度看，悲伤是一种比快乐更为复杂的情绪，也是一种更为高级的情绪。一个草食动物，吃饱饭就开始嬉戏，就很快乐，而对于死亡一类的威胁，更多的感受是恐惧，而非悲伤。当然，根据研究，某些动物也有悲伤的表现，只是不像人类表述得准确。人则不同，对悲伤有着可以细分为若干类型的表述，诸如遗憾、失望、难过、悲痛、十分悲痛等等。

关于悲伤的功能，通常的认识是，悲伤是一种缓解心理压力的方法，也是一种心理保护措施。笔者则认为，悲伤的另一个积极作用，是不应该被忽视，即悲伤也是一种激励生命存在的方法。根据悲伤情绪表现的这个积极作用来分析，悲伤情绪如果调节得合适，也就是管理得好，就不会仅仅给人带来孤独、失望、无助、绝望的感觉，就不会使人陷入抑郁的精神状态，继而对身体造成伤害，而是可以激发出继续让生命产生价值的动力。笔者的这个观点，从豫让故事中的豫让的表现中，也可以得到佐证。豫让所以会有如此激烈的行为表现，不就是因为悲伤智伯的头颅被弄成酒器，由此而激励出的复仇意志吗？

就快乐与悲伤的比较来看，从不同之处分析，快乐的解释是人生应该是没有痛苦的快乐生活，悲伤的解释是人生有一种理解世界的另类才能；快乐源于满足，悲伤源于挫折；快乐可以制造，悲伤不可避免。从这几个对比上可以看出，快乐实际上是难以实现持久存在的，所谓快乐的人生是不存在的，因为人的欲望没有止境，满足只是游隙之间的存在，随后就是无事生非的利剑趁机袭来，迫使人去寻求新的满足；而悲伤则是无法避免的，必然会在人生中出现的，人生在世，无法逃避的挫折是随时都有可能出现的，亲人的死亡、生病、遭遇挫折，自身的经历坎坷，只要认为是，工作调整也是挫折，岗位限定也是挫折。人的一生，大多数时光是在对挫折的忍耐中度过的。所谓酸甜苦辣的人生，才是人生的全部，才是人生必须遵循的规则。从相同之处来看，快乐是满足的癫狂的极致表现，悲伤也是失落的癫狂的极致表现。二者的表现都是对人的身心，过了就有着伤害，对了就能够帮助的情绪反应。从这一点上看，如何把握好快乐与悲伤的使用范围，才是人类社会需要考虑的问题。而不是一味地企图追求快乐，抛弃悲伤，这是一种画饼充饥的生活。

中国社会对快乐与悲伤，本来是有着独特的看法的。这个独特还是符合人生常理、社会形态的独特，对所谓的"唯快乐主义"以及"即时享乐主义"都是持排斥态度的。比如"乐极生悲"这句古话，不就是对快乐至上理论的驳斥吗？中国文化是一个奉行"中庸"理念的文化，中国社会是一个遵循不偏不倚规则的社会，要求做什么事情都不能过分，不能越距，大喜之后必有大悲的观念，实际上已经浸入到了中国民众的思想中、血液里、行动上。然而，又由于中华文化是一种包容的文化，对所有企图进入、甚至企图侵占自身领地的思潮，中国文化表现出的都是欢迎进入，相信能够做到任其在自己的领地自生自灭。因为中华文明总是相信自身的抵抗力和化解力的超级强大，所以能够吸收外来思潮的有益成分于囊中，化解外来思潮的有害成分于无形。中国社会对汹涌而来的"唯快乐主义"思潮的态度也是如此。

读者或许会问，既然中华文明有着如此巨大的化解能力，笔者的担忧不是杞人忧天吗？这个问题问得好，也是笔者认为必须回答的问题。笔者为什么担忧，因为笔者看到了目前存在于这个世界的一种特殊状况，即随着中国国力的崛起带来的中华文明的光辉再现，与不愿让中国崛起的企图扭曲中华文明内涵的力量涌来，正在进行着殊死的绞杀。在这样一个特殊时刻，如果我们掉以轻心，不把对手当回事儿，就有可能因为大意而失荆州，出现短时间的中华文明被扭曲、被压制的问题，就会延缓中华民族的复兴大业，就会拉长实现中国梦的时间。

笔者说到这里，或许又有读者会嬉笑笔者的夸张，说笔者将"唯快乐主义"的危害拔高得耸人听闻了，又是一次杞人忧天的表现。笔者却坚决地不这么认为，也希望读者不要这样认为。"千里长堤，毁于蚁穴"的道理，过去是中华文明的警示鸣钟，今天也应该是当代中国社会的警示鸣钟。从中国文化对快乐与悲伤的看法中可以看出，中华文化对快乐的情感，一直是持必须限定使用范畴的态度的，对快乐的危害性是早就发现，有着警惕的。《道德经》中说，"富贵而骄，自遣其咎。宠辱若惊，贵大患若身。"不是对快乐危害的精辟阐述吗？而对悲伤的情感，中国社会则是持肯定态度的，同样是《道德经》中说，"大道废，有仁义。国家昏乱，有忠臣。"说明华夏的先祖们，在那个时候就已经明白了五色令人目眩，曲则全、枉则直的道理。

至于笔者对快乐与悲伤的使用范围的界定，是可以快乐，但不能"唯快乐主义"；应该悲伤，也不要"唯悲伤主义"。这是快乐与悲伤两种情绪在中国社会的最佳存在状态。

至于豫让的快乐与悲伤，可以说是中国社会的快乐与悲伤表现的一种极致行为，其中没有满足的快乐，只有目的的到达，豫让的行为是"唯悲伤主义"的代表作。豫让故事的存在，对中国社会而言，是一个高悬在天穹的自由精灵，这个精灵的家园不是快乐，而是悲伤。所以说，忧国忧民的思想一直是中华民族能够历经百折而不挠的经纬之线，是永远不能舍弃的珍宝。而悲伤，也是中华民族的脊梁的组成部分。

在如常生活中，个人希望过快乐的生活固然没有错，但是，不能忘记的是，快乐与悲伤是连在一起的蚂蚱，谁也离不开谁，没有悲伤，何谈快乐。"唯快乐主义"就是走入了假设没有悲伤、只有快乐的死胡同的理论。其危害性之大自是可见一斑。为此，笔者想说，现在的中国社会，应该反对快乐，迎接悲伤。

二十五

豫让故事发生与存在的合理性

　　笔者在本书的第八章中，就讨论过谁愿意做豫让的话题，在这一章又要拿出来讨论，这是因为笔者认为，这个话题一定是一个值得深入讨论的话题。对豫让行为发生存在的合理性问题进行讨论，可以提供解决问题的先决条件。因为豫让的行为，无论是谁，无论怎样看，都是一个常态的社会因子难以企及的行为，常态的思维状态难以攀登的高度。与普通人相比，豫让是一个为了实现理想，在一个比较长的时间段里，以损毁身体、舍家弃命为代价，一直锲而不舍的精灵。如此的一个豫让，谁愿意做？

　　谁愿意做豫让呢？笔者说，愿意的人不在少数。中华文明中素来有着"民不畏死，何以以死惧之"的精神内涵，即使是在被礼制与孝道捆住思想与行为的官僚体制社会中，愿意做豫让的人也不在少数，特别是在乡村生存环境中，在劳苦大众穷得只剩下命的时候，愿意做豫让的人就会更多。这一点，可以从自古中国社会就有的，在民间社会流传的话本中得到印证。话本是延展了内容的故事，是民间说书人的主要素材，而说书是中国民间社会的主要娱乐方式，不仅在乡村社会流行，在城市也流行，其中的内容大都是豫让一类的英雄豪杰、盗伐劫匪的故事，说中国社会是故事传国也不为过。

　　过去，几乎所有的乡村聚集的地方，都有说书人的身影，也是一种读书人的生存方式，他们或者是盲人说书人完全的生存手段，或者是亦耕亦说的农人填补家用的方式，几千年的中国社会，就在一面是读书做官光宗耀祖的显性社会，一面是耕地听书丰富生活的隐性社会，两种社会巧妙地融合在一起，组成了中国社会独有的传统文化的继承方式，一方面是显性社会宣扬的忠君王孝父母文化，一方面是隐性社会流行的走江湖讲信义文化。二者并行不悖，熏陶出了有些两面性格的中国人的生存性格。

　　笔者十分赞赏中国社会的说书人的工作，甚至认为应该把他们摆在中华文化的传承者的高度去认识。是他们的存在，才使中国文化中与官家文化一样宝贵的民间文化得以传承下来，成为中华民族性格的一部分，而他们保留下来的性格，恰恰是中华民族最原始的、最奔放的、不可遗弃的性格。

为此，笔者说愿意做豫让的人还是很多的话，是没有错的。许多学者说中国农民因为土地依附的缘故，失去了自我意识，对宗族与土地的依赖是他们思想意识中的主流。这一点自然没有什么错。不过，不能忽略的一个问题是，社会运行一定不能是一成不变的运行，有时候变化还是很快的，笔者伴随着的中国社会的改革开放的过程，就能够说明这一点，在这三十年中，中国社会变化的巨大，甚至让笔者这一代经历者也惊诧不已。当然，现在进行着的中华民族的复兴大业，是中国历史上难以见到的一次复兴大业，是中国历史上的诸多复兴运动不能相比的。不过，在中国历史上，三十年河东，三十年河西的社会变化是经常出现的，恰如三国志中所言，话说天下大势，分久必合，合久必分。

一旦农民依附的环境发生了变化，中国农民的思想就会随之发生变化，富裕了，要地位；贫穷了，要粮食。继续延伸这种思维内容，那就是，富裕了，要摆脱依附，做自己的主；贫穷了，要造反，要摆脱依附，做自己的主。各个时期的要求都是不相同的，但目的一致，都是要自己做自己的主。而能够让农民产生改变自己身份的想法的思想基础，就是显性社会与隐性社会共同组成的中国文化作用的结果。

然而，不管是富裕了，还是贫穷了，农民要求摆脱的都是对显性体制的依附，都是自己要做自己的主。说明中国社会始终蕴藏着"独立自主"的民族意识，隐藏着"自以为是"的个体意识，中国农民是很喜欢自己做自己的主的。说到这里，笔者顺便说一句，观察中国社会，一定是不可以从表面来看的，必须深入到社会内部去观察，才能观察到中国社会的真谛。

通过上面的分析，再来回答谁愿意做豫让这个问题，就很好回答了。自然是愿意做豫让的人不在少数。而这正是豫让的故事能够生生不灭的缘由之一。当然，愿意做豫让与做豫让，与做了豫让，还是有很长一段路要走的，而且还是很不好走的路。否则，豫让故事中的豫让，何以保持中华民族千古英雄的地位呢？而这条路是一条怎样的路，就是笔者下面要讨论的问题，也就是说，豫让故事发生与存在的合理性问题，合理性的内涵是什么呢？笔者觉得可以分解成下面几个阶段来分析。

一个阶段是豫让的故事发生的合理性。豫让的故事发生在春秋时代，在这样一个无义战的时代，整个社会结构是松散的，更换频繁的，人员在其中的流动性是很大的，是经常发生的。生存在这个时代的个体单位，特别是游士一类的精英人士的行为举止，大部分都应该是自己主宰、自己决定的，自己想怎么干就怎么干，想在哪里就在哪里，是当时的游士阶层的基本存在格局。在这样的格局中生存着的游士阶层，人的独立自主意识自然也就强悍了起来；同样，受其影响，民众的独立自主意识也就得以滋生。

同样，在春秋时代这样一个所谓礼崩乐坏、百废待兴的时代，也是一个人员大流通、社会大变动的时代，社会语境自然也是百花齐放的。笔者闭上眼睛，似乎就能看到当时的知识分子，也就是读书人畅所欲言、纵论国事的情景，他们所关怀的社会问题，虽然是以如何治理国家为主要问题，大部分属于给统治阶级出谋划策的范围。但是，其中也不得不涉及有关公平、正义、和平等等与现代社会的普世价值相类同的内容，因为这些问题也是治理国家与社会必须考虑的问题。笔者认为，中华文明发展中的春秋时代，是世界历史上绝无仅有的中国时代，中国历史上也不会再有的兴盛时代。因为，自此往后，中国社会就奠定了独尊儒学的思想管理机制，中华文明从此走上了车同轨、书同文、行同伦的道路，成为一个完整的文明体系。

就是在这样一个什么话都可以说，什么事情都敢于做的时代，豫让的故事出现了，这似乎是一件恰逢其时的事情。因为豫让的故事中体现出的忠义，是一种怪异的忠义，如果细细分析，是有着诸多瑕疵的忠义。比如，说豫让是忠于旧主吧，豫让也曾抛弃过旧主；说豫让说到做到吧，豫让却没有完成刺杀任务；说豫让行事磊落吧，豫让的刺杀却充斥计谋。实际上，豫让故事的出现，阐释了当时的一种用"知己"两个字就可以阐释的对等回报理论，即你对我怎么样，我就对你怎么样。笔者觉得，这是在个体力量强大的春秋时代产生的一种特有的"自我尊重"理论，自然，随着时代的发展，不仅在中国社会的生存环境中，就是在世界生存环境中，个体的力量也不再会强大到可以与威权势力进行"知己"问题的对等谈判了。

豫让故事的出现，说明在春秋时代，个体的力量是强大的，往往是一个特殊人物的出现，就会改变一个国家的命运，一种学问的兴衰。晋文公兴盛晋国，秦始皇巧灭七国，孔夫子创立儒学等等例子不胜枚举。为此，在春秋时代，个体单位的自我定位也越来越高，直至发展成"自我尊重"理论的出现，发展到"对等回报"理论出现的阶段。豫让故事的出现，就是这两种理论指导下发生的代表性事件，是当时的读书人向威权阶级提出的人格对等要求，这是一种比尊重更为内涵深厚的要求，是中国知识分子唯一的一次任性与癫狂，准确地说是一种不自量力的行为。因为自始至终都是知识分子把威权当成知己，威权从来不会把知识分子当成知己，只是当成工具。这也是笔者总是说豫让是中国社会的一个极致行为的缘故。

豫让故事发生在春秋时代，也只能发生在春秋时代，是当时的知识分子对威权阶级提出的一个身份确认的要求。这个要求在当时也得到了尊重，却没有得到满足，也不可能得到满足。知识分子再重要，也不过是威权使用的工具，这个定位不会发生改变，工具要与使用工具的人谈平等，只能是无稽之谈，因为就工具而言，使用者的选择是多样的，可以选择多种工具；工具的作用却只有一种，被使用。如果工具非要反过来使用威权，天下就要大乱了。如同现代社会担忧的机器人问题，不就是担心有一天机器人要反过来统治人类吗？要求平等也是不可以的啊。不过，春秋时代能够出现这样的要求也是一件值得炫耀的事情，说明春秋时代的社会环境，是非常有利于知识分子的存在的，是知识分子的鱼水之境。在这样的生存环境中，发生了豫让的故事，自然是有着合理的因素在其中了。

再一个阶段是豫让的故事存在的合理性。产生于春秋时代的豫让的故事，能够原汁原味地存在于中国社会的记忆中，应该也是知识分子的功劳与威权阶级的宽容相结合的结果。

发生于春秋时代的豫让的故事，在当时是享受到了"死之日，赵国志士闻之，皆为涕泣。"的待遇，到了春秋之后也是闻之感慨不已，此景此况一直蔓延至今，自然也是极不容易的。因为从秦始皇的焚书坑儒到汉武帝的"罢黜百家，独尊儒术"，都是一种威权对社会思想的管控行为，与西方国家的宗教管控差不多，也是一种社会管理机制。

不过，细细分析过来，笔者还是觉得，从国家管理的角度看，学问管理是一种比宗教控制宽松的多的管理机制。这是因为学问类型的管理始终是管理人的学问，其中的张度要大的多，可以进行多种解释的管理方法。而宗教管理则是机械的管理，灭人欲的管理，是用规则对内心进行控制，张度要小得多，是不能进行解释的管理方法。因为是学问管理的缘故，使得中国社会始终是一个表面上管理严格，实际上却有很多适合民众生存空隙的社会，所谓的"上有政策，下有对策"的古话，就是对中国社会一直存在着的这种社会现象的形象描述，中国社会也确实是一个有着多种生存方式的社会。

多种生存方式的社会现象的存在，是豫让的故事能够存在下来的主要原因，也就是其得以存在的合理性。因为豫让的故事中表现出的内容，既有不能被威权接受的"选择性忠义"，也有难以被民众接受的"没有牵挂的行为"。而中国社会是一个公共社会，是先君主后臣民的社会，臣民要忠于君主，不能选择性忠诚；私有社会是先家庭后个人的社会，个人要对家庭负责，不能只对自己负责。在这样的社会氛围中，豫让的故事能够存在下来，除了享受到了宽容的待遇之外，还有着官僚知识分子取其一点，不论其他的宽容的认知能力。

取其一点，不论其他，意思是人有一个长处就可以了，其他的缺点可以因为有这个长处而被原谅。这是源于春秋时代的"游士"行为延续至后代的影响力，"游士"本身都是有着一技之长的特殊阶层，他们对于春秋时代的社会发展，起了至关重要的作用。在以后的中国社会，产生的官僚知识分子也都是他们的后代，自然是承继了他们的衣钵，对一技之长的生存方式大加赞赏。以致在中国社会，家有钱财万贯，不如一技在身的古话，一直是中国人教育后代的经典话语，是所有家庭的传家之宝。随着时代的发展，这个一技之长，越来越局限于技术层面了。实际上，在春秋时代，一技之长的范围是很宽泛的，不仅仅包括各种技艺，也包括各种理念的固守。颜回的安贫乐道、伯夷叔齐的不食周粟，豫让的绝杀，都是在一技之长的范畴中的。

中国社会，实际上也是一个能够取其一点，宽容其他的宽松的生存环境，这一点，即使到了现在也没有改变。这是因为技能是一种有用的东西，特别是一种可以为社会提供服务的东西。而有用，则是中国人认为可以得到尊重的一个手段。春秋时代的纵横家苏秦，有了一技之长和没有一技之长在家里享受到的待遇的不同，是至今还被中国人津津乐道的故事。

当然，从历史的角度看，有一技之长，还需要有一技之长存在的环境，苏秦不在春秋就不能成就功名，李白生于"开元盛世"的和平时代，就只能做个诗人。这个道理用在豫让的故事上也十分贴切，不在春秋时代，豫让的故事就不能发生，不在中国社会对一技之长的宠爱中，豫让的故事就不能流传下来。在中国历史上，如同李白一样郁郁不得志的天才，不知道有多少。而时代的变化，则是能人辈出的绝好环境，战争能产生军事家，建设能产生企业家，社会动荡能产生政治家，而这些天才，假若生错了时代，就只有哀叹生不逢时了。所以，笔者觉得清末政治家龚自珍喊出的"我劝天公重抖擞，不拘一格降人才"的诗句，实在是有些多余。在中国社会，人才始终是有着储备的，是不缺的，需要的只是能够让他们抖擞才智的环境。这是奉行掌握一技之长传家理论的中国社会的优势所在。

存在的就是合理的，是黑格尔的名言。当然有着偏颇的地方，不过，也是有着普适的作用的。豫让的故事在中国社会的存在，就有着合理的成分，否则就不能存在。笔者由此要说，中国社会是一个伟大的社会，能够产生出伟大的天才的社会需要的是能够适时地给这些天才一个活跃身心的机会，让他们的才智得以奉献给社会，成为社会发展的动力。这是一种最能够降低社会发展成本的发展之路，是以一敌万的社会发展之路。这是豫让的故事存在的合理性，给当今中国社会的启示。一个豫让的故事都可以合理存在的社会，当然是一个能够容纳万千气象的社会。笔者的这个说法，妥当吗？

二十六

豫让的故事是中国社会的意淫

意淫，是一种类似于癞蛤蟆想吃天鹅肉类型的精神境界，是一种幻想，多数表述与感情有关的内容。笔者在这一章中要论证豫让的故事是中国社会的意淫，就是说豫让的故事这个个体单位，与中国社会这个整体单位之间，存在着剪不断、理还乱的情感文化的因素。

如果说意淫是一个个体的行为，那就是一个文学的话题。如果说意淫是社会的行为，就是文化社会学的话题了。英国的文化社会学家雷蒙德·威廉斯是马克思主义学派的文化社会学的奠基人之一，他在其研究中将文化社会学研究归类为两个主题，一个是文化生产论，一个是文化传播论。在文化生产论的研究中，威廉斯采用马克思主义的生产力与生产关系的观点，对文化生产力进行了研究；在对文化传播论的研究中，威廉斯把传播工具当成生产资料来研究，提出了建立一种民主传播体制的观点①。

笔者觉得，采用雷蒙德·威廉斯的文化生产论和文化传播论的观点来分析豫让的故事，可以从中看出豫让的故事与中国社会之间的情感揪扯，找到豫让的故事对中国社会的情感活动的影响元素，发现意淫成为一个社会范围的概念之后，对豫让的故事的需求力度，使豫让的故事能够成为现代中国社会制造故事、使用故事的范本。

根据雷蒙德·威廉斯文化生产论的观点，文化生产是由人体内部资源与外在工具两种生产方式相结合的产物，也属于一种物质生产方式②。从这个角度来分析，豫让的故事就是豫让的行为与中国社会对豫让行为的确认共同组成的。也就是说，豫让的故事要成立，首先要有豫让的行为，也就是素

---

① 王晗. 雷蒙德·威廉斯的文化社会学思想研究 [D]. 扬州大学，2011：1.
② 同上。

材；然后要有社会的组成部分即语言与声音将其组合成故事，豫让的故事由此产生；再根据文化传播论的理论，传播也是社会生产的基本活动和组织方式。在豫让的故事产生之后，必须经过传播来奠定其地位，确立其存在。而豫让的故事要得到传播，也必须依靠传播的手段。在春秋时代，传播的工具主要是语言和人组合发出的声音、书写的文字。语言和语言与人组合发出的声音、书写的文字都是由人来管理的，豫让的故事要得到这两种工具的配合，就必须让这两种工具产生愿意传播自己的想法，然后才有可能进行传播工作。

所以，在原生态的情况下，一个故事的生产，是在人的内心想法的指导下，通过身体的行为与外界对这些行为的认可程度组合而成。故事的形成首先要有人的内部资源的挖掘，不然故事就是无本之木。有了内部资源，还需要对这些资源进行筛选，然后根据故事制造者的需要组合成一个完整的故事。由此看来，故事产生的过程都是物质的，有迹可循的，可以触摸的。说明故事必须有真实的内容作为铺垫，才能够最终成为故事。凭空捏造的故事，就是无根之木，是经不起考察的。

说到豫让的故事，产生的过程一定也是唯物主义的，内容一定是真实的，有过一种说法，说豫让的故事是赵襄子为了宣扬自己的仁德，雇人编造的。笔者对这个说法不敢认同。笔者首先确信赵襄子没有编造豫让故事的能力，当时的中国社会，实际上就是同根同宗的一群人在互相打斗，抢夺地盘，争夺帝位，按照赵襄子当时的能力，仅仅是管理着其中一片地方的一个诸侯，对舆论的控制能力可以说基本上没有。就是到了秦始皇统一了天下，还要用焚书坑儒这样惨烈的手法，来实现控制舆论的目的呢，就这样也没有完全控制住。所谓"防民于口，甚于防川，川壅而溃，伤人必多"。在春秋时代，威权阶层都是懂得这个道理的。再一个是豫让故事中的情节，虽然超出一般思维的想象范围，却又是十分合情合理的行为，使聆听故事的听众能够顺理成章地进入故事制造的情景的故事。由此可以说，豫让故事的产生的真实性是存在的，豫让的故事是一个原生态的故事。

同样，在原生态的情况下，一个故事的传播，不是故事本身想传播就能传播的，也不是故事本身不想传播就不会传播的，而是要看故事本身具有什么样的传播因子，这个传播因子则是由需要不需要和喜欢不喜欢两个部分组成的。中国有句古话叫作"好事不出门，坏事传千里。"应该是比较形象的对传播因子的内涵的描述，在这个描述里，好事代表不需要，坏事代表需要，好事代表不喜欢，坏事代表喜欢。笔者分析了一下，这里说的好事或者坏事，应该是对人的感官需求的素材内容的描述，而不是社会常识中的好事与坏事的概念。坏事是指刺激性强势的事件，好事是指刺激性弱势的事件。相比而言，坏事因为更有刺激性，更容易满足感官的需求，就容易得到传播；好事则刺激性差，不容易满足感官的需求，就不容易得到传播。

同样说到豫让的故事也是如此，豫让故事中的行为，在故事设计者的搭配组合中，环环相扣，步步深入，使故事内容能够吸引社会大众的感官需求，循着故事的刺激味道而来，成为故事的受众。这说明豫让故事本身的传播因子，多是由需要与喜欢组成的，是当时社会的需要与喜欢，特别是社会的中坚人士游士群体的需要与喜欢，他们需要用豫让的刚烈来壮烈自己的行为，喜欢用豫让的简单来充填自己的心灵。也是因为游士群体对豫让故事的记录、传播的努力，才有了豫让的故事得以流传千古的传奇存在，现代世界的我们才能听到豫让的故事，才能从中感觉豫让行为的惊心动魄。

依然是从雷蒙德·威廉斯文化生产论与文化传播论的角度分析，社会层面对能够引发联想的事件的需求因素中，最强烈的一个因素是——意淫。也就是说，能够引起意淫感觉的事件，是最好的故事素材；能够引发社会层面的意淫感觉的故事，是最好的故事。

从这个层面上看，意淫就不仅仅只是所谓两性之间的幻想纠葛，不仅仅是一种性幻想，而是一种范围更宽泛的内容离奇的幻想，一种在当时或者永远的情境中都近乎不可能成为现实的幻想。这是笔者赋予意淫这个概念的新含义。在以往的文化讨论中，意淫或者是被限定为性情感的一种，或者被限定为负面情感的一种，性情感的意淫为才子佳人服务，负面情感的意淫为大众群体服务。实际上，这是对意淫这个词的曲解。笔者认为，意淫也可以是一个中性词汇，一个表述一种近乎不可能实现的幻想的词汇。从这个角度看，意淫的适用范围就可以更为宽泛了。

成为一个中性词汇的意淫，其内涵也会变得更为丰富一些，笔者罗列了一下，将意淫原有的和新发现的含义综述如下。

意淫是一种只可意会，不可言传的感觉，是精神层面的一种生活态度，几乎无法运用到实际行动中；

意淫是一种生活态度，是意淫掌握者的独一无二的享受，没有任何事物可以替代的享受；

意淫不是物与物的结合，只是欲念与幻想的结合。也就是说，意淫不是一个实际行动，而是一个虚幻行动；

意淫是一种超过生存范围的尺度的幻想，也就是说这个幻想只能在意淫的过程中实现，不会出现在实际生活中；

意淫是一种特殊的满足，在这种满足中，人可以从其他感觉中脱离出来，成为一个随心所欲的强者；

意淫不仅仅属于个人，很多时候也能够成为一种社会享受，社会发展的每个阶段，都有自己的意淫产品；

意淫是一种行为，也必须由身体来完成。因此，对身心健康而言，过度的意淫是一种危害，适当的意淫是一种帮助。

在明确了意淫的含义及范畴之后，讨论豫让的故事是中国社会的意淫的话题时，就有了参照和依托了。

笔者说豫让的故事是中国社会的意淫，有着以下几个理由：

一是豫让的行为难以复制。说豫让的行为难以复制，一个是说豫让的行为不是一个瞬间的冲动行为，怒发一冲为红颜的行为，是许多人都能够做出的，属于激情犯罪类型的行为。这种行为相对来说容易发生，也经常可以看到。豫让的行为不是瞬间的冲动行为，而是一段时间内的冷静行为，这就不是随便是谁就能够做到的了。再一个是说豫让的行为不仅是豫让自己的行为，还是一个许多人渴望去做的行为，渴望去做而不敢去做的行为，属于一种内心犯罪的行为，这种内心犯罪行为也是生活中常见的行为。是一种只能在心中想，真让去实施，就不敢做了的行为。说明豫让的行为，实际上是一种被社会上的大多数人喜欢任由其在内心神游，又只能搁置在内心世界神游的行为。这种神游行为，就是一种意淫行为。而豫让的故事，能够成为中国文化的一个组成部分，能够成为中国社会的一种精神寄托，就是因为豫让的行为，是一种可以在中国社会的内心世界神游，也只能在中国社会的内心世界神游的行为；而由豫让的行为产生出的豫让的故事，就是中国社会的意淫。

二是豫让的行为无法复制。说豫让的行为无法复制，一个是说春秋时代已经不复存在了，豫让的行为产生的土壤已经消失。豫让的行为，即使是在百花齐放、豪杰并生的春秋时代，也是特立独行的行为，没有出现第二个豫让的行为，说明豫让的行为具有非常高的复制难度，绝不是说一说就可以做出来的行为；再一个是说在秦汉以后的时代，虽然时间漫长，朝代很多，过程也复杂，但是，后来的人已经成为身披各种牵挂，怀揣各种欲望的更为高级的社会人了，每每要做一件事情，都需要反复地思考，怎样摆脱亲情的牵挂，功名的羁绊，生命的留恋。反复思考的结果是，大部分人都会如同《红楼梦》中的花袭人一般，怎样折腾也是无法完全摆脱各种牵挂与羁绊的，高兴不高兴都得苟延残喘地活下去。而这种苟延残喘地活下去的生活又是自己不想过的，对豫让的行为，就会产生一种向往的感受，觉着自己如果能够向豫让那样，说干就干该有多么的爽快，说干就干该有多么的惬意，那样的生活该是一种多么美好的生活。因为无法做到而向往去做，在内心去做，就是一种意淫行为。这样的想法多了，就成为一种文化模式，豫让的故事，就成了中国社会的意淫。

三是豫让的行为无需复制。说豫让的行为无需复制，一是说豫让的行为毕竟是一种特立独行的行为，特立独行就不是常态，就不需要成为社会行为，只要成为社会的念想就够了。而中国社会，自秦汉以后就是一个集体主义的社会形态，做什么事情都是要以团队的形式出现的，是不喜欢特立独行的行为的，出头的椽子烂得快的老话，就是对特立独行的行为的普遍看法。也是说豫让的行为是一个偏激的行为，社会理智认为不应该去做的行为。所谓身体发肤，源自父母。生命本身是宝贵的，甚至是不属于自己的，在家是属于父母的，在朝是属于皇帝的，在社会上是属于大家的，不能自己随便就决定消亡。这种对生命本身的尊重和对生命过程的热爱，是中国社会固有的天人合一的生命认识观，这与豫让的行为的过程是格格不入的。所以，豫让的行为实际上是难以被社会接受的，无需复制的。可是，与此同时，社会又需要宣泄积淀于内心的包括仇恨、愤怒、绝望在内的种种激情的窗口，豫让的行为就成为了社会精神层面的享受，豫让的故事自然就成为了中国社会的意淫。

综上所述，从文化社会学的角度分析，对社会存在而言，意淫有着独特的纾解作用，是一种不可或缺的助动剂与发散剂，而意淫作为一种出格于法律与道德范畴的臆想行为，是一种边际不固定、效能可调节的行为，如果管控得好，调节得好，就可以帮助社会稳定生存结构，有助于社会激发生存动力，发挥出如同《三国演义》第二十一回"曹操煮酒论英雄"中望梅止渴的效果；如果管控得差，调节得不好，那就有可能成为社会稳定的破坏者，社会前进的绊腿者，出现《红楼梦》第五回"王熙凤毒设相思局"中的要了贾瑞性命的结局。因此，如何管控与调节好社会中存在着的意淫因素，是社会管理者需要研究的一个课题，必须重视的一个重要任务。

　　而豫让的故事，作为中国社会几千年的一个意淫因素，确实是起到了对社会情绪进行调节的作用，是对中国社会存在着的"自以为是"思想的一个有效调整，对"独立自主"行为的一个有益变通，是保持社会稳定的一种发散剂。现在的中国社会，虽然已经进入以法制为主线管理方式的现代社会，但是，社会存在的内容不仅没有比过去减少，而是比过去的中国社会变得更为复杂了。同时，中国社会的生存基因并没有改变，依然是由中国文化来统领着，也就是说，意淫作为一种社会存在，依然在中国社会存在着，是现代社会更为需要的一种发散剂。因此，豫让的故事，作为中国社会精神生活中的一个重要因素，其作用仍然是需要得到重视，受到关注的。由此来说，豫让的故事在中国社会的意淫的地位，不可撼动。

二十七

晋人豫让与晋人

　　刺客豫让是山西人，究竟是山西太原人，还是山西襄垣人，现在已无从可考。不过仍然可以确定，豫让是山西人，是晋人。笔者是山西人，豫让是山西人，笔者与豫让都是晋人，这是笔者与豫让有了交集的缘故之一。

　　笔者要说，不是笔者自夸，山西确实是一个极好的地方。山西古称为晋，再早为唐，再早为万邦之国，这是由山西特殊的地理分布状态决定的，山西地处黄土高原东部，四处环山，有一条黄河从身边流过，省内地形也多丘陵山川，山地面积占百分之七十之多，非常适宜小的部族居住。山西还是中华民族的发源地之一，尧舜等中华民族的先祖，都在山西做出了开天辟地的壮举，传说中的女娲补天等故事，也都发源于山西。"尧都平阳，舜都蒲坂，禹都安安邑"的记载，是对山西丰厚的人文资源的真实写照。

　　山西既然是古风悠久之风水宝地，自然有着说不清的先贤古哲的传说，讲不完的英雄豪杰的故事，几乎随便扯出一个地名，就会有一个或美丽或动人的故事。什么黎城的洗耳河边，长子的发鸠山下，长治县的女娲补天处，高平的炎帝尝百草处，沁水的大禹耕田处等等，不胜枚举。自然，这些山西古人的优秀事迹，有官家史册、民间贤人给予载录、传扬。才学浅薄的笔者，自然没有必要再费心此类事情。笔者想讨论的是，作为山西人的豫让，为什么会做出"豫让的行为"？豫让的行为与山西人之间，有着什么样的关联？豫让的行为对现代社会的山西人有着怎样的启迪？笔者认为，进行这些讨论，不仅可以滤清豫让的故事出现的偶然性与必然性之间的关系，也可以给当代山西人提供一些有关生存态度方面的有益启示。

　　先来讨论作为山西人的豫让，为什么会做出"豫让的行为"？现在说刺客豫让是山西人，是会让许多与山西人有交集的外地人感慨的，甚至是诧异的。因为在现在的中国社会，一说起山西人来，最先进入外地人脑海的就是用九毛九来形容山西人小气的口语，接着就又说山西人有着怕事、拘谨、保守、软弱、顺从、内敛等等弱点，即使是对山西因煤而生出的煤老板，也是赞扬的不多，轻蔑的不少，甚至成了钱多人傻的代名词。

那么，既然山西人的性格中有着如此多的不敢、不能、不行的弱点，怎么会有一个名叫豫让的山西人，做出惊天动地的"豫让的行为"呢？笔者的回答也是简单，一则是现在的中国社会对山西人的认识，是对唐宋之后的山西人的认识，早先的山西人并不是这样的。即使是唐宋以后的山西人，也没有在内心失去山西人早前的性格特征，只是更加注重掩饰罢了；再一则是山西人的性格中存在着的不敢、不能、不行的弱点，恰恰是山西人能够做出特立独行行为的摇篮，是使山西人能够逢时势而脱颖，因需要而出头的襁褓。放眼历史上的山西人，豫让一类的精灵不在少数，割股饲主、死不奉诏的介子推；忠义千秋、名垂青史的关云长皆为山西人。

作为正方脸，棱角分明，鼻短而大特征的山西人，其血统是以黄土高原的农耕先民为主，掺杂着草原游牧民族的血统，实际上也是杂家血统。而这个杂家血统带来的自然是杂家的性格。所以，早前的山西人也是血性十足、忧国忧民的，这一点，从山西早期历史中涌现出的，各种类型的中华民族的骄傲就可以看得出来。当然，由于地形多山少水的特点，有学者说，山西人有着多山性、少水性的性格特征，即多稳定性，少流动性；多原则性，少灵活性；多封闭性，少开放性；多质朴性，少浮华性。总之多的是沉重，少的是轻松。拥有这些性格特征的山西人，始终是活得比较累的一族。

用上面所讨论出的山西人的性格特征，来对照"豫让的行为"中的情节，我们似乎就可以说，作为山西人的豫让，做出"豫让的行为"是性格使然，情理之中，不是一种偶然，也不是什么巧合。在豫让的行为中，几乎所有的举动，都体现出了山西人的稳定性、原则性、封闭性、质朴性的性格特点，整体的行为体现出的也是浓浓的沉重性的特点。从稳定性的角度看，豫让的行为从思维到行动都是稳定的，其中没有出现犹豫和反复；从原则性的角度看，豫让的行为的原则性也是十分强的，没有被各种威胁利诱改变；从封闭性的角度看，豫让的行为中显现出的固执成分，也反映出了豫让思想的封闭性；从质朴性的角度看，豫让的行为中的每一个环节，都是质朴的可爱的动作；从沉重性的角度看，豫让的行为中的整体行动都是带有沉重的悲壮色彩的。

再来说豫让的行为与山西人之间，有着什么样子的关联？笔者提出这个话题，是不是有些多余呢？豫让是山西人，与山西人之间自然是有关联了；豫让的行为，自然也与山西人之间有着关联，不仅与早期的山西人之间有着关联，就是与现在的山西人之间，其关联度也是存在的。既然如此，笔者为什么还要提出这个话题呢？这是因为笔者认为，讨论这个话题，有助于发掘出存在于山西人的行为中的豫让的行为成分，让山西人从中找到一点骄傲，一点自豪。

说到豫让的行为与山西人之间的关联，笔者认为可以从三个方面去看，一个是从山西人对待生命的命轻理重的态度的角度，一个是从山西人的内敛自守性格的角度，一个是山西人对待金钱的态度的角度。

从山西人对待生命的命轻理重的态度的角度看。在古代，山西是一个各种资源丰富、生存相对容易的地方。即使到了春秋时代，山西依然是一个活着相对容易的地方。这是当时的山西地区，成为霸业兴衰、王者争位的主要地方的原因，生存容易了，霸业就摆上了议事日程。同样，因为活着比较容易了，生命就显得不太重要了，活着的意义，就不是仅仅为了吃饱穿暖，而是为了实现理想的更高的目标。

山西著名的儒法兼有的法家代表性人物荀况，在其著的《荀子》一书中的第一篇的题目就是"劝学"，在这一篇中，荀子系统地阐释了学习的目的、意义、态度及方法，认为君子应该把学习当成活着的一个重要工作，所谓青出于蓝而胜于蓝的名句，就出于此文。由此说明当时的山西人，已经不再是动物层次的吃饱喝足的追求，而是有了更高等级的追求。用学习来充实自己的内心世界就是一种选择。与这些更高层次的追求比起来，行尸走肉般地活着，已经显得不重要了。而这种对更高生存目标的追求，不仅是豫让能够进行"豫让的行为"的内在动力，也是山西人一直能够锲而不舍地循着目标而去的内在动力，是山西省一直是一个英雄辈出的地方的源泉。

而豫让的行为，则是一种山西人对待生命的命轻理重的态度，在春秋时代的最为极致的表现。在豫让的行为中，豫让的表现是为了达到目的，义无反顾地舍弃生命；是为了实现为知己者死的理想，把活着的机会置之度外；特别是最后自刎时表现出的坦然，好像没有一丁点儿的犹豫与忐忑，如同回家一样心境宁和，散步一样自然流畅。一个人，死都能够死到如此明白的境界，试问普天之下，有甚于者乎？

从山西人的内敛自守性格的角度看。笔者说过，山西山地多，是典型的中国乡土生活的环境，因为生活的空间狭窄，彼此都是熟悉的，使得依山而居的山西人不善言谈，因为许多时候是不需要多说的，如同费孝通先生所言："我们大家是熟人，打个招呼就是了，还用得着多说吗[1]?"渐渐地，就延伸成了山西人特有的内敛自守的特点，这个内敛自守，不单单是包含不爱说没有用处的话的特点，还有多做少说、多想少说的特点。而后一点更为重要，就是对目标的认定是慎重的，对内心认定了的目标，也是要铆着劲儿去做的。

山西人的内敛自守的性格特点，在春秋时代，体现得最为明显，在当时颇有影响的纵横家中，"纵横家"张仪就是山西万荣县人，万荣至今还出产万荣笑话，而且还做成了产业，成了笑话县。或许就是因为继承了张仪能言善辩的传统吧。张仪虽然是个靠说话吃饭的纵横家，但张仪说的话，是纵横家职业需要说的话，不是没有用处的话。从这一点看，张仪的性格特点，也是符合山西人的内敛自守的性格特点的。

同样，豫让故事中的豫让的行为，也是山西人的内敛自守的性格特点，在中国社会中的最佳体现。在豫让的行为中，话很少，却字字值千金，特别是"士为知己者死，女为悦己者容"的千古名句，非经深思熟虑，是不可能说出来的。说明深思熟虑，恰恰是内敛自守的一个巨大的优势。笔者前面讲的山西人被世人称之为弱点的性格特征，恰恰也是山西人做出惊天动地之举的母腹，就是因为内敛自守而得以深思熟虑的特点。

由此可以说，世人认为的山西人的内敛自守是贬义的意思，实际上是并不准确的，在笔者看来，其中也有着浓重的褒义成分，内敛自守除了可以让山西人深思熟虑之外，还可以让山西人具有不动则罢、动则冲天的超常能力，而这也正是山西人的内敛自守性格特点的另一个表现。由此延展，甚至延伸到了自然规律的范畴内了，诸如山西因为土大风高的缘故，素来没有美女，却突然出了一个貂蝉，竟然就成了中国历史上空前绝后的美女了。

从山西人对待金钱的态度的角度来看。在中国历史上，山西人有过多次与金钱交集的机会，山西人见过钱。从大禹治水就开始了国家管理水利工程的工作，再到运城巫人的盐业经济的创造性开拓，就已经给山西人与钱的交

---

[1] 费孝通. 乡土中国［M］. 北京：三联书店，2013：7.

集之路铺下了基石。夏、商、周三代的盐需求，主要就由山西运城盐池解决的，因为盐是人类生存的必需品，也是一种交换物品，因此可以说，盐经济活动是山西人、也是中国人最早从事的经济活动。应该说当时的山西人就已经具备一定的商品知识了。在春秋时代，晋国就实施过轻关、易运、通商、宽农等发展经济的政策。在随后的岁月里，山西人一直没有与商业脱离关系，这就为山西人在明清时期，创造称雄商界五百年的商业奇迹打下了基础。最近的一次山西人见过钱，就是山西煤老板的出现，也是惊天动地，世界震惊的事情。虽然山西人的钱都与官家有着密切的关系，是所谓的官商相连，但这是中国社会的经济，历来就是国有经济占主导地位的缘故。可能是因为见过钱的缘故，虽然外界有着山西人小气，是九毛九的传言，实际上开始是对山西人的经商能力的肯定，后来才因为嫉妒演变成负面内容的。同时，更有山西人爱信义不爱钱财的故事流传，充分说明了有钱就是任性的道理现在是真理，过去也是真理。至于当代煤老板在这方面的表现，因为就发生在我们面前，就更是觉得真实了。

由此说到豫让的行为，同样有着不把金钱当东西的豪气。自然，一个为了实现目标，连自己的性命都可以抛弃的人，金钱对他又有什么用呢？笔者无法知道豫让在做出刺杀赵襄子的决定，以及刺杀行动的实施过程中，是否考虑过妻子儿女的日子怎么过。因为在故事中，一点这方面的线索也没有提供。不像同在《史记·刺客篇》中的其他刺客，大部分都有着与金钱报酬交往的记录。从这一点上看，当时的豫让，大概就是没有考虑过钱的问题。

豫让为什么没有考虑钱的问题？回答可以有两个，一个是豫让确实不爱钱，只是喜欢做自己认为比金钱和生命更为重要的事情——怒发冲冠，凭栏处，拔剑而起。另一个是豫让也想得到钱，可是根据当时的情况，豫让又得不到钱。所以，豫让只好放弃了弄一些钱留给家人的想法。笔者揣想，豫让当时的想法，应该是第一个，豫让不爱钱，当时就没有想过钱的问题，也没有考虑过给家里人弄些钱的问题，如同一个大烟鬼、赌博鬼，一门心思要做的，就是自己喜欢做的事情。笔者先前说过，山西过去是一个活着比较容易的地方，所以使得当时的山西人有了命轻理重的价值观，命都可以不要了，钱又算什么呢？由此又可以衍生出视金钱如粪土的金钱观。在豫让的故事中，豫让的行为可谓曲折回转，经历了不少波折，而在这些波折中，豫让对自己身体的毁损，在过程中的乞丐装扮，处处都体现着山西人命轻理重的价值观，见过钱的金钱观。

从另一个角度想，也可能是豫让的家境不错，因为智伯待他不错的缘故，工资待遇和奖金不少，家里过日子没有什么问题。这也可能是豫让没有想过钱的问题的原因。因为钱对豫让而言，不是问题。

然后再说豫让的行为，对现代社会的山西人有着怎样的启迪？现在的山西人，虽然自己很看重自己，说自己生于斯、长于斯的山西大地有多么好。根据生存环境的要求而言，山西这个地方也确实不错，虽然经过了几千年的人为破坏，依然保持着比较适宜人类生存的态势，山西四周被山围着，冷不是太冷，热不是太热，因为多山，水灾只是局部灾害，旱灾虽多，却也是能够克服的。从旅游发展的角度看，山西是清凉之都；从生活的角度看，山西是轻松之地。宗旨，山西这个地界不错。

地界不错，是客观存在；山西人的精神，却需要调整。山西人的性格，自从宋太宗火烧太原城后，在随后实行的高压政策下，山西人的性格逐渐扭曲，从放松自然扭曲成为谨慎小心，从率真可爱扭曲成为胆小软弱。因为受压制而生存艰难，进而又放大了愚顽固执，保守吝啬的弱点，畏官、顺官，是山西民众的特点，与官沆瀣一气，是山西商人的特点，不仅过去是这样，现在还是。由此带来的结果自然是山西的官员可以为所欲为，山西的经济受到官员的主宰，自然就不容易做好。这似乎也不能说就是山西官员的责任，倒是民众有着更多的责任在其中，时代已经发展到信息时代，即将进入工业4.0时代了，山西民众依然怀揣宋太宗的淫威，小心翼翼地在经济发展的大潮中游走，又岂能适应，又岂能不被摔在后面，又岂能不落后。

笔者想，现在的山西人，不知是否可以回想一下我们的先祖豫让同志的刺杀行为啊，如果我们能够把豫让的行为一一展开，细细揣摩，一定会给予我们一些启迪的。我们或许会由此而产生一些冲动，或许会由此产生一些想法，设想我们是否也可以冒失一回，勇敢一回，出格一回。即使做错了也没有关系，即使不被显性规则原谅也没有关系，即使受到再大的惩罚也不过就是惩罚，又能把我们心中的骄傲怎么样呢？可以说是伤不了分毫。我们还是我们，冒失的我们多了，勇敢的我们多了，出格的我们多了，我们就回归应该是的我们了，我们是山西人的面貌就焕然一新了？

而做到这一点并不难，因为我们是豫让的后代，身上流着豫让的滚烫的热血，我们只是需要让豫让的热血流淌起来，奔涌起来。而做到这一点，更是简单易行，只需要我们摆动几下身体就可以了。

最后来说豫让的晋人与晋人这个话题。豫让是晋人，笔者是晋人，笔者研究豫让，又怎么能不说一说与豫让一样都是晋人的晋人。在笔者看来，豫让的晋人，是令中华民族骄傲与欣慰的晋人，他们对中国社会的贡献，是难以用文辞与表彰说清楚的。从先哲蜂拥到英雄辈出，说到先贤，有着"唐献嘉禾"的奠定文明国家作用的唐叔虞的贡献，有着殷商贵族箕子在棋子山摆布石子，推演天文，从而有了围棋发明的贡献……；说到英雄，司马迁笔下的六大刺客，就有三位与山西这块地方有过交集，除了豫让，聂政与荆轲也在山西榆次市论过剑，聂政当时用眼睛瞪过荆轲。这就是豫让的晋人，我们的祖先，给我们留下的宝贵财富。作为豫让的晋人的后代，我们只要默默地诵读着先贤的事迹，揣想先贤创造这些事迹时的执着与艰辛，就能够感受到先贤们的伟大。据说，这也正是山西人经常被诟病的一个缺点，动不动就说我们的祖先。

说了豫让的晋人，再说我们这些晋人。我们也是晋人，不管我们怎样包装，也改变不了我们是晋人的身份。作为当代晋人，我们没必要在改变晋人的身份上下工夫，而是在改变观念上下工夫——即寻回我们祖先的辉煌，掷弃我们后缀上的各种弱点，这就需要我们明白一个观点，新的东西不一定都是好的。现代社会出现的令人眼花缭乱的新事物，不断地受到社会的吹捧，着实是使当代社会出现了有些迷失了自我的样子。新的东西可能有好的，但必须在经过筛选以后方能确认，倒是旧的东西，是已经经过了岁月的淘洗，留存下来的精华之物，更方便我们选择。

作为晋人，我们首先要像豫让一样心智简单，然后再像晋文公一样睿智，随后如赵襄子一样宽容……更重要的是要明白一点，不能再在畏官、顺官的歪路上走下去。如果这样了，我们这些晋人，就是能够拾起祖先辉煌的晋人，就是名副其实的——晋人。

二十八

豫让与水利社会

　　山西是一个严重缺水的地方，这是一个众所周知的问题。然而，豫让的故事也离不开水，知道的人就不多了。在豫让的故事中，从头至尾都与水有着千丝万缕的联系。智伯欲灭赵襄子用的是水淹晋阳城的办法，赵襄子反击智伯也是用水倒灌，豫让战败逃跑是依水行舟，结束刺杀工作也是在水边举剑。这说明了一个什么问题呢？笔者想说的说，这说明了山西人对水的热爱，远胜于其他水丰富地区的人群。

　　笔者说出的"水利社会"几个字，不是笔者的发明，是当今山西历史学界的著名学者行龙教授提出的，他基于对山西水利问题的全方位研究，提出了"水利社会"的概念。笔者作为后辈中思智拙劣的学人，自然是非常敬仰行龙教授的洞察能力与发掘能力。

　　水之于山西，甚至可以说是水之于中华民族，都是一个至关重要的概念，说中国社会有史以来就是"水利社会"也不为过，中国社会就是一个从一开始的"治水社会"向后来的"水利社会"转变的过程。山西作为中华民族的发源地，自古就是一个与水相伴、与水揪扯的地方。根据吕思勉先生提出的疑问，史传最著名的大禹治水，实际上也无法完全解决水患问题，因为当时大禹等先祖聚集的地方并不大，无论是大禹的父亲鲧的堙塞之法还是大禹的疏导之法，都不能挽回水灾危害的大势。所以才有了大禹的迁都。又因为迁徙之地的贫瘠，为了生存，文明的程度转而又有了进步。

　　而对于水的作用，中华民族的祖先在不同的阶段认识也是不同的，从最早的依山傍水而居，到用堙塞的方法来治理水患，治理不得又转为疏导，如此能够取得一些效果，但也不能从根本上解决问题，进而又发展到避开水患。通过与水的亲密接触，祖先们进而认识到水也可以作为战争工具使用，也可以通过管理造福社会。最终发展到通过精神控制与渠道控制相结合的方法，实现了"水利社会"的管理途径。中国社会至此成为"水利社会"。

又因为以山西为代表的华北地区水资源稀少、也难以控制的原因，当地的各种势力对水有着更加深刻的认识，管理的手段也愈加丰富，行龙教授说："晋祠主神由唐叔虞转变为圣母邑姜的过程，就反映了水资源在地方社会重要性不断提升，代表官方意志的圣母邑姜与代表民间意志水母娘娘共处同一空间，反映了在水资源分配和管理上国家与地方社会的分庭抗礼①。"行龙教授的这段话，生动准确地阐释了官府、士绅、乡村社区、民间组织，为了得到与保护自己的利益，围绕水力资源进行的斗争与妥协，由此呈现出的中国历史上农业社会之间，纵横交错着的复杂关系。

由此说到豫让与水利社会，准确地说是豫让的故事与水利社会的关系。所谓科技是因为需要而发展，是过去的人类社会发展的基本规律。虽然到了近代社会，资本主义社会提出了创造需求的科技发展口号，依据的也依然是需要，只不过是要找到还没有发掘出的需要，依然是不会脱出需要的范畴的。同样，在对水的科学认识上也是如此。从最早的因为生存需要寻找水，到对水资源的管理，也都是因为需要才进行的。同样，因为需要，也产生出了多种多样的对水资源的管理方式，契约的、神灵的、战争的、堙塞的、疏导的等等。

在智伯发动的对赵襄子的剿灭战中，就发挥了水的战争功能。据说当时的晋阳城，是由赵襄子父亲委派的臣子尹铎管理着，根据尹铎提出的要建根据地就不要收税的要求，晋阳城一直是不给赵襄子家交税的。所以，晋阳城的百姓都很感念赵襄子的恩德。赵襄子到来后，全城百姓都誓死与赵襄子共存亡，使智伯的攻城行动难以奏效，久攻不下。弄得智伯很是烦恼。后来，天下起了大雨，智伯的谋士，一个叫疵的人就给智伯出了个主意，乘着下雨引发晋水暴涨的机会，筑堤引水灌城。智伯觉着这是个好主意，就采用了。可以说，疵这个人，不知道是不是山西人，却可能是中国历史上第一个发现可以把水当成战争工具的人，也是应该被后人记住的。

晋阳城，也就是现在的晋祠，与水资源是有着不解渊源的。"悬瓮山下，晋水出焉。"是《山海经》中的记载。说明在春秋时代，晋水，也就是后来

---

① 行龙．"水利社会史"探源［J］.山西大学学报（哲学社会科学版），2008，1：37.

被称为晋祠难老泉的泉水，是一股重要的水流。著名的晋祠大米就出自这里。后来的水权之争，也才有了晋祠颇为怪异的供奉对象，而如今还在的十孔泉眼，说不准就是传说中的，为争水泉而产生的油锅捞铜钱的故事发生地。而智伯进行的水灌晋阳城的行为，则给晋祠水资源的利用，增加了更加惊心动魄的内容。

智伯水灌晋阳城，或许，这是中国历史上第一次将水资源用于战争的行为，而且是在晋阳城。虽然当时的晋阳城，没有因为水灌而破城，反而是加快了智伯的灭亡，继之有了豫让的故事的产生。不过，这一次水灌的经历，似乎不是晋阳城的福音，一千年以后，同样的场景在晋阳城再次上演，那是宋太宗水淹晋阳城。这一次晋阳城的命运没有上一次幸运了，被淹了还不行，城破了还不行，还又加了一把火，把晋阳城烧了个干干净净。使这个历史悠久的古城因此而缺少了诸多被后人记忆的信息。

同样是把水资源作为战争工具，智伯就享受到了"成也萧何，败也萧何"的待遇，又把水资源用到了自己身上，被赵襄子派人决堤倒灌三军，导致全军大败，智伯被杀；宋太宗就享受到了直达峰顶的待遇，不仅破了晋阳城，还火烧了晋阳城。究其缘由，则是因为智伯的大军管理混乱，不能同心同德的缘故。据说，当时，就是智伯的一句大白话，为自己引来了杀身之祸。智伯说："始，吾不知水之可亡人之国也，乃今知之。（当初，我不知道水也可以灭亡别人的国家啊。现在我才知道。）"智伯不知道，可能也知道，只是因为骄横的缘故，失去了应有的警惕。当时，智伯说这句话时，站在他旁边的韩、魏两家的领导人都被吓得脸发白，心发慌，都害怕下一步自己也落得赵襄子一样的下场。因为魏氏的都城安邑紧邻汾水，可以被水淹；韩氏的都城紧邻绛水，也可以被水淹。所以，在赵襄子派人过来，同他们一讲唇亡齿寒的道理，立刻就成了赵襄子的内应。智伯因此而大败。

智伯成也是水，亡也是水。而豫让的故事，则继续沿着水的清澈发展演绎。先说一点豫让的故事与水的关系中的神奇之处的传说，根据记载，豫让当时也是乘着有水，驾舟逃离战场的。根据史料记录，豫让当时是跑到了石室山中，而就在这个石室山上的灵泉洞中，还产生了一个名叫麻衣仙姑的雨神，世代受到当地民众的敬仰，"有求必祷，无祷不应，感通之妙不可思议。岁旱祈雨，甘霖应祷而施，更屡著灵显，记曰有功德于民者，则祀之，兹之所建谅非淫祀可知。"清乾隆四十年《重修麻衣仙姑庙碑记》，也不知是豫让的故事启发了当地乡民的心智，设计出了有个后娘的农家姑娘，灵慧成仙的传说；还是因为石室山仙气浓郁，才使豫让的故事中有了这个地址。自然，无论是什么缘故，都是令受众赏心悦目的传奇。

根据笔者的考证，如果当时的石室山就是现在还保存着此名称的石室山，那是在距离太原市晋祠区域有一百公里远的文水与汾阳交界处，因山中有石室而得名的一座山。笔者想，如果这个事实是真的，可见当时的战争规模有多么庞大，多么激烈啊，当时的大水蔓延到多远的距离啊。转而又能想，豫让跑得也够远的，因为在到达石室山的途中，近的有天龙山，再远些有交城山，都是山很高，很险峻，完全可以藏人的地方。豫让一股脑地跑了二百里地，如果不是战争规模庞大，就是当时的豫让准备一溜烟地溜号了的，或许当初在范氏、中行氏那里做事的时候，豫让就是这样做的。

如果如同笔者分析的那样，豫让跑了二百里地，是因为准备跑掉。那么，豫让为什么会转了念头，又非要为智伯报仇呢？故事中说是因为豫让听说智伯的脑袋被赵襄子做成了酒器，转而怒发冲冠，立誓要为智伯复仇的。笔者也觉得这个说法比较妥当，符合豫让的故事中豫让的行为中，体现出来的豫让的既如山又似水的性格特征。

说豫让的性格如山似水，如山是想到了就去做，似水是做了就顺势而去，想方设法去做。而这是豫让的行为能够成立，豫让的故事能够存在的基石。豫让，是山西的山水养育出来的精灵。而当豫让在晋水边上，举剑自刎的时候，豫让就与山西的山水紧紧地联系到一起，融为一体了。

笔者发现，中国社会的英雄豪杰，若要给后人留下一些什么记忆，如果能够与水联系在一起的，就会增加其中悲壮的成分，增加其中灵动的成分。从风萧萧兮易水寒，壮士一去不复返；到项羽因为无颜见江东父老不肯过乌江的传奇，都是这样。而对豫让来说，更是这样，豫让的对话中没有提到过水，但是，在豫让的行为中，从内在而言，处处体现出水的坚韧，水的刚烈，水的灿烂，水的真性情；从外在来看，从始至终，都由水来陪伴，水来相随，水来浸润。在山西这个多山少水的地方，"视水如命"的地方，有着豫让这样一个与水脱不开关系的精灵，似乎也可以给山西人的精神天空，加入一些湿润的气息，让山西人的精神生活不再干燥。

由此笔者联想到了现在的"水利社会"的情景，笔者想说，现在的水利社会的主要内容，实际上就是两个字"筑坝"。笔者认为，这是一种绝对负面的对"水利社会"的认识，这是因为素来将自己当成地球主宰的人类，因为贪婪的缘故，把水当成了任由自己宰割的玩物，企望最大限度地压榨水资源的能量，让其来为自己的贪婪欲望服务的行为。

按道理说，"水利社会"也是一种社会形态，是中国社会对水资源认识的升华，不应是倒退至"治理水利"的初级阶段上。中国社会应该考虑的是如何与水资源相向而行，共同组成和谐共生的"水利社会"。这其中包括对水资源的任性的宽容，对水资源的脾气的认识，对水资源的率性的理解；包括对水资源的诱导，对水资源的教育，对水资源的扶持。目的就是使水资源成为人类真正的朋友，人类也成为水资源的朋友，人类与水资源相互扶持，互相帮助；而不是考虑怎么样管住水资源，迫使水资源最大限度地为人类服务，却不管水资源的喜怒哀乐，剥夺其作为自然生态物质自由生活的权利，使中国社会又回归至"治理水利"的落后阶段。事实上，几千年前的中华民族的祖先就已经在这样做了。同样也是他们，用睿智与善良发现和探寻着，能够与水资源和谐共处的方法，能够将"治理水利"升华至"水利社会"的方法。

在中国社会，对于"水利社会"问题，素来是得到公众关注的事情，当代社会更是如此，这是因为水与每个人的关系都很密切。每一次进行大的"筑坝"工程，都会引起社会的轰动，各界人士也都会发出自己的声音。问题是，中国始终还是一个自上而下的社会管理体制，这种管理手段是由中国文化的自上而下的特点决定的，中国社会的决策从来不是自下而上的决策，而是上面根据下面的情况做出的决策。在这样的社会文化氛围中，中国社会的事情总是上面想办就好办得很，上面不想办就难办得很。所以，为了更大程度地汲取自然资源的价值，"筑坝"就总是一件一直再办的事情。

当然，就"筑坝"本身而言，看得见的好处还是很多的，最大的好处就是提高了水资源在某一时段的利用效率，能够使水资源成为人类过上更富裕、更方便生活的马前卒。然而，由此带来的问题也是必须重视的，如果不重视，不仅会给社会带来难以挽回的经济损失，还会带来巨大的社会伤害。诸如筑坝可能带来的地震问题、流沙问题、生态问题、搬迁问题，都是不能不考虑的大问题，处理得不好，不仅不会带来"筑坝"想达到的事半功倍的效果，还会受到十倍百倍的报复。

在豫让的故事中，"筑坝"的正反作用都显现出了极致的作用，智伯筑坝淹晋阳城，一下子就淹了几个月，以致晋阳城内街道尽是鱼蛙，几乎无法坚持下去；然而，当赵襄子掘了堤坝，让大水反灌了智伯的军队，又产生了智伯被消灭的效果。这种由"筑坝"带来的两面性效果，实际上是给了子孙后代一面镜子，让子孙后代正衣冠、知兴替、明得失的镜子。

"筑坝"的正反作用，在豫让的故事中，因为出现的极端而表现出了极致的一面。智伯筑坝时是绝对没有想到自己会因为筑坝而被消灭的，智伯看到了筑坝带来的危害，这种情况是一般情况下见不到的，筑坝危害的表现，往往是报应在筑坝者的后代身上的。也正是因为这个原因，筑坝才成为急功近利的一群人的选择。但是，我们是不应该忽略因为暂时看不到就以为不会出现的危害，更可怕的是知道能够出现，但是我已经看不到就无所谓的极端思想的危害。如果"筑坝"的目的不是为了建立人类与水资源和谐相处的"水利社会"，而是从完全功利的角度考虑，不能让水资源白白流走的角度考虑，把复杂的河流水利学说，当成简单的水管管理的学问，就是把天空放进了自己的口袋任意蹂躏的行为，既无知又野蛮。

由此再说到豫让的故事中，表现出的人类与水资源如何和谐相处的问题，能够从另一个侧面提示现代社会，关注和加大"水利社会"课题研究的重要性和迫切性。同时，水资源作为公共资源，人类如何与水资源共建"水利社会"值得研究，人类社会自身如何配置水资源的课题，更是值得研究。而中国历史上，特别是山西历史上，有着很多的相关史料。笔者小的时候，随家父到山西介休洪山去考察，就对洪山泉有着印象，该泉水也在《山海经》中有记载："狐歧之山无草木，多青碧，胜水出焉。"笔者去时该泉水依然是方圆几十里的重要水利资源，也有着丰富的水资源管理传说流传下来。

笔者感到欣喜的是，在这一方面，已经有山西大学的行龙教授等一大批学人，在默默地进行着这种看似毫无功利的研究工作。殊不知中国社会的进步，在很大程度上是依赖于这些甘愿成为社会发展的铺路石子的精英知识分子的。笔者祈愿他们的研究能够得到社会的正面关注。

忘了是哪一位学者说过，所谓的普世价值，实际上就是我们生活中缺少的那部分感觉，让我们无法平静下来的那种失落，我们日夜企盼的那种和谐的生活。笔者想，把这句话使用在人类如何与"水利社会"和谐共处的话题上，也是非常妥当的。如果我们的社会，能够成为一个人类与水资源和谐相处的含义更为宽泛的"水利社会"，起码可以使我们少去考虑与大自然重重矛盾中的一个环节，生存的压力会更小一些，与自然的相处会更和谐一些。从这个角度讲，"筑坝"就应该是一种必须深思熟虑的行为，既要让水资源为人类服务，又要与水资源和谐相处为前提的行为，如同李冰父子筑的都江堰，赵襄子筑的晋阳渠。否则，就是违天理，灭天道的错误，再犯不得了。

二十九

豫让故事中的"私"研究

笔者认为，说到底，豫让的行为中体现出的精神内涵，概括起来就是一个字——"私"。一个人，为了自己要完成"享受尊重"的使命的一己私利，不惜牺牲朋友、家人、自己之外的一切，是豫让故事中的豫让的行为表现出的内容。而豫让这样一个不是为国杀人为民举义的人，还因为其刺杀行动的程序十分复杂的缘故，受到中国社会的赞誉，成为中华民族的一个极致表现的载体。可见这私与公谁该得到赞誉的问题，是一个难以说清楚的大问题。

中华文化是一种"多元一体"类型的文化，在中华文化中，许多问题都是难以有着统一的一清二白的结论的，一个问题往往有着多种解释，具体的结论则需要根据讨论问题时的现实情况来分析，才能实事求是地做出在当时看比较合理的结论。这也说明中华文明是对繁复纵横的自然规律的浓缩，是自然规律在人类社会群体中的精准反映。诸如这个"私"的问题，就是一个表面上好回答，实际上很难回答的问题。

如同战国时期楚国的宋玉，写下的名篇《登徒子好色赋并序》中论述的对于好色问题的观点，在这篇文章中，宋玉将登徒子的怪异的色欲追求称之为好色。登徒子在楚王面前说宋玉的坏话，说宋玉是美男子，也好色。楚王就此质问宋玉，宋玉辩解道："登徒子则不然。其妻蓬头挛耳，齞唇历齿，旁行踽偻，又疥且痔。登徒子悦之，使有五子。王孰察之，谁为好色者矣。"读了这篇文章，读者对宋玉与登徒子究竟谁好色的问题，应该还是一盆浆糊吧？

由此引申到豫让的行为中表现出的"私"的问题，究竟是"私"还是"公"呢？一定是"私"的，这一点应该没有什么争论。问题是豫让行为中的"私"为什么会得到中国社会的褒扬呢？这就是一个值得讨论的问题了。纵观中国历史上的英雄豪杰，除了豫让之外，几乎都是为国取义，为民舍身，为友拼命的行为。豫让的行为既不是为国，也不是为民，更不是为友，因为，食客与奉养食客的人不可能是朋友，只能是雇主与雇佣的关系。

自然，豫让的行为产生的理由是"尊重"，是对得到尊重的回报，享受尊重的付出。不过，仅仅从尊重而言，尊重应该是一种对私权利的承认与保护，一般情况下，在一个社会环境中，尊重是只属于个人的待遇，是对个体单位存在价值的承认。至于豫让所说的"士为知己者死"的豪言壮语，不过是豫让自己的多情罢了，不可能是真实存在的事物。在豫让的观念中，智伯是豫让的知己，但在智伯的观念里，豫让就不一定是智伯的知己了。按照笔者的理解，知己应该是一种对等关系，而不是顺从关系；不是一种感觉，而是一种存在；是物质的，不是精神的；是能够看见的，不是缥缈不定的。

实事求是地说，中国文化中对私权利历来是不太尊重的，特别是建立了天地君亲师的伦理体制之后，私权利应该是得到了极大地遏制。按着吕思勉先生的说法，这是公心与私心两心交战的结果，而公心与私心是人类社会的必然产物，如同一个人的内心有着善恶两念交战一样。

在对公心与私心的论述中，吕思勉先生说，公心，是己欲立而立人，己欲达而达人，一个人好，就希望大家好，甚而为着人家不惜牺牲自己；私心，是只顾自己不顾别人的，不但不肯损己以利人，还要损人以利己。吕思勉先生还说，社会进化到一定程度，私心发生了，就有抱着公心的人出来与他抵抗。这所谓抱着公心和抱着私心，并不是指具体的人，同是一个人，对于这件事抱着公心，对于那件事可以抱着私心，在这时期这地方怀抱着私心，换一个时期一个地方又可以怀抱着公心。笔者如此大段地引用吕思勉先生的话，一则是说吕思勉先生的话是极为正确的，正是说明私心与公心的分辨的难度是非常大的，甚至是无法准确分辨的；二则是说笔者才智实在是太浅薄，说不出如此立意深奥，却又浅显易懂的话来。

诸如西方社会强调的民主，什么是民主，民主一词是希腊语，意思就是人民有理。说明是"私"拓展开来，就是民主，民主就是因许多个小私堆积而来的大私。然而，人民真的能够有理吗？笔者看，作为整体的人民是可以有理的，可能有理的，但是，具体到人民的组成部分的某个个体单位，想有理就难了。因为政治是大家的事情，不是个人的事情；政治表现上是矫正私心的工具，实际上也是一部分人的私心得到确认的手段。所以，所谓民主，就是一部分人的"私"的表现得到承认。

当然，希望社会向好的方向发展，是公心的表现，一般地讲，持有此种公心的人占大多数，在中国社会尤其是这样。按理说，在此种社会氛围中，"私"在中国社会没有什么地位，应该也没有什么市场吧。不过实际情况是恰恰相反，"私"这个东西，在中国社会却是一种很有市场的东西。许多的学者对此都有论述，这又是为什么呢？就是因为吕思勉先生讲的，私心是不可以消灭的，消灭的说法是不可想象的。

所以说一个国家，一个社会，其中存在的问题千头万绪，实在是不好给予简单的评价与固定的。这个时期对大家有利的事情，那个时期就没有利了。这就需要有着睿智的管理者对政策进行调整，这就是人类社会麻烦的地方，想一劳永逸地解决问题，几乎是不可能的。

上面的话从笔者的笔下流出来，似乎有些怪怪的。这些个大问题似乎不应该笔者这样的小女子有资格关心的。笔者应该关心的是一些细小的枝节方面的社会问题，诸如豫让故事中的"私"研究问题等等。

笔者说豫让的行为中表现出的，都是"私"的表现，可以从以下几个方面来分析，一个方面是豫让的固执的性格中表现出来的"私"问题，一个方面是豫让的专注行为中表现出来的"私"问题。

先说豫让的固执的性格中表现出来的"私"问题。说豫让的性格固执，是十分准确的。从豫让行为中的种种表现来看，无一不体现出豫让是一个性格固执的人，从心理学的角度看，固执有两个要素，一个是坚持成见，一个是不懂变通，二者缺一不可。而不懂变通是固执能够实施下去的决定因素，坚持成见是固执能够存在的前提。在豫让的行为中，也处处体现着固执的这两个要素。

从故事情节来看，在赵襄子用水倒灌了智伯的军队后，本来豫让已经跑了几百里地，实际上是已经摆出了跑掉了事的架势。可是，豫让又因为性格冲动的缘故，在众人面前听到智伯的脑袋被赵襄子做成了酒器，就随着众人的愤怒脱口而出，说了要为智伯复仇的话。在说这个话之前，豫让没有考虑自己是否具备为智伯复仇的条件，说了这个话之后，豫让也没有分析自己这样做是否值得。在行刺的过程中更是如此，行动中遇到了各种各样的问题，如果能够变通，结局就不会是故事中的结局，豫让却又不懂得变通，一味地循着一条道儿走到黑，可谓是性格固执到家了。

更大的问题是因为固执的缘故，豫让就舍弃了与"公"沾边的一切，既不考虑自己死后，妻儿老小怎么生活；也不考虑杀死赵襄子，是不是杀死了一个明君，如果是，会对社会带来多么大的伤害；更没有考虑自己要进行的刺杀行为，为啥要让朋友青荓为此事付出生命。而这几个不考虑，不都是"私"的极致表现吗？

再说豫让的专注行为中表现出来的"私"问题。豫让的行为，自始至终都是个人的行为，外界对豫让行为做出冲击的几个情节，都是为了加重豫让的个体行为的力度，证明豫让的行为就是个人的行为。诸如豫让在街上碰到朋友，朋友劝豫让可以用计谋去刺杀赵襄子，豫让拒绝的理由是，"既已委质臣事人，而求杀之，是怀二心以事其君也。且吾所为者极难耳！然所以为此者，将以愧天下后世之为人臣怀二心以事其君者也。"故事中写道，豫让说完这些话，转身离朋友而去。这个细节描写，好像是要证明豫让不屑与让他使用计谋的朋友为伍；再诸如豫让的朋友青荓因为在忠义的困惑中，如同日本武士那样选择了一了百了的手段，豫让对青荓的选择既不劝阻，也不伤心，还表现出一种充满"私"欲的无动于衷，依旧自顾自地按部就班着自己的行为。

由此表现出的豫让的专注行为中体现出的对他人的冷酷，是豫让的"私"的极致表现。在春秋以来的历史中，在国家产生之后，在人类必须抱成团才能生存下去的过程中，一个人，如果是为了维护国家的利益，抛弃亲情、友情、爱情，那是为公，值得赞许；一个人，如果是为了维护社团的利益，舍弃生命，那是为公，也值得赞许；一个人，如果是为了私欲的满足，抛弃一切，那是为私，是否值得赞许呢？按照常理，应该是不值得的。

综上所述，从豫让故事中表现出的豫让的性格特点、行为举止，都说明豫让是一个"私"欲横流的人。那么，豫让为什么会是一个"私"欲横流的人呢？笔者分析，可能就是因为豫让是个游士的缘故。笔者在本书的第十章，对游士的概念做过简单的分析。所谓游士，就是春秋时代四处寻找吃饭的地方的有一技之长的群体。这个群体，因为四处游荡的缘故，尝过生活的酸甜苦辣，见过世间的奸诈阴险。心智自然也会发生变化，最大的变化就是"私"的欲望越来越强烈，越来越清晰。当时涌现出的各种学问，按着吕思勉先生的说法，不过都是揣摩人主的想法，给人主提供统治臣民的方法的学问。特别是纵横家的存在，更是表现出无原则、无规则，成则王侯败者寇的极端"私"欲横流的现象。生存在这样的社会环境中的豫让，不可避免地要被"私"欲横流的血水浸泡、渗入，也有了"私"欲横流的思维。

这就又提出一个问题，既然豫让是一个"私"欲横流的人，为什么不珍惜人生最重要的东西——自己的生命呢？这确实是一个问题，一个值得研究的问题。一个人的自私，是否可以自私到不珍惜自己的生命的程度呢？笔者的观点是，可以的。如同这个世界真奇妙一样，人生也是非常奇妙的，因为人本身都是社会人，不是孤立的人，必然会受到社会舆论与社会风气的浸润，而这个浸润，如果程度够深，面积够大，受到浸润的人是会做出舍本求末的事情的。

而人做出舍本求末的事情的具体表现就是，为了一个小的不能再小的目标，人也有可能舍弃一切地去做，去追求。在社会生活中，这种现象是经常出现的，即使是在现代社会，人的思想已经复杂繁芜到顶峰的情况下，为了一件小事而舍弃生命，做出极致行为的事情也是屡见不鲜的。何况，在豫让的故事中，豫让的追求是尊严，是享受尊重。尊重这个东西，是一种精神鸦片级别的理智迷惑剂，冲动诱导剂，是完全能够让当时的豫让利令智昏，不顾一切去维护的。实际情况也是，在豫让的故事中，豫让确实去做了，而且做到了极致，留给了子孙后代一个惊心竦目的故事。

当然，与一般的舍本求末的行为相比，豫让的行为是最难以做到的，因为舍本求末的行为，大部分都属于情绪冲动的范畴，是经不起时间老人的考验的，一旦冲动的大火熄灭，这种行为就会随之停止。而豫让的行为是一种冷静的行为，在冷静中进行了很长时间的行为，所以我们才可以说，豫让的行为是中国社会的极致行为啊。

最后来说，既然豫让的行为是"私"欲横流的行为，为什么会得到赞许呢？笔者的看法是，实事求是地说，豫让的行为，是一个充满悖论的行为，好像有价值，又好像没有价值；是在维护规则，又是在破坏规则；是理智，又是偏执。做出此类行为的豫让，应该是一个集各种矛盾于一身，各种规则为一身，完全不符合"忠孝仁义"要求的人物。

然而，就是这个豫让，却不仅在当时得到了"赵国志士，皆为之泣"的赞许，在以后的岁月中，也一直得到褒扬与认可。若是细细分析，也应该能够从社会的、人性的方面做出回答，而且还有着一定的说服力。

从社会方面说，豫让的行为所以能够受到赞许，与官僚文人集团的存在有着很大的关系，所谓官僚文人集团，一个官僚集团，一个是文人集团。官僚集团也都是由文人组成，不过是得意的文人；文人集团则是由失意的与得意的文人共同组成，而这两者之间又有着错综复杂的关系，是剪不断、理还乱的。这两个集团虽然都受着"忠孝仁义"的教育，但骨子里也都脱不出一个"私"字，而且还是欲望比较强烈的一类。豫让的特立独行的行为，就会被这一类人喜欢欣赏，愿意放在心中把玩。

从人性的方面说，中国人对"私"的热爱，总是受外界诟病的毛病。也是中国人"自以为是"的思维方式，"自我中心"行事方式存在的根源。笔者前面说过，这个"私"也不仅仅是对生命本身的物质的"私"的追求，也包括对精神的欲望的"私"的追求。豫让的行为就是中国人可以在内心甩开羁绊，放手一搏的行为，是中国人的至爱。

豫让的行为是一种"私"的行为，同时也是一种在中国社会受到赞誉的"私"的行为。这种现象的存在，说明中国社会不仅仅是一个同化社会，还着实是一个多元社会、包容社会、理解社会。许多种生活方式、思维方式在中国社会中，都能够找到自己的落脚之地，并且健康活泼地生活。豫让故事的长久存在，就是一个证明。

三十

豫让故事的安全性与单一性故事的危险性

笔者在本书中多次说过，中国社会是一个如同人类生存着的地球世界一样，能够让各种想法都有自己的生存发展的空间的同化社会、多元社会、包容社会、理解社会。若不是这样，中国历史上就不可能出现豫让的故事中表现出的堪称怪异的行为。笔者相信，豫让的行为，即使是在发生的春秋时代，也是一种不容易讲清楚原委的极致行为，对豫让为什么要那样做？那样做有什么价值？在当时也是一个引起仁人志士思考的问题，甚至社会大众也会在脑海中闪现疑惑的电闪雷鸣。

然而，在一片疑问的烟云中，豫让的故事不仅能够受到大众的赞美，还被允许存留了下来，这说明什么问题呢？自然是说明了笔者先前说过的，中国社会具有的多样元素的存在氛围的因素，是确实存在的。地球是多元的，所以成为有着旺盛生命力的地球。社会发展也是如此，也唯有多元的社会才能健康发展。

根据辩证法规则，有多样性，自然就会有单一性。也就是说，与多样性相对立的就是单一性，单一性也是一种社会发展形式。不过，与多样性的社会发展模式相比，单一性的社会发展模式一定是负面的发展模式。而社会发展的基本规律是，单一性导致脆弱，多样性导致坚强；单一性导致出路尽失，多样性导致选择多样。

笔者的说法没有什么错，看看现在的世界，曾经横行一时，依然想继续横行的霸权与单一性的世界管理体系，不是也越来越受到国际社会的质疑了吗？同时，诸如保护地球的多样性的观点，却已经渐渐成为国际社会的共识。虽然人类的贪婪并没有因此被遏制住，以人类为自我中心的舍我其谁的社会发展方式，以人类中的一部分自称掌握了优秀发展模式，强迫大家都跟着他的脚步前行的社会发展模式，已然还在当今国际社会上横行肆虐。但是，起码在认识上，已经有了很大的进步。所以，才有了保护动物、保护森林、保护天空、保护大地、保护草原、保护原住民等等不绝于耳的呼声。这无疑这是人类社会进步、文明、宽容的一种表现。

所谓单一性概念，本来是专利发明的专用术语，意思是指一件发明或实用新型专利申请应当仅限于一项发明或者实用新型。一件外观设计专利申请应当仅限于一种产品所使用的一项外观设计。这也是一般说的"一发明创造一申请的原则"。根据这一原则，不能把两项以上的发明创造放到一件专利申请提出，而应分别提出专利申请。将这个概念引申到社会科学范畴内，自然是指某一种事情仅限于一个事情的范围，引申到社会管理范畴，就是指一种仅限于一种管理范畴的管理模式。

诸如大明王朝实施的绵羊式社会管理方式，就是一种单一性社会管理模式。其结果就是导致整个社会失去了狼性，没有了倔强，为大明王朝的覆灭埋下了大大的伏笔。为此，当清朝的几十万铁骑闯入中原时，被绵羊社会管理方式驯化了几代的大明臣民，就做出了以各种各样的理由或开城献降，或引狼入室的汉奸举动，以寻求个人的安全引发的趋利避害隐性原则，战胜了国家好我才能好的忠义报国的原则，成为当时大明王朝诸多文臣武将的选择。

单一性社会管理方式，是导致社会消亡的诱因，不是社会健康发展的良好选择。从长久存在的社会运行规则的选择来看，唯有多样性方为良策。所谓多元为道。

关于单一性社会管理方式的危害性，还有奇麻曼达·阿迪契的演讲"单一故事的危害性"也很说明问题。奇麻曼达·阿迪契在演讲中说，如果我们只去聆听关于一个人、一个国家的单一故事，将会导致非常严重的误解。阿迪契在演讲中说的两个问题，引起了笔者的共鸣，一个是阿迪契说，从她自己的经验，说明了人对事物的印象多么容易受到故事的影响，尤其是小孩子。单一故事的产生是以一种方式描述同一种人，一遍又一遍，最后他们就变成了那样；另一个是权力是故事的制造者，也是故事的传递方式的设计者。阿迪契说，巴勒斯坦诗人穆里·巴尔古提说，如果你想剥夺一个人的身份，最简单的方法就是讲故事，而且从第二点开始。

笔者说奇麻曼达·阿迪契是一个奇妙的女子，一个非洲女子，能够把单一性的危害讲得如此透彻，真是既要有阅历，也要有能力的啊。这是笔者敬佩阿迪契的缘由。笔者也由此相信，关于单一性故事的危险性，在当今世界上，被认识和被承认的广泛性是越来越有强度的。

存在于国际社会之中的霸权主义集团，自身也是很懂得单一性故事的危害性的，是很知道如何用单一性故事来打击他们的对手的。我们也不能不承认，在当今世界，讲中国的国家与社会的单一性故事，已然成为强权政治集团的一个潮流，一种嗜好；是一种企图将中国社会纳入他们的视野范围的单一性故事行为。笔者想，或许早在抢中国人的钱，在中国开办大学堂开始，西方霸权主义就已经开始行动，欲将中国社会纳入他们的单一性故事内容中了。用不客气的话说"狼子野心，昭然若揭"啊。哎，笔者不该这样说话没有风度的，笔者是中国人嘛，胸怀博大着呢。也是因为笔者看着西方世界实施的"故事侵略"战略，有些过于威猛，过于不讲道理的缘故啊。

而霸权主义集团自己，为了生存，也很懂得不应该让自己的生存氛围成为单一性故事的载体，他们总是设法寻求一些能够给他们提出一些合理化建议的异域人士，来给他们单一性的生活增添一些酸甜苦辣的味道，添加一些轻描淡写的讥讽。

不过，这个世界上的事情，有时候也是很奇妙的，不是嘴上说要怎样就怎样的。因为，许多事情的发展是不以权力的意志为转移的，不然这个世界上就不会出现河东河西的事情，上演悲欢离合的故事了。西方霸权主义认为，自己的管理机制是这个世界上绝好的管理机制，是有着普适价值的管理机制，他们用刚性的手段招募一些提合理化建议者的举动，实际上是一种对内是隔靴搔痒，对外是欺骗社会的行为，并不会产生什么实际上的效果。由此可以确认，现在横行在地球上的西方霸权主义的管理机制，所谓的"××中心论"，已经成了无法改变内容的单一性故事，对其自身的危害性已显露了出来。纵然如此，西方霸权主义却只能在走向衰落的道路上继续奔走，谁又能拽住这个机制飞蛾扑火的腿脚呢，拽不住啊。

由此再说到豫让故事的安全性问题，豫让的故事，本身是如同天外来客一样的故事，如果中华文明不是多样性的文明，怎么可能容忍豫让的故事存在呢。令人欣喜的是，豫让的故事不仅存在着，而且一直被惦记着，每一个时代都能够从豫让的行为中，寻找到自己需要的精神营养物质。这不就是中华文明是多样性的文明，中国社会是多样性的社会，中华民族是多样性的民族吗？

关于中华文明的多样性内涵，甚至不用从文化研究的角度来寻找、分析。看看中国人自己就能够看见，就能够发现了。作为中国社会中的一员的笔者，走在街上，有时候会猛然生发出一种奇妙的感觉，在自己身边穿梭来去的人群，脸型各异，语音各异，习惯各异，却都有着同一个名称——中国人，真是让人觉着神奇啊。而中华民族的多样性组成的特征，正说明多样性可以制造稳定性的道理是多么的正确，正是在多样性的架构中，中国社会能够从远古稳定至现在，依然稳定的原因。

中国社会是一个怎样的社会结构？为什么能够长久地存在下来？这是两个相互依存的问题，笔者在这里不妨再归纳一下，笔者在本书中多次讲过的一个中国女子的浅浅的见解，先解释一下社会结构这个概念，所谓社会结构，是在社会学中广泛使用的一个术语，不过一直没有产生明确的定义，说明社会结构的概念，是一个内容模糊、边界模糊的专业术语。一般情况下，在汉语环境中，可以指政治、经济、社会中的各个领域的结构状况；在欧美语境中，还被用来在抽象层面使用，一般指独立于有主动性的人并对人有制约的外部整体环境，经常与能动性对立使用，类似于"社会 VS 个人"的对立。如果用简单的话说，就是相对独立于制度设计之外，与制度设计又有着必然关系的人，在社会中的存在方式及关系格局，这种存在方式及关系格局是由生存方式派生出的。

再说一下社会结构的重要性，一言以蔽之，社会结构是社会是否能够成为某种社会运行形态的原因，有什么样子的社会结构，就有可能产生什么样子的独立于制度形式的社会运行机制。

用现代社会的话来说，中国社会的社会结构，从外在结构上说，是一个与松散的中国当代社会的大型股份制民营企业的体制近乎相同的结构；从内在结构上说，是一个由规则与情感共同组成的类似于德刑相辅机制的结构。

先从外在结构上说，现在中国社会的大型股份制民营企业，也都是董事会领导下的现代企业管理体制，董事长全面负责，下面分成几个层级的管理体系，一直从最上层延伸到最下层，大家共同组成了一个利益共同体。中国社会无论是春秋以前的"封建制"还是秦汉以后的"郡县制"，还是二者杂糅在一起的管理机制，其中几个重要环节是一样的，一是产业名义上是股东的，实际上分这杯羹的人却是企业的全体组成人员；二是企业名义上是董事长管，实际上却是靠下面的管理人员来管，再下面的员工来实施。上面与下面的关系是相互依存的关系，是相互的鱼水关系。从利益的角度来分析，有从上至下的，从下至上的，从左到右的，从右到左的各种利益需要考虑，需要平衡。如此的一个外在关系，自然是多样性的关系。

再从内在结构上说，由规则与情感共同组成的，类似于德刑相辅机制的社会结构，实际上是一种源自"封建制"的"柔"与"郡县制"的"刚"的产物；是"封建制"与"郡县制"共同组成的"柔"与"刚"的组合体，是中华民族面临着的独特的生存环境和谐相处的产物；是中华民族根据生存环境设计出的生存理念，在中国社会的具体反映。从规则与情感的关系来分析，情感是根本，规则是辅助，也就是"柔"是根本，"刚"为辅助，二者缺一不可，互相依存。因为中国传统文化明白一个道理，规则可以规范外在的行为，却是不能管理生命的内心，而允许内心的存在，就是承认多样性的基础。如此的一个内在结构，必然是一个多样性的关系。

诸如豫让的行为中，直到现在也难以分析出豫让为什么要那样做，要做得那样极致。然而，豫让的行为又表明，豫让确实是做了。那么，社会应该怎样评价豫让的行为呢？中国社会采取了一个最方便的评价方法，不评价。任由赞美东西，任由分析南北，任由豫让的故事独立于中国社会的天空，让后代的中国人抬头就可以看到，说，我们的某一个祖先，一个名字叫豫让的山西人，曾经如此这般地活过，死过。

这就是多样性的结构的中国社会，在对待豫让的故事这一类的有着多样性内容的故事时，采取的良善的应对方法，宽容的应对方法。由此再说到豫让故事的安全性与单一性故事的危险性问题，答案就是不言自明的了。豫让的故事产生的社会结构是具有安全性的社会结构，单一性故事管理的社会结构是具有危险性的社会结构。

再说到现在中国也开始注意讲中国故事的事情，这一定是一件好事，是中国必须做的事情，应该尽快做的事情，因为讲好自己的故事，是应对西方世界的"故事侵略"的绝好对策之一。笔者想说的是，中国在考虑如何讲好中国的故事时，也必须注意防范单一性故事的危害性问题，不要重蹈西方世界的覆辙。讲中国的故事要全面地讲，既要讲优势，也要讲劣势；既要讲柔和，也要讲刚烈；既要讲白天，也要讲黑夜；既要讲快乐，也要讲悲伤。要通过讲故事，让国际社会尽可能全面地了解中国社会，认识中国社会，诱导其他国家的民众，甚至吸引中国社会的民众，通过全面地了解中国社会，全方位地认识中国社会，进而也能够按着中国社会的思维习惯来看待中国社会。

同样，如果国际社会被中国故事侵略了，那么，国际社会或许会明白，中国社会本身历来就是一个辩证唯物主义理论统辖的社会，这样一个社会的多元性成分是融化在中国社会的身体内的，几乎是无法剔除的。

三十一

豫让故事在今天的作用——
简单及对简单的引导

关于刺客豫让的故事，在出现的年代，一定是受到关注的，不然不会有这个故事流传下来。因为流传源于推崇，说明在当时，豫让一类的需要靠着个人强大的自觉能力，才能进行的自我毁灭的行为，有着存在的社会氛围。而此一类行为能够发生并流传，主要是因为当时人们思想都比较"简单"的缘故，做什么事情没有太多的心理负担。

这也就是说，当时的人们对生存的要求比较简单，或生或死，其中的"生"与"死"的内涵以吃饱喝足、顺天由命为主。而非像现在的社会，"生"之复杂到不知道怎样生，"死"之繁芜至不知道何处理，"生"与"死"的纠结到了难以理清的地步。

按理说，"简单"是一种懒得思辨的思考方式，人的思想如果过于简单，除了容易上当受骗之外，还容易行为冲动。这样的人可能是社会的好公民，也可能是社会的坏公民，都是行事容易走极端，让管理者既喜欢又害怕的一类。

此一类思维简单的公民，现在的中国社会已经不多见了，但是其他社会中还不少。诸如巴基斯坦就有很多。有记者问贝·布托的支持者，她有钱，她家人还贪污，不管你们的死活，你们为什么还要支持她。支持者的回答是，我们不管原因，就是要支持她。这就是典型的简单思维在社会环境中的表现。如果细细分析，这种简单思维的存在，对国家而言，也是有利有弊的，利是方便国家统一意志，一致对外；弊是国家社会群体难以统一意志，吵闹不休。对社会而言，利是社会内部思想活跃，有生气；弊是社会内部滋扰不断，有些烦。对个人而言，利是活得明白，活着痛快；弊是活得糊涂，活着执拗。

　　自然，在现在的中国社会，想要找到这一类思智简单的公民，估计是比较难了。虽然现在的中国社会，生活的目标也不复杂，就是大家都想过上更好的生活。只是，对怎样过上更好的生活，却是有着繁杂的想法和行为的。所以，在奔向过上更好的生活的道路上，表现出来的特征就是两个字——混乱。而在这条混乱横行的道路上，几乎每一个人都不能集中精力去做过上更好的生活的事情，几乎每一个人都必须像政治家一样生活，随时应付不知道从哪里冒出来的繁杂的事物，几乎每一个人都不能过上简单的生活，几乎每一个人都活得疲惫不堪，心烦不已。

　　这种生存状态的存在，自然是负面效应比正面效应要大的多。最负面的效应是这种生活方式，告诉了生活在其中的中国人，中国人只能这样活着，只能过疲于奔命的日子。这个负面效应对当代中国人的身心折磨是非常大的，由此带来的增加心理疾病的患病人数，降低社会的公信力等问题，自然是越来越严重的。这或许也是生存在当代社会的笔者，对豫让的行为总是抱着欣赏的态度的缘由。笔者总是想，看那豫让，是一个多么可爱的山西人啊，他做事率性，简洁，明快，虽然有些莽撞，却也不能掩盖因为思维简单而放射出的光辉。

　　司马迁对自己塑造的六大刺客，五个皆有评价，对豫让的评价是"悲"。简单地说，豫让的行为就是仗义的悲壮。也是因为这个仗义的内涵是混乱的，使用的目的场合，设计的目的都是不合适的，所以才悲壮。这恰恰是豫让的独特之处，伟大之处。一个可以为社会认为不值得做的事情赴汤蹈火的行为，是一种什么行为呢？是一种纯粹的"仗义"行为，是干净的"自以为是"行为，是彻底的"简单"行为，是只有山西人豫让做得出的行为，是足以让一切带有各种目的与要求的行为为之惭愧的行为，是一种与现代中国社会存在的各种行为，有着正面冲突的行为。

　　正是因为豫让的行为，有着与现代中国社会存在的各种行为的正面冲突的内容，笔者在探讨豫让的行为在今天的作用时，才会认为豫让的行为对于现在的中国社会的作用，是应该受到重视的。

　　笔者说过，豫让的故事在中国历史上，如同一块未被雕琢的璞玉，放射着自己的独特的光辉。在后世生发出的各种故事与文学作品中，与豫让的故事最为贴切的故事是《西游记》中的孙猴子，这是一个把豫让的悲壮简单转化成孙猴子的喜乐简单的故事，如同李敖说的："大家在《西游记》中看的一清二楚，他基本上是个非常幽默的快乐的猴子，他会说很多笑话，会说很多大话，会说很多痛快的话，他不但活泼、灵巧、正义、好战，而且很快乐。在整个的斗争过程里面，他变得很快乐，不但是要斗，还是要快乐地斗，不但要快乐地斗，最后还能够打赢①。"笔者甚至认为，孙猴子的形象的出现，是中国社会对豫让的行为的一次升华，是使豫让的行为更加符合中国社会生发出的过多的温良恭俭让的氛围，使豫让故事的精髓依然能够继续流传。想到近几年出现的几部表现豫让的故事内容的戏剧，其主要内容仍然是以悲壮为主的现象，笔者倒是以为，在中国社会一派升平景象的现在，是否也可以对豫让的悲壮加以适当地改革，使其更适应当代中国人企望社会安稳、个人平安的内在情绪呢？

现代社会需要什么样子的简单，笔者以为，需要的就是豫让的"简单"，或者是升华为孙猴子的"简单"，一种源于"自以为是"的思维方式，延展成为"独立自主"的行事方式的"简单"。不过，在寻求豫让的"简单"的同时，笔者还要十分小心地指出，现代中国社会也必须十分小心，豫让的"简单"与日本社会崇仰的四十七义士的"简单"的区别，中国社会需要的仅仅是豫让的"简单"，不是需要四十七义士的"简单"。

对豫让与四十七义士的比较，笔者在本书第九章中做过分析，在这里，笔者要再说一下的是，虽然二者的行为都是复仇行为，但豫让的行为是自己的行为，四十七义士的行为是集体行为，豫让的行为难度更高；虽然二者的行为都有很长的时间段，但豫让的行为是以个体的力量独立支撑的行为，四十七义士的行为是抱团取暖的行为，豫让的行为更难做到；虽然二者的行为都是"简单"的行为，但豫让的简单不是忠，而是义，四十七义士的行为只是忠，没有义。更重要的是，虽然二者的行为都在各自的社会群体中有着影响力，豫让的影响力源于率性，是人性解放的影响力。四十七义士的影响力源于依附，是扼杀人性的影响力。想到在日本社会，四十七义士的影响力依然有着决定性的作用，笔者就会忧虑日本社会的以后，究竟要在什么样的道路上奔走。当然，这不过是笔者的杞人忧天罢了。倒是对豫让的影响力，笔者应该施以更多的关注，这才是笔者作为一个中国公民，一个山西人应该做的事情。

---

① 李敖. 活着，你就得有种［M］. 上海：上海文化出版社，2014：64.

怎样让豫让的简单能够在当代社会得以弘扬，给生活在复杂中的中国人心中注入一股清凉剂，最好的方法莫过于采用简单对简单的引导方法了，这种方法可以分为多种，笔者略选了几种，供读者赏鉴。

方法之一，也是最重要的一种，是努力降低潜规则的使用频率，减少潜规则的存在范围，把能够摆在桌面上的规则都尽量摆在桌面上。潜规则是中国社会的伴生物，如同中国社会身上的肉一样无法剔除。不过，在时代发展到现代社会的阶段之后，潜规则的危害也日益强大起来，需要给予调整和修正，把其调整到能够与显性社会相向运行的程度，减少潜规则对社会的阻碍和拖拉危害。

至于调整的方法，就是一个字的转变，把"潜"字变成"显"字，在社会层面上，让能够升华为显规则的潜规则都升华起来。而在这方面，可以说是有许多事情可以做的，也是最有效果的，诸如把灰色收入改变成白色收入，把关系办事改变成规则办事，把复杂规则改变成简单规则，尽力精准规范汉语的使用范围，把职业标准真正作为衡量从业者的标准。这些事情说起来容易，做起来却是要费很大的周折，用很大的力气，非要有壮士断腕的决心不可，非得有全社会的共同努力才行。

方法之二，剔除复杂社会环境存在的思想观念。这个工作比上一个工作更难做，因为硬件问题显然更容易解决，软件问题却有着看不见、摸不着的特点，想要剔除自然是不容易。况且，说的与做的两张皮，也是中国社会的一大特色，一大传统。不说要彻底改变，就是扭转一下也是不容易的，这一特色，在显性社会表现得最为突出，贪官总是在大会上反贪现象的存在，就是很好的例证。

解决的方法也必须对症下药，在对个体单位的管理上下功夫，采用教育与惩戒相结合的办法，这两种方法相辅相成，缺一不可。中国社会一直重视教育的作用，然而也必须明白，失去惩戒的教育不是教育，是培训，是纵容。所以，在教育过多、惩戒太少的情况下，加大惩戒的使用力度是十分有效的。当然，在人治观念胜于法制意识的中国社会，惩戒方法的使用必须十二分地注意，惩戒是否能够沿着规则的渠道运行。若是不能，就会重蹈惩戒滥用的覆辙，成为帮派打击的工具，公报私仇的手段。如此就会带来更为黑色的后果。

方法之三，就是给民众一个提示，简单就可以生活得很好的提示。使社会大众不仅喜欢简单的生活，而且能够真正享受简单的生活。如果大家都开始沿着简单的大路前行了，那么，如果再出现拦路的行为，绊脚的伎俩，大家就会觉着烦，感到讨厌。就会与之进行抗争，而不是顺从。从顺从到抗争，如此就是一个天翻地覆的变革，拦路的行为，绊脚的伎俩，就失去落脚之地了。从社会进步的角度看，过多的顺从，实际上是社会发展的负能量的一部分，是随着社会发展产生出的惰性机制发展起来的。而社会发展到一定的阶段，就需要对这些顺从的因素做些洗刷、剔除的工作。而对着干就是一种最直接的洗刷、剔除手段，是能够立即产生效果的方法。

抗争的方法还有很多，但在现代社会，自然是没有必要采用抗争的激烈边缘手段，如斗争一类容易使中国民众谈虎色变的手段，只需要在内心坚定简单的思维方式与行为手段，对复杂的思维方式与行为手段采用不合作、不理睬的抗争方法就可以了。印度人的国父圣雄甘地，还用这种方法与英国殖民统治者抗争呢。善于汲取世界上的各种优良行为方式的中华民族，自然也是可以将不合作、不理睬的抗争方法使用到良好程度的。

笔者确信，仅此三种方法，就足以让当今的中国社会，接受到"简单"行为的丝丝凉风，给予烦躁至郁闷的中国社会几丝清凉的感觉了。中华民族是堪称优秀的民族，做什么事情都是可以做到的，用简单来抗争复杂，虽然是一个社会内部的复杂工程，但也是能够做到的。

由此，笔者倒是生出了一个新的忧虑，因为笔者面对现在中国社会出现的，因为复杂而迟滞社会发展的现状，总是在想一个问题，这或许也是人的命运是由上天主宰的宿命论，在中国社会的真实反映吧。不然，凭着中华民族这样聪明睿智的民族，怎么会不明白这个道理，怎么会不解决这个问题。如果中国社会之中的内耗真的少了，发展的步伐自然就快了，那将是一件多么震撼心灵的事情啊。其结果是怎样的宏伟壮丽，笔者甚至都不敢想。

是否，因为担忧未来过于美好，害怕美好的未来过早到来，中国社会就应该继续沿着现今存在的复杂的道路前行呢？答案自然是否定的。笔者坚信，就中华民族的文化而言，中华文明是包容、公正、礼让的文明，不是排斥其他文明的轻视文明，而是提倡各种文明的和合相生的文明。对世界而言，中国社会的发展不是威胁，而是福音。而就中国社会内部来说，让民众生活得更轻松一些，似乎应该是社会发展的一个方向。勤劳、吃苦、忍让、奋斗了一百多年的中国人民，也应该过一过身心放松的生活了，应该在更高层次上继续勤劳、吃苦、忍让、奋斗的生活了。这个更高层次的生活，让我们感觉轻松，感到放松的生活，按着笔者的理解，就是简单二字。

与中国社会进行的改革开放伴生过来的笔者，既经历过复杂的社会生活带来的身心疲劳，也享受了中国社会的巨大变化带来的福利愉悦。所以，对于中国人能否享受更高层次上的勤劳、吃苦、忍让、奋斗的生活，也是有着切实的企盼与向往的。笔者明白，这是因为笔者一代的中国人，不必再像父辈那样，为了中华民族的崛起而浴血奋斗了。这或许也是马斯洛的欲望需求理论，在笔者一代人身上的反映吧。

渴望过上程序简单、精神放松的生活，自然没有什么错。社会也会向着这个方向发展。这是笔者一代乃至下一代的福气。说到这里笔者倒是想提醒笔者自己，切不可忘记老一辈们用血肉之躯堆垒起新中国的大厦的艰辛，前辈们为了建设和保卫新中国的福祉的汗水与辛劳，珍惜来之不易的今天的幸福生活。有人说这是老生常谈。不过，笔者觉着，如果这些人的内心能够不要再浮躁，能够静下心来思考一番当代中国的前世今生，就一定会承认，笔者的说法没有什么错，不仅不是老生常谈，而且是应该经常谈的至理名言。对中国社会在前进的道路上，遇到的挫折与困难，产生的冲动与过分，也会给予充分地理解和宽容。

笔者还想，现在的社会氛围，不是产生豫让的氛围。但是豫让的精神依然可以存在，属于豫让的简洁明快的生活态度，还会继续给予当代中国人以启迪，让我们感到生存的惬意与温馨——

我们，可以像豫让一样，简单地活着。

参 考 文 献

吕思勉 . 吕思勉文史四讲［M］. 北京：中华书局，2008.

梁启超 . 中国武士道［M］. 北京：中国档案出版社，2006.

吕思勉 . 吕思勉讲中国政治［M］. 北京：九州出版社，2008.

曾仕强 . 中华文化的特质［M］. 西安：陕西师范大学出版总社有限公司，2011.

张正明 . 晋商兴衰史［M］. 太原：山西古籍出版社，1995.

亚伯拉罕·马斯洛 . 动机与人格［M］. 许金声等译 . 北京：中国人民大学出版社，2012.

王学泰 . 游民文化与中国社会［M］. 北京：同心出版社，2007.

费孝通 . 乡土中国［M］. 北京：三联书店，2013.

郑杭生 . 社会运行学派轨迹［M］. 北京：首都师范大学出版社，2014.

约翰·罗尔斯 . 正义论［M］. 何怀宏，何包钢，廖申白译 . 北京：中国社会科学出版社，2009.

赫伯特 A. 西蒙 . 管理行为［M］. 詹正茂译 . 北京：机械工业出版社，2014.

汉娜·阿伦特 . 过去与未来之间［M］. 王寅丽，张丽丽译 . 南京：译林出版社，2011.

新渡户稻造 . 武士道［M］. 张俊彦译 . 北京：商务印书馆，1993：104.

王晗 . 雷蒙德·威廉斯的文化社会学思想研究［D］. 扬州大学，2011.

行龙 . "水利社会史" 探源［J］. 山西大学学报（哲学社会科学版），2008，1.

李敖 . 活着，你就得有种［M］. 上海：上海文化出版社，2014.

后 记

现在的中国需要豫让的简单

　　豫让的故事在今天的中国社会依然是有很大影响的故事。笔者说，现在的中国社会需要豫让，笔者的说法有错吗？如果不需要，不会有那么多豫让的戏剧扎堆地挤上舞台。这说明起码在当代中国的年轻文艺工作者心中，豫让的故事是他们心中的一个情结。

　　由此说到现在的中国人应该怎样生活的问题，特别是年轻的中国人应该怎样生活的问题。现在这种一心奔着房子、一心奔着车子、一心奔着票子的生活，为了得到这些东西拼得你死我活，打得头破血流的生活，是否真的有意义呢？前半辈子拼命挣钱，后半辈子用钱治病的复杂生活是否值得过呢？

　　复杂与简单的生活方式，与年龄也有着很大的关系。一般来讲，年轻人因为精力充沛，自然是喜欢复杂的生活方式；年龄大了，精力不济了，自然就喜欢简单的生活方式。但这里的复杂与简单是指一般状态的复杂与简单，与笔者所指的复杂与简单并非一个概念。笔者讲的复杂是指人为制造的复杂与简单，是各种利益集团为了谋取自己的利益，在社会中设置的各种沟坎，是社会发展的负面因素。

　　年轻是一个人的优势。年轻，人可以犯错误，因为有改过的机会；年轻，人可以让理想把世界踩在脚下，因为还可以重来；年轻，人也可以浪费光阴，因为还有光阴等在前面。然而，根据福祸相依的道理，伴随着年轻的这些优势而来的，还有劣势。年轻，人的欲望就很多，因为精力充沛；年轻，人的交往就很多，因为不得不交往；年轻，人的希望就很多，因为有时间考虑。

　　年轻的优势与劣势接踵而来，带给笔者这一代年轻人的，自然是眼花缭乱的万花筒的生活，这就给笔者这一代年轻人的判断能力提出了很大的挑战，给年轻人的决策带来了极大的盲目性。笔者将这种挑战与盲目性统称为

"无选择性的选择困惑"问题，并认为这是一种极其严重的浪费与消耗年轻人的才智与精力的危害，是全社会都需要认真对待的威胁，浪费和消耗与酷刑一样，是对社会资源的折磨与伤害。

由此带来的后果就是，直接导致了笔者这一代中国年轻人生发出太多的欲望。欲望太多，就活得太复杂，活得太复杂，所以就活得累，这是现代社会的中国人的一个通病，特别是年轻的中国人的通病。所以，笔者才说中国社会需要豫让，中国人应该学习豫让，中国当代年轻人更应该学习豫让。目的就是希望笔者这样的中国社会的年轻人，能够让自己活得简单些，活得简单了，自然也就活得轻松了。笔者甚至以为，笔者这一代中国年轻人的出路，或许就在豫让故事表现出的这个"简单"里面。

现在的中国需要豫让。当然，这个需要不是对豫让行为的完整需要，而是有选择的需要。这与我们学习前人、学习别人的道理是一样的，必然是不能囫囵吞枣照单全收，必须要进行筛选、整理、归纳的处理。特别是对笔者这类的年轻人来说，就更要考虑选择的重要性，因为与艰苦奋斗了一生的前辈相比，我们也可以拥有更大的选择。笔者确信，笔者这类的年轻人需要的豫让故事中的精华，就是两个字——简单。至于豫让故事中的其他被历史赞美的内容，则要有选择地利用，不可爱屋及乌，不要让需要的欲念掩盖了对缺陷的危害的识别与防范，从而一股脑地收入囊中。否则，就会得不偿失，后果十分可怕。

诸如豫让故事中提出的，一个很重要的"士为知己者死"的观点，虽然这个观点是一个被中国知识分子赞美了几千年的观点，赞美的程度达到了好像真的有这样的事情发生过似的。笔者却认为，这是豫让的故事中最需要检讨的一个观点。试问一下，大千世界，何时有过真正的知己存在呢？动物界少见，人世间更是难寻。所谓的知己概念，不过是江湖中迷惑人心的可口毒药，社会上欺骗同类的笑里藏刀。在笔者看来，所谓知己，更是社会上存在的团团伙伙现象的摇篮，江湖中盛行的帮派体系问题的经纬，是一个完全负面的人际交往概念，是不利于社会健康发展的概念。想到这个概念竟然蒙混了中国社会几千年，在中国文化中折腾了几千年，笔者都由不得要唏嘘不已啊。笔者认为，人间何处有知己，平淡真诚才是真。这才是人际交往的真谛。

再如豫让的"冲动型决策方式"的行为，也就是"拍脑门决策法"问题。这也是中国社会遗传了千百年的老毛病，这毛病不知道是不是从豫让开始的，然而却是在豫让故事中被表现得淋漓尽致。而拍脑门决定国家存亡，拍脑门决定企业兴衰，拍脑门决定个人生死，都是中国社会经常发生的事情。有过一种说法，说"拍脑门决策法"的存在，是因为中国社会始终缺乏数字概念的缘故。笔者对这个说法不以为然，笔者倒是觉得，这种现象的存在，一是中国社会存在着的"自以为是"的社会缺陷，在实际生活中的具体表现；再就是中国社会存在着的"独立自主"的行为方式，在中国社会的泛滥表现。远的不用讲，改革开放以来，就出现了多少拍脑门决策造成的社会资源浪费的问题啊！这些决策者的决策方式，就如同春秋时代的豫让的决策一般，听了风就下雨，想干啥就干啥。豫让的"冲动型决策方式"的行为，引发的结果是给自己、给家人、给朋友带来的数不清的灾难。值得庆幸的是，豫让自己还留了一个千古英名供子孙后代铭记。而更多的"冲动型决策方式"带来的后果，是一溃到底。

自然，豫让的故事中存在的问题并不能抵消豫让的故事表现出的价值——简单，豫让的故事，能够带给子孙后代的积极效应。这是笔者认为，现在的中国需要豫让的真正原因，这也是笔者研究豫让，分析豫让，誓言要把豫让故事中体现出的有益成分奉献给社会的原因。

所谓"简单"，就是说要简单地生活。

从精神方面来说，简单地生活，可以让我们的精神告别沉重，走进放松，不必沉浸于永远无法满足的面子与虚荣的泥潭，在无聊的攀比与任性上耗费精力，从而有更多的精力沉浸于丰富中国文化的工作中去，浸润与学习和解释中华文明的宝贵财富。孔子一生不曾著述，只是解释与传播古圣先贤的言语思想。我们当代人能够做这样的工作，也是有意义的工作啊。我们还能够专注于国强民富的事业，为使我们的国家不再被欺凌，我们自己不再被侮辱而努力工作。我们还可以寄情于山水，放松于天地，让我们的足迹能够写意于华夏大地，纵情于北山南水。

总的来说，简单地生活了，我们就活得滋润了。我们就可以过上不用为不必要有的欲望而忧虑的生活，就可以过上不用为不需要有的贪婪而苦恼的生活。这样的生活不累，好打理。

简单地生活，从物质上来讲，则可以让我们不必为生不带来死不带去的物质的欲望得不到满足而烦恼，也不必被永远解决不了的欲壑难填的贪婪目的而困扰了。

我们可以不再为如何凑齐买房的首付款而发愁，也不用再去当什么房奴。我们为什么要当房奴呢，中国之大，房屋之多，需要我们掏钱去救济已经赚的盆满钵满的房地产商吗？租着住，不也是很好的选择吗？至于车子吗，什么样子的车子是适合我们的呢？永远没有的，因为永远有更好的车子等在我们面前，想把我们口袋里的钱掏出来装进他们的口袋里，那些站在车子面前的销售商的眼睛，始终是红彤彤的，吓人得很啊。

同样，我们也不必为存折上的数字而耗心费力，那上面的数字再多也不过是数字，不会成为我们的生活必需品。是的，没有钱是万万不行的，而钱不正是我们劳动、我们创造必然会带来的等价交换物吗？我们还有必要再去闹什么非法所得吗？而在正常的社会环境中，钱随着知识与时间的积累，自然会越来越多。所谓想花的时候缺钱，不想花的时候有钱的情景，就是人生，谁又能够违逆这个规律，倒着活呢？

自然，简单地生活了，我们就可以过上有多少钱办多少事情的生活，就可以过上不必为没有实际意义的膨胀消费欲望烦恼的生活，这样的生活同样不累，同样好打理。

当然，简单地生活，绝不是沉沦地生活，更不是消极地生活。沉沦地生活则让生活更为复杂，生命总是因为复杂而沉沦；消极地生活则让生活更为繁芜，生命总是因为繁芜而消极。简单地生活，实际上是没有拖累地生活，没有负担地生活。挣钱不再是挣钱本身，而是创造价值；当官不再是为了贪污，而是体现价值；生活不再是物欲横流，而是乐在其中。如此这样的生活，难道不是我们的企盼，我们的选择吗？一定是的。

同样是山西人精英的司马光在其写的《训俭示康》中，借用鲁国大夫御孙的话教育儿子司马康：

"御孙曰：'俭，德之共也；侈，恶之大也。'共，同也。言有德者皆由俭来也。夫俭则寡欲，君子寡欲则不役于物，可以直道而行；小人寡欲则能谨身节用，远罪丰家，故曰：'俭，德之共也。'侈则多欲，君子多欲则贪慕富贵，枉道速货，小人多欲则多求妄用，败家丧身；是以居官必贿，居乡必盗，故曰：'侈，恶之大也。'"

笔者将此文与笔者所说的简单与复杂摆放在一起，以求引起读者的共鸣，明白"俭，即为简单；侈，即为复杂"的道理。现在的中国社会之所以繁芜杂乱，皆因侈念过多、复杂太甚的缘故啊。

　　说到这里，笔者还想再说一个问题，中国社会确实是一个与其他社会有很多不同之处的社会，中国的政治结构、经济结构、社会结构过去就是独特的，今天也依然是独特的。迄今也是不管社会怎么变，中国社会的本质不会改变，也改变不了。这是因为中国有着超悠久的文化传统。辛亥革命时期，中国社会的一部分贤达人士曾经想过与中国传统断绝关系，鲁迅、胡适都曾经是骂孔夫子的先锋。然而，中国社会的传统犹在，中国社会还是中国社会，依然与其他社会体制不同。笔者确信，即使下一阶段的世界，已经成为创新性或者非创新性两大类型的国家与社会，中国社会依然会是有别于其他社会的独特社会。或许，一百多年来，一直等待更好的社会的中国社会，会发现一个近似幽默的公式——即中国社会等待已久的社会，就是中国社会自己。

　　在这样一个特殊的社会机制中生活着的我们，应该能够理解春秋时代的豫让为什么会做出那般极致的行为，为什么豫让看似壮烈却又体现不出大的价值的行为会在中国社会受到赞誉，不仅在当时受到赞誉，在后世依然受到赞誉，现在还能受到赞誉。笔者觉得，这正是中国社会有着包容的宽广胸怀的具体表现，豫让的行为因为有着简单的因素而得到了包容；也是中国社会有着多元文化基因的具体体现，豫让的行为并没有因为一直违逆着所有现行的社会规则而被掷弃。

　　在我们从豫让的行为中又一次找到能够为当代中国社会的进步行程提供服务的积极因素之后，我们似乎也会对自己是这个社会中的一员而骄傲吧。因为一滴水也可以反映出太阳的光辉，仅仅从豫让的故事，在中国社会的存在效应这样一个小概率事件中，我们也可以得出这样一个神奇的结论，中国社会就是地球世界在人类社会中的缩影，就是一个具有自身净化功能的社会，其前行的步子是外在的力量无法阻挡的。

　　至于现在，笔者则想说，当我们的社会正在向人人都可以做自己想做的事情的社会道路上疾奔的时候，试问：我们，能够活得简单些吗?!

刘　洁　2015年2月
改于山西太原惰言宅